PENSÉES
QUOTIDIENNES

Photo de couverture : « Californian Poppy »
© Alexandra Neumann – www.soma-christi.eu

Éditions Prosveta S.A. – B.P.12 – 83601 Fréjus Cedex (France)
ISBN 978-2-8184-0161-3

Omraam Mikhaël Aïvanhov

PENSÉES QUOTIDIENNES

2014

P R O S V E T A

Avant-propos

« Chaque matin, avant d'entreprendre quoi que ce soit, recueillez-vous un moment afin d'introduire en vous la paix et l'harmonie, et de vous lier au Créateur en Lui consacrant, par la prière et la méditation, cette journée qui commence.

L'essentiel, c'est le commencement. C'est là, au commencement, que les forces nouvelles se déclenchent et s'orientent. Pour agir correctement, il faut toujours commencer par chercher la lumière. Quand il fait nuit, vous ne vous précipitez pas dans l'obscurité pour aller prendre un objet ou commencer un travail, mais vous allumez d'abord une lampe pour y voir, et ensuite vous agissez. Eh bien, pour n'importe quel cas dans la vie, vous avez tout d'abord besoin d'allumer la lumière, c'est-à-dire de vous concentrer, de vous recueillir, afin de savoir comment agir. Si vous n'avez pas cette lumière, vous irez à gauche, à droite, vous frapperez à plusieurs portes, et vous ne ferez rien de bon.

Toute la journée est inscrite dans la direction que vous donnez dès le matin à vos pensées. Car suivant que vous êtes attentif et vigilant ou non, vous déblayez le chemin ou, au contraire, vous l'encombrez de toutes sortes de choses inutiles ou même nocives. Le disciple de la Science initiatique sait comment il doit commencer la journée s'il veut qu'elle soit fructueuse, remplie de la grâce de

Dieu, afin de pouvoir répandre cette grâce autour de lui sur toutes les créatures. Il sait qu'il doit avoir, dès le matin, une pensée fondamentale autour de laquelle graviteront, durant la journée, toutes ses autres pensées.

Si vous avez pour chaque jour un but précis, une orientation précise, un idéal à atteindre, toutes vos activités vont peu à peu s'ordonner, s'organiser et contribuer à la réalisation de cet idéal. Et même lorsque des pensées et des sentiments étrangers, négatifs, tenteront d'entrer en vous, ils seront détournés et mis au service du monde divin, ils seront obligés eux aussi d'aller dans la direction que vous avez vous-même choisi de prendre. Et c'est ainsi que, grâce à la pensée fondamentale que vous aurez placée dès le matin dans votre tête, dans votre cœur, vous pourrez inscrire cette journée dans le grand Livre de la Vie.

Et puisque tout s'inscrit, une fois que vous aurez vécu une journée splendide, une journée de vie éternelle, non seulement elle sera enregistrée, non seulement elle ne mourra pas, mais elle tâchera d'entraîner toutes les autres journées à sa suite pour qu'elles lui ressemblent. Essayez au moins de bien vivre une seule journée car c'est elle qui influencera les autres : elle va les inviter pour leur parler et les convaincre d'être comme elle, équilibrées, ordonnées, harmonieuses.»

Omraam Mikhaël Aïvanhov

1er janvier

Comme celui qui, partant pour une longue randonnée, met des provisions dans son sac à dos afin de se restaurer en chemin, pour marcher fermement sur les chemins de la vie nous avons besoin de transporter de la nourriture, disons symboliquement du pain. Ce pain, ce sont les principes de la science spirituelle.

Le voyage que nous avons entrepris, il y a bien longtemps, ne se terminera pas avec notre existence actuelle, car cette existence est seulement une étape sur la route que tous les êtres ont à parcourir depuis qu'ils sont sortis du sein de l'Éternel. Combien de régions différentes nous devrons traverser jusqu'à ce que nous retournions, un jour, dans notre véritable patrie ! Nous ne sommes que des voyageurs sur la terre, il ne faut jamais l'oublier, et nous avons encore beaucoup à marcher. C'est pourquoi nous devons penser à remplir chaque jour nos sacs de ce pain céleste que sont les vérités de l'âme et de l'esprit, afin de pouvoir continuer à étudier, à travailler, à aimer.

2 janvier

« *B*onne année, heureuse année ! » C'est partout ce que l'on entend aux premiers jours de l'année. Chacun, plein d'espoir, se dit que tout ce qu'il souhaite et qu'il n'a pas encore réussi à obtenir, maintenant, peut-être… Même aux plus déshérités chaque nouvelle année apporte une espérance. Au fond d'eux-mêmes ils ne se font pas trop d'illusions, et pourtant ils souhaitent, ils espèrent toujours un peu.

Avec chaque nouvelle année l'espoir renaît : on ne peut pas s'empêcher de penser que quelque chose va s'améliorer, qu'une porte va s'ouvrir. Vous direz : « Mais si rien ne s'améliore, si aucune porte ne s'ouvre ? » Il y a une porte, au moins, qui s'ouvrira si vous pensez que vous avez, vous aussi, quelque chose à faire pour y contribuer. Comment ? Projetez-vous par la pensée dans certaines situations de votre vie quotidienne, imaginez comment vous allez agir chaque jour avec désintéressement, sagesse, amour. En travaillant de cette façon, déjà vous préparez de bonnes conditions pour l'avenir. Si vous êtes sincère, persévérant, vous influencerez les forces de la nature et les entités lumineuses du monde invisible : elles viendront contribuer à la réalisation de vos meilleurs projets.

3 janvier

*U*n enseignement spirituel vous fait entrevoir, au loin, un paysage merveilleux… Vous savez que jamais vous ne pourrez l'atteindre, mais au moins vous l'aurez aperçu et cette vision qui vous accompagnera ne cessera de vous inspirer. Vous ne pourrez plus oublier cette splendeur, plus rien ne vous arrêtera, plus rien ne vous fera reculer. Peu à peu, vous franchirez tous les obstacles, parce que cette vision remplira votre âme du désir d'atteindre un but qui s'éloigne sans cesse. Sans doute allez-vous souffrir de le sentir toujours hors de votre portée, mais cette souffrance entretiendra en vous l'élan, le besoin d'avancer encore et encore…

Le sens de la vie se trouve dans la recherche de ce qui est éternellement irréalisable, inaccessible. Cette aspiration à quelque chose qui, comme l'horizon, semble s'éloigner au fur et à mesure que nous avançons, pénètre notre conscience, notre subconscience, notre superconscience ; elle mobilise toutes nos énergies et nous ouvre le chemin de l'infini, de l'éternité : rien ne peut plus nous arrêter.

4 janvier

Parfois, les paroles d'un sage reçoivent en vous un tel écho que vous pensez : « Mais tout cela, je le connais… je l'ai su… je l'avais déjà appris quelque part… comment avais-je pu l'oublier ? » Vous l'avez oublié parce que, depuis, vous êtes passé par des chemins dont la poussière a fini par recouvrir ce savoir. Mais il est toujours là, enfoui, endormi en vous, et il faut que quelqu'un vienne le réveiller. Il frappe quelques petits coups à votre porte, il projette quelques rayons de lumière et voilà des souvenirs millénaires qui remontent à la surface. Pour certains, cette remontée se produit très vite ; pour d'autres, il faudra attendre beaucoup plus longtemps.

Si nous devons écouter la parole des sages, c'est pour retrouver ce que nous savons déjà. Oui, les sages nous parlent de ce que nous savons déjà, mais qui sommeille encore dans les profondeurs de notre être. Ce savoir, c'est le Créateur qui l'a inscrit en nous dès le commencement, et leurs paroles ne font qu'en réveiller l'écho.

5 janvier

*V*ous voulez être heureux ? N'attendez pas qu'on pense à vous, qu'on vous comprenne, qu'on vous aime. Tout le monde a ses préoccupations, ses soucis, et si quelqu'un est près de vous un moment, le moment suivant il sera peut-être pris ailleurs. L'attention, l'amitié, l'amour sont des choses très incertaines, oui, et surtout l'amour. Il peut venir, bien sûr, il peut venir et ne jamais vous quitter, mais ne l'attendez pas. Si vous voulez être heureux, ne l'attendez pas. Et non seulement ne l'attendez pas, mais commencez, vous, par aimer. C'est facile, car l'amour est d'abord là, en vous. Où que vous alliez, quelles que soient les personnes que vous rencontrez, vous avez toujours l'amour dans votre cœur et les possibilités de le manifester ne manquent pas. Il ne s'agit pas d'aimer telle ou telle personne en particulier, mais de sentir l'amour comme une source qui ne demande qu'à jaillir, une énergie rayonnante qui déborde pour se répandre à l'infini. Quand vous aurez découvert que l'amour est en vous, vous n'attendrez plus qu'on vous aime.

6 janvier

*V*ous habitez une maison, un appartement, et vous vous servez chaque jour de différents objets. Est-ce que vous avez pensé à les consacrer ? « Et pourquoi, direz-vous, les consacrer ? » Pour que ces lieux, ces objets agissent favorablement sur vous. Tellement de moyens vous sont donnés pour mettre en marche des forces harmonieuses, bénéfiques, qui viendront intérieurement vous soutenir ! Mais comme avant de vous appartenir cette demeure ou ces objets peuvent avoir reçu des empreintes négatives, pour les neutraliser faites par la pensée un travail de nettoyage en appelant sur eux les puissances de la pureté et de la lumière. Une fois qu'ils sont purifiés, exorcisés, vous pouvez les consacrer à une vertu, à une entité céleste, en lui demandant de bien vouloir habiter ce lieu ou imprégner ces objets.

Une demeure, des objets que vous avez bénis, consacrés, exerceront une bonne influence sur vous, sur votre famille, sur la santé de vos enfants. Et ensuite, efforcez-vous de rester dans ce même état d'esprit. Je ne vous dis pas d'entrer dans votre maison comme dans un temple ni d'utiliser les appareils et ustensiles de la vie quotidienne comme des objets sacrés. J'attire seulement votre attention sur les conséquences que peut avoir votre état intérieur sur les êtres et les objets qui vous environnent. Il faut essayer de donner toujours un peu plus de valeur et de sens à ce que l'on possède comme à ce que l'on fait.

7 janvier

Il est important de construire son existence à partir d'une idée fondamentale. Cette idée sera comme un noyau, un point central. Plusieurs cercles pourront ensuite se former tout autour, mais au centre il doit y avoir une seule idée ; c'est à cette condition que la vie prend vraiment un sens, une cohérence. Il n'est pas interdit d'avoir des idées et des projets plein la tête, mais on ne peut édifier quelque chose de solide qu'à partir d'un point central.

Peu de gens se lèvent le matin avec une idée fondamentale qui guidera leur activité et leur comportement durant toute la journée. Dès le réveil, ils s'agitent intérieurement dans tous les sens, et même s'ils s'acquittent correctement de leurs tâches, ils entretiennent un état de dispersion qui nuit à leur équilibre physique et psychique. Qu'ils se décident à fonder enfin leur vie sur une seule idée, et alors, des puissances qu'ils ne connaissent même pas et qui sont pourtant présentes en eux, dans toutes les cellules de leur corps, s'éveilleront, associeront leurs efforts et ils se sentiront guidés, soutenus dans chacune de leurs activités. L'idée, le principe que nous devons mettre au centre de notre vie, je le résumerai en un seul mot, mais ce mot peut se développer à l'infini : lumière.

8 janvier

Soyez attentif aux êtres qui vous entourent ou que vous êtes amené à rencontrer. Apprenez à les considérer avec un sentiment sacré, car au-delà des apparences, au-delà de la forme de leur corps ou de leur visage, il y a une âme et un esprit qui sont fille et fils de Dieu. Si vous faites l'effort de vous concentrer sur leur âme et leur esprit, bien des créatures que vous aviez jusque-là négligées, méprisées, vous apparaîtront extrêmement précieuses. Les entités célestes qui les ont envoyées sur la terre sous ces déguisements les considèrent comme des trésors, des tabernacles de la Divinité.

Prenez donc l'habitude de ne plus vous arrêter à l'apparence physique des êtres, ni à leur situation sociale, ni à leur degré d'instruction. Pour un moment au moins ne pensez qu'à leur âme et à leur esprit. Dites-vous aussi que même ceux qui se promènent ici, sur la terre, comme des mendiants ou des clochards sont des princes et des princesses aux yeux de Dieu qui les a créés.

9 janvier

Combien d'inquiétudes, d'angoisses éprouvées par les humains viennent de ce qu'ils ont la sensation d'avoir été jetés dans le monde comme dans un désert où ils se trouvent seuls, perdus, sans personne pour répondre à leurs questions, à leurs demandes ! En réalité, non, ils ne sont pas seuls, et ils s'en rendront compte le jour où ils prendront conscience qu'ils font partie d'un tout, que ce tout est vivant et que, puisqu'il est vivant, ils peuvent avoir sans cesse des échanges avec lui : s'ils parlent, il y a toujours quelque part des créatures qui les entendent et qui leur répondent.

Pour tout ce que nous faisons, disons ou demandons, nous recevons des réponses : confirmation ou réfutation, approbation ou opposition. Le monde invisible est continuellement présent, là, autour de nous. Il nous regarde, il nous écoute et il nous donne toujours des réponses. Son langage, très différent du nôtre, n'est pas facile à comprendre. Mais il nous répond indirectement, que ce soit à travers un être humain, un animal, un phénomène de la nature, une odeur, un son… ceux-ci ignorent sans doute qu'ils sont porteurs d'un message, et c'est à nous d'en faire l'interprétation.

10 janvier

Celui qui veut découvrir les richesses et le sens du monde qui l'entoure doit commencer par trouver ces richesses et ce sens en lui-même. C'est une loi. Quoi que l'on rencontre extérieurement, si d'une certaine façon on ne l'a pas déjà découvert intérieurement, on passera à côté sans le voir. Plus vous vivrez intérieurement la beauté, plus vous la découvrirez autour de vous. Beaucoup objecteront que ce n'est pas possible : s'ils ne la voient pas, c'est qu'elle ne s'y trouve pas. Ils se trompent, la beauté est bien là, et s'ils ne la voient pas, c'est qu'ils n'ont pas encore suffisamment développé certains de leurs organes subtils de perception.

Commencez donc par chercher à saisir la beauté intérieurement et vous la verrez aussi à l'extérieur, car le monde physique, objectif, n'est rien d'autre qu'un reflet de votre monde intérieur, de votre monde subjectif. Que ce soit la beauté, l'amour, la sagesse, la vérité, il est presque inutile que vous les cherchiez à l'extérieur si vous n'avez pas commencé par les découvrir en vous.

11 janvier

En se posant sur un objet ou sur un être, chaque rayon du soleil lui apporte quelque chose de vivant. Même les pierres ont besoin de cette vie qu'elles reçoivent du soleil. Car les pierres, bien qu'inanimées, sont vivantes. Cette vie est évidemment plus perceptible chez les plantes, qui croissent, se multiplient et fructifient grâce à la lumière solaire. Et chez les animaux, les rayons du soleil se transforment non seulement en vitalité, mais aussi en sensibilité. Enfin, chez les humains, les rayons du soleil deviennent intelligence, raison. Car c'est à partir du règne humain que la lumière trouve un accueil assez complet pour se manifester comme pensée.

L'esprit qui vous parle par la bouche des hommes et des femmes est donc une émanation de la lumière solaire. À travers eux, c'est la lumière qui pense, qui parle, qui chante, qui crée. Au fur et à mesure qu'elle se fraie un chemin en eux, elle apparaît sous forme d'intelligence, d'amour, de beauté, de noblesse, de force.

12 janvier

*M*ême si vous avez toutes les raisons d'être malheureux ou mécontent, remerciez. En prononçant le mot « merci », c'est comme une source de lumière, de paix et de joie que vous faites jaillir de votre âme. Et cette source inonde toutes vos cellules. Peu à peu, vous sentez que quelque chose en vous se vivifie, se fortifie. « Merci », voilà le mot le plus simple mais qui dénoue toutes les tensions. Répétez-le plusieurs fois en vous imprégnant bien de sa signification.

Dès l'instant où vous introduisez en vous un sentiment de gratitude et où vous l'entretenez pour le faire grandir, il ne se limite pas à exister passivement. Ce sentiment possède des vibrations déterminées et, par la loi de l'affinité, il attire des pensées, des sensations qui lui correspondent. Toutes les bénédictions vous viendront de ce simple élan de gratitude. « Merci Seigneur », « merci mon Dieu »... il faut que ces mots finissent par jaillir naturellement en vous sans que vous ayez à faire intervenir votre volonté. En remerciant le Créateur, vous sortez du cercle étroit de votre moi personnel, limité, pour entrer dans la paix de la conscience cosmique... Quand vous reviendrez, vous sentirez que des éléments nouveaux et très précieux se sont introduits en vous.

13 janvier

Une fois engagé sur le chemin de la lumière, efforcez-vous de ne jamais retourner en arrière. Et pour ne pas retourner en arrière, la méthode la plus sûre est de se montrer vigilant dans les moindres actes de la vie quotidienne. Il est inutile de concevoir de nobles projets s'ils ne sont pas soutenus, nourris chaque jour par une bonne attitude intérieure, et par un bon comportement extérieur aussi. Chaque pensée, chaque sentiment, chaque acte est important. Vous devez bien comprendre que votre existence est non seulement une continuité, mais aussi un ensemble dont chaque élément a des liaisons secrètes avec tous les autres ; aucun n'est isolé. La vie quotidienne constitue le socle sur lequel vous construisez tous vos grands projets. Que vous vous destiniez à la philosophie, à l'art, à la politique, à la science, à la spiritualité, il ne suffit pas que vous arriviez à acquérir des compétences dans ces différentes matières, c'est toute votre vie qui doit nourrir votre vocation.

14 janvier

Les pensées et les sentiments sont des courants de forces. C'est pourquoi vous devez toujours veiller à la qualité de chaque pensée, de chaque sentiment que vous acceptez de nourrir en vous. Cela doit être même une de vos principales préoccupations. Chaque jour, tâchez de consacrer au moins quelques minutes à une activité qui lie votre intellect et votre cœur aux régions de l'âme et de l'esprit. Choisissez une activité qui vous oblige à attirer et à garder en vous les images les plus lumineuses, les états de conscience les plus élevés ; considérez-la comme le moment le plus important de votre journée, pensez que de ce moment dépendent votre avenir, votre salut. Au début, vous n'en verrez peut-être pas toutes les conséquences bénéfiques. Mais continuez : peu à peu, vous vous sentirez habité par quelque chose de très grand, de très pur et, quoi qu'il vous arrive, cette présence en vous vous apportera la force, la paix et la joie.

15 janvier

Chaque fois qu'un être humain vous inspire de l'amitié, de l'amour, il est souhaitable que vous vous interrogiez sur la nature de votre sentiment. L'amour a évidemment différentes formes, mais il y a une question au moins qu'on peut se poser : cet amour est-il intéressé ou désintéressé ?

L'amour désintéressé n'attend rien des autres, il ne s'inquiète pas, il ne s'accroche pas à eux, il ne les trouble pas. C'est une source qui jaillit, qui donne sans cesse, sans se préoccuper de savoir qui viendra puiser de son eau ; il lui plaît de la distribuer sans compter. L'amour intéressé, au contraire, agit sur les autres comme une violence, car en réalité il ne cherche qu'à prendre, et à la moindre déception il se manifeste par l'impatience, la colère, le ressentiment. L'amour désintéressé évite aussi les doutes, la méfiance, les discussions, il installe la joie, la beauté, l'espérance. C'est une vie nouvelle qui se fraie le chemin et rend les êtres de plus en plus libres, forts et heureux. Alors, maintenant, demandez-vous à quoi ressemble votre amour.

16 janvier

*E*ntre nous, les humains, et Dieu, le Créateur, il existe un espace tellement vaste qu'il est impossible à concevoir. Mais cet espace n'est pas vide, il se compose de régions habitées par des entités spirituelles. Toutes les religions ont mentionné d'une façon ou d'une autre l'existence de ces régions et de ces entités.

La tradition chrétienne, qui a repris la tradition juive, enseigne l'existence de neuf ordres angéliques : les Anges (que l'on nomme en hébreu les *Kéroubim*), les Archanges (les *Bneï Elohim*), les Principautés (les *Elohim*), les Vertus (les *Malahim*), les Puissances (les *Séraphim*), les Dominations (les *Haschmalim*), les Trônes (les *Aralim*), les Chérubins (les *Ophanim*), les Séraphins (les *Hayoth haKodesch*). Ces ordres angéliques sont chacun un aspect de la puissance et de la grandeur divines, mais surtout ils représentent pour nous des notions plus accessibles que le seul mot « Dieu ». Pour notre bon développement spirituel, il faut que nous connaissions l'existence de ces entités, car elles sont comme des phares sur notre route.

Quand vous vous éveillez le matin, pourquoi ne pas commencer votre journée en invoquant toutes ces créatures de lumière qui montent et descendent entre la terre et le trône de Dieu ? Toute votre journée en sera illuminée… Liez-vous à elles, contemplez-les dans votre cœur et dans votre âme. En prenant de plus en plus conscience de la réalité de ces entités, vous vous imprégnez de leurs vertus, vous vous vivifiez, vous vous éclairez et vous enrichissez votre monde intérieur.

17 janvier

Celui qui décide un jour d'abandonner son ancienne vie pour marcher sur le chemin spirituel doit savoir qu'il risque de rencontrer beaucoup d'incompréhension de la part de son entourage. Mais que cela ne le décourage pas ! Et surtout, qu'il se dise bien que c'est à lui d'abord de se montrer raisonnable et conciliant. Que sous prétexte de vie spirituelle il ne se mette pas à négliger ses obligations familiales, à se couper des autres, à leur reprocher leur conduite et à leur faire des sermons. S'il veut les convaincre de la justesse et de la sincérité de ses aspirations, il doit employer son intelligence et son cœur à vivre en harmonie avec sa famille, ses amis, ses voisins, ses collègues de travail. Qu'il ne se laisse surtout pas aller au fanatisme, mais reste large et compréhensif : ce sera la meilleure façon de montrer qu'il a pris une bonne orientation. Lorsqu'on se met à proclamer à tout moment qu'on a trouvé la vérité et à vouloir l'imposer aux autres, cela prouve au contraire qu'on ne l'a pas trouvée, et on ne fait que se rendre insupportable et ridicule. C'est par la douceur, la gentillesse, la patience que l'on doit essayer d'amener ses proches sur la voie de la lumière.

18 janvier

Qui n'a pas été, un jour, soudainement enthousiasmé par l'idée du bien, de la vérité, de la beauté ? Mais qu'il est difficile ensuite d'accorder ses sentiments avec cette idée ! Et combien plus difficile encore d'accorder ses actes ! Cependant, il faut persévérer. En nourrissant chaque jour une pensée en nous, elle finit par s'imposer aux sentiments, et les sentiments à leur tour s'imposent aux actes. Mais si un jour suffit pour changer de philosophie, combien il faut de temps et de travail pour vaincre un défaut ou se débarrasser d'une mauvaise habitude !

Pour faciliter cette descente des idées du monde spirituel dans le monde physique, le geste et la parole sont parmi les moyens les plus efficaces. C'est pourquoi il est si important de faire des exercices chaque jour, et c'est pourquoi aussi notre enseignement nous présente de nombreuses méthodes. Cependant, par elle-même une méthode ne représente pas grand-chose ; si on ne sait pas comment la mettre en œuvre, elle reste inefficace. Parce qu'une méthode est seulement un outil. Un mot ou un geste que l'on répète ne libère sa puissance que si on lui donne un contenu, en y mettant une pensée et un sentiment.

19 janvier

Quand vous parvenez à réaliser véritablement l'harmonie en vous, votre seule présence apporte à tous quelque chose de précieux dont vous ne pouvez pas mesurer l'influence. Même si vous restez inconnu, caché, l'amour et la lumière qui émanent de vous sont recueillis par des entités invisibles qui s'en nourrissent, et ces entités peuvent aussi les transporter très loin pour sauver des créatures qui appellent à l'aide.

Dans son immense sagesse, l'Éternel n'a rien laissé d'inutile. Quand des personnes se rencontrent pour prier, méditer ensemble, combien d'esprits viennent puiser auprès d'elles des quintessences qui serviront à la guérison des maux de l'humanité ! Pensez-y, et tout à coup votre existence prendra une signification nouvelle.

20 janvier

*L*a sensibilité n'est pas seulement cette capacité à s'émouvoir devant les êtres humains, la nature ou les œuvres d'art. Elle est une faculté supérieure qui nous ouvre les portes de l'immensité et nous donne la compréhension de l'ordre divin des choses. C'est elle qui nous permet d'entrer en relation avec les régions, les entités, les courants du Ciel et de vibrer à l'unisson avec eux. Celui qui cherche à cultiver cette forme de sensibilité ne voit pas seulement les splendeurs du monde divin se révéler à lui ; il sent aussi que les vibrations subtiles qui commencent à animer sa matière psychique le protègent des agressions et des courants nocifs.

Les êtres dotés d'une véritable sensibilité spirituelle ne sont pas vulnérables. On ne peut plus tellement avoir prise sur eux parce qu'ils sont ailleurs, plus haut, et ils perçoivent différemment les choses. Leur sensibilité au monde divin les met à l'abri, comme s'ils étaient entourés d'une enceinte protectrice. Leur cœur, leur intellect, leur âme ne sont pas atteints par les bassesses, les vilenies, et ils n'y répondent pas, car ils ne vibrent qu'aux messages du Ciel.

21 janvier

*T*ant de personnes reconnaissent que quelque chose en elles cherche Dieu et souffre de ne pas pouvoir Le trouver ! Mais est-ce qu'elles mesurent ce que signifie chercher Dieu ?

Dieu est infiniment grand, et nous n'arriverons à nous approcher de Lui que si nous commençons par nous occuper de l'infiniment petit. Et qu'est-ce que cet infiniment petit ? Une cellule. Notre corps est fait d'une multitude de cellules, et chacune d'elles est une entité vivante, une petite âme avec son individualité propre. C'est pourquoi, si vous voulez trouver Dieu, au lieu de partir à la recherche d'une immensité où vous allez vous perdre, concentrez-vous sur ce peuple qui vous habite. C'est un des exercices les plus bénéfiques que vous puissiez faire. Portez chaque jour votre attention sur vos cellules. Demandez-vous comment vous pouvez encore les purifier, les fortifier, les illuminer par vos pensées, vos sentiments et vos actes. Peu à peu, vous sentirez que vous commencez à toucher la Divinité qui est elle-même pureté, force, lumière.

22 *janvier*

Certaines personnes reconnaissent qu'elles auraient besoin d'être guidées, mais elles se demandent si elles ne vont pas tomber sur des charlatans, des déséquilibrés, des escrocs qui cherchent à se faire passer pour des Maîtres spirituels. C'est vrai qu'on peut rencontrer de tels individus, mais si vous craignez d'être égaré, abusé par un guide vivant… vous pouvez toujours vous tourner vers ceux qui ont déjà quitté la terre. Les œuvres de tous les Initiés et les grands Maîtres de l'humanité sont à votre disposition, les rayons des bibliothèques en sont remplis, et de différentes manières, ils enseignent tous les mêmes vérités. Alors, lisez ces ouvrages et cherchez comment vous en inspirer.

Personne ne vous reprochera de ne pas avoir parcouru le monde à la recherche d'un Maître vivant. Mais rien ne vous justifiera de stagner dans la médiocrité et dans l'erreur, sous prétexte que vous n'avez jamais rencontré quelqu'un capable de vous guider. Quand on aspire réellement à la lumière, à la vérité, on les trouve. Le Ciel n'a jamais laissé s'égarer celui qui cherche sincèrement à progresser.

23 janvier

Comment vivre dans le monde, avoir des relations avec lui, y travailler, tout en donnant la première place à l'essentiel : l'âme et l'esprit ; c'est cet équilibre que chacun devrait pouvoir trouver. Un tel ajustement est évidemment difficile, et chaque cas est particulier.

Fondamentalement, tous les êtres humains possèdent bien sûr la même nature, ils ont tous des besoins physiques, et des besoins spirituels aussi, même si beaucoup n'en sont pas conscients ; mais leur tempérament n'est pas le même, leur vocation dans cette existence n'est pas la même, et chacun doit trouver individuellement son équilibre. Celui qui se sent poussé à fonder une famille ne peut pas résoudre cette question comme celui qui préfère rester célibataire. Celui qui a besoin de beaucoup d'activité physique ne peut pas mener la même vie que celui qui a un tempérament méditatif, contemplatif. L'essentiel, c'est que chacun soit capable de bien s'analyser afin de connaître ses tendances profondes. Une fois qu'il les connaît, qu'il s'efforce d'équilibrer dans sa vie le spirituel et le matériel.

24 janvier

Chaque jour vous devez affronter de nouvelles situations, de nouveaux problèmes. La famille, le travail, l'entourage ne vous présentent que des obligations, des efforts à faire, des tâches à accomplir. Quelles que soient ces tâches, cherchez comment vous en acquitter du mieux possible. Si vous les négligez sous prétexte que vous les trouvez fastidieuses ou indignes de vous, vous ralentissez votre évolution, et dites-vous bien que, de toute manière, à un moment ou à un autre vous serez obligé de revenir sur la terre pour les assumer jusqu'au bout.

Celui qui croit pouvoir échapper à ses obligations pour goûter une vie plus facile, plus agréable, ne connaît pas les lois sévères qui régissent la destinée. Si tant d'hommes et de femmes sont en train de se débattre au milieu de tant de difficultés, c'est parce qu'ils doivent terminer un travail interrompu, ou bien le recommencer parce qu'ils l'avaient mal exécuté. S'ils cherchent une fois de plus à y échapper, lorsqu'ils reviendront, ces tâches seront encore plus lourdes. Vous direz qu'il y a des cas où votre situation devient intenable. Alors, allez respirer quelque part pendant un moment, puis revenez à nouveau pour y faire face.

25 janvier

*O*btenir ce que vous désirez dépend de votre amour. C'est lui qui crée votre avenir, car la destinée de chaque être est déterminée par la qualité de l'amour qu'il porte dans son âme. Seul un amour pur, désintéressé, un amour pour ce qui est grand et beau l'amène à faire des rencontres et à vivre des événements qui combleront son attente.

Quelle conclusion tirer de cette vérité ? Que si vous aspirez à une vie nouvelle, une vie dans la beauté, la paix, la lumière, vous ne devez pas vous contenter de faire quelques petits changements dans vos différentes activités, comme boire de l'eau à la place du vin, manger des légumes au lieu de jambons ou de poulets rôtis, lire quelques livres de spiritualité et écouter des sermons au lieu d'aller danser, etc. Tant que vous ne chercherez pas à élever votre amour, c'est-à-dire à attacher votre cœur aux objets les plus nobles, les plus spirituels, vous aurez beau changer tout ce que vous voudrez à côté, vous rencontrerez les mêmes difficultés, les mêmes souffrances. On parle de la puissance de l'amour… Eh bien, elle est là : c'est avec ce que vous aimez et la manière dont vous l'aimez, que vous créez votre avenir.

26 janvier

Ce sont les conditions qu'ils ont eux-mêmes créées qui vont obliger les humains à développer des sentiments plus fraternels. Pour le moment, ils n'ont pas encore bien compris : tellement émerveillés par les moyens matériels qui sont mis à leur disposition, ceux qui peuvent en profiter ne se demandent pas si ce qu'ils estiment utile et bénéfique pour eux l'est également pour les autres : ils en usent et en abusent ; c'est toujours à qui sera le premier ici ou là, et ils deviennent cruels, inhumains. Voilà les héros auxquels la foule voudrait ressembler sans tellement se rendre compte que ces modèles sont souvent des monstres !

Eh bien, il faut maintenant d'autres héros, des héros pour notre temps. Le véritable héroïsme, c'est d'arriver à triompher de son égoïsme, cet égoïsme qui aboutit toujours à l'affrontement avec les autres. Si tous ces gens riches, puissants, influents qui dominent la planète consacraient une partie des énergies qu'ils emploient à réussir dans le plan matériel, à la recherche d'un peu plus de fraternité, l'abondance et la paix régneraient sur toute la terre.

27 janvier

Des entités invisibles accompagnent l'être humain tout au long de sa vie. Les entités lumineuses lui préparent le chemin partout où il doit se rendre, tandis que les entités ténébreuses, qui cherchent à s'opposer à tout ce qu'il veut entreprendre d'utile, de constructif, le poussent vers des voies sans issue. C'est donc à lui de trouver comment se concilier les unes et écarter les autres pour pouvoir avancer librement.

Lorsqu'un roi se déplace, il est précédé de serviteurs qui préparent sa venue : à son arrivée, tout est prêt pour l'accueillir, parce qu'il est le roi. Mais voilà maintenant un mendiant : personne ne fait attention à lui, ou si on le remarque, il arrive qu'on le chasse ou même qu'il soit victime d'agressions de la part de gens malfaisants. Dans sa vie intérieure chacun peut être un roi ou un mendiant. S'il est un roi, les portes s'ouvrent devant lui, des entités lumineuses viennent le saluer, lui offrir des présents, alors qu'un mendiant (je veux dire un être pauvre en vertus) sera la proie d'entités hostiles. Le secret de la vraie vie, c'est donc de chercher à devenir le roi de soi-même, c'est-à-dire à se rendre maître de ses pensées, de ses sentiments et de ses actes. Le jour où vous serez réellement devenu le maître de votre royaume, dans l'invisible vous serez toujours précédé par des êtres qui prépareront pour vous les meilleures conditions et se mettront à votre service.

28 janvier

Avant de décider de servir un idéal, vous êtes libre de faire ce qui vous plaît, mais une fois la décision prise, c'est fini, vous vous êtes engagé : vous avez déclenché un mouvement et vous êtes tenu de rester fidèle à votre engagement. Sachant cela, certains penseront qu'il est préférable de ne pas s'engager afin de préserver leur indépendance… Ils en ont le droit. Mais telle qu'ils la comprennent, l'indépendance leur apportera inévitablement des déceptions, des épreuves, et c'est là qu'ils se sentiront vraiment ligotés.

D'autres diront que l'idée de servir un idéal les remplit d'enthousiasme, mais ils se savent faibles et craignent de tomber en chemin. Je leur répondrai que les chutes ne sont pas si graves : ils se relèveront, chercheront pourquoi ils sont tombés, puis, forts de cette expérience, ils sauront mieux la prochaine fois triompher de leurs faiblesses. Tant qu'on reste sur le bon chemin, même si on tombe, il arrive un jour où on atteint le but. Imaginez que vous deviez traverser une forêt inextricable pour rejoindre des amis : vous allez certainement trébucher de temps à autre, mais si vous avez une boussole pour garder la direction, vous finirez par les retrouver. Il est préférable de trébucher pour arriver au but que de ne rien entreprendre sous prétexte qu'on connaît ses limites.

29 *janvier*

*L*e spiritualiste possédera toujours un avantage sur le matérialiste, vous voulez savoir lequel ? C'est très simple et une image suffit pour comprendre : le spiritualiste transporte partout avec lui sa maison et toutes les richesses qu'elle contient. Oui, le spiritualiste, pour qui les véritables richesses sont intérieures, emporte partout et toujours ses trésors avec lui, jamais ils ne lui manquent et il y découvre une source intarissable de joie. Le matérialiste au contraire ne peut pas aller et venir avec tout ce qu'il possède, il doit en abandonner la plus grande partie sur place, et même s'il est très riche, combien de fois il lui arrive de se trouver très démuni !

En réalité, un être humain n'est riche que dans la mesure où il a conscience de l'être. Si le spiritualiste n'est pas vraiment conscient de ses richesses, il est plus pauvre que tous les matérialistes. Mais s'il apprend à élargir sa conscience, il se sent en relation avec tous les esprits lumineux de l'univers qui lui donnent leur science, leur amour, leur joie. Et alors, quel matérialiste peut se comparer à lui ? Même les pierres précieuses et les diamants pâlissent devant le scintillement de tous les trésors de son âme.

30 janvier

*V*ous voulez être vivant ? Conservez le plus longtemps possible le besoin de progresser. Il y a encore tellement de puissances endormies en vous et qui attendent d'être réveillées ! Pourquoi les garder en sommeil ? On rencontre des gens qui n'ont que cinquante, soixante ans, ou moins encore, et ils semblent déjà morts et enterrés. Oui, on voit même déjà la pierre tombale qui les recouvre et sur laquelle il est inscrit : « Ci-gît Untel ». Pourquoi ?…

Même si la fatigue est là, même si la vieillesse approche, il faut se dire qu'il y a toujours des progrès à faire, quelque chose à comprendre, quelque chose à entreprendre et ne jamais accepter l'engourdissement, la stagnation. Même paralysé, même mourant, il reste encore quelque chose à faire… ne serait-ce que remercier le Ciel. Oui, remercier le Ciel afin d'entrer encore vivant dans l'au-delà.

31 janvier

*E*n présence de certains êtres, en voyant l'expression de leur visage, leur regard, en sentant tout ce qui émane d'eux, c'est immédiatement le mot lumière qui s'impose à nous. Comme si dans leur cœur, dans leur âme, ils étaient capables de distiller une matière impondérable, puis de la projeter sous forme de lumière. Ou comme s'ils avaient capté quelque chose de la lumière diffuse dans l'espace et l'avaient condensée en eux. Leur corps entier semble fait d'une substance translucide, à l'intérieur de laquelle brûle une flamme. Pour beaucoup, cette lumière reste un grand mystère, parce qu'ils ne savent pas qu'elle est le résultat de processus très réels de la vie intérieure : le sage, l'Initié, l'a obtenue par un travail de tous les instants. De chaque pensée, de chaque désir, de chaque sentiment et de chaque acte qu'il parvient à rendre plus désintéressé, plus généreux, plus pur, il retire une quantité infinitésimale de lumière.

Il est dit dans les livres sacrés que l'âme humaine a le pouvoir de remuer les cieux. Oui, l'âme humaine peut ébranler les cieux, mais seulement par son désir d'obtenir la lumière. Si elle insiste, exige, supplie, le Seigneur Lui-même, qui est lumière, ne peut pas la lui refuser.

1er février

*L'*ambiance dans laquelle vivent les êtres contribue beaucoup à faire ressortir leurs bons ou leurs mauvais côtés. C'est pourquoi le plus souvent possible efforcez-vous de rencontrer des personnes, d'assister à des réunions dont il émane une atmosphère de paix, d'harmonie, de lumière. Au début vous n'en éprouverez peut-être pas très longtemps les effets bénéfiques, mais en donnant, pour quelques instants au moins à votre nature supérieure des conditions pour s'épanouir, vous aurez imposé le silence à votre nature inférieure, et ce sera chaque fois une victoire que vous aurez remportée sur elle.

Ces ambiances harmonieuses, efforcez-vous aussi de les créer en écoutant de la musique, par exemple, car les sonorités produites par des instruments ou des voix ont un très grand pouvoir. Il existe des musiques sublimes qui projettent les âmes à des hauteurs vertigineuses, d'où elles reviennent illuminées, purifiées, sanctifiées. Recherchez ces musiques, et tâchez de vous en imprégner. À force de répéter ces expériences, c'est votre nature supérieure qui finira par s'imposer et qui gouvernera votre vie.

2 *février*

*T*ant qu'ils sont jeunes et bien portants, les humains ne pensent jamais à ce principe de désagrégation qui travaille insidieusement en eux et qui finira un jour par triompher. Ils ont tendance à croire que le monde leur appartient et que l'avenir ne cessera jamais de s'ouvrir devant eux. Quelle frustration quand ils commencent à sentir que le monde physique est en train de leur échapper ! Et voilà que, dans cette lutte sans merci qui s'est engagée en eux entre le principe de vie et le principe de mort, certains veulent retenir la vie par tous les moyens : ils jettent dans la bataille toutes les ressources qu'ils devraient utiliser pour s'intérioriser, s'approfondir, et ils perdent tout.

Nous ne sommes pas venus sur la terre pour y rester éternellement jeunes et en bonne santé, mais pour y faire un apprentissage, acquérir une expérience. Le sage est celui qui est conscient de la courbe du chemin et s'efforce de tout utiliser. Dans le monde spirituel, l'ascension est ininterrompue. Ici-bas, quoi qu'on fasse, on verra peu à peu son front et ses joues se rider, ses cheveux blanchir, ses dents tomber, etc. Mais il faut comprendre que cela n'a pas grande importance si, derrière les cheveux blancs et les rides, se manifeste le rayonnement de la vie spirituelle.

3 février

*L*a vie spirituelle suppose la maîtrise des sentiments et des pensées. Cette maîtrise des sentiments et des pensées s'acquiert plus facilement si on commence par surveiller les gestes que l'on fait dans la vie quotidienne. C'est ainsi qu'on acquiert peu à peu des possibilités psychiques qui permettront de maîtriser ensuite des courants plus puissants. Vous dites que vous ne voyez pas le rapport ? Et cependant il existe : tant que vous n'aurez pas appris à vous maîtriser dans les tout petits détails de la vie quotidienne, vous ne pourrez pas dominer la colère, la convoitise, le dégoût, la sensualité, le désir de vengeance…

Si certaines personnes faisaient seulement attention à la façon dont elles parlent, elles constateraient qu'elles ne contrôlent pas leurs mains : elles les agitent dans tous les sens, se grattent, tirent sur les boutons de leurs vêtements… Même quand elles méditent ou écoutent de la musique, elles sont incapables de garder les mains parfaitement immobiles. Commencez donc par apprendre à tenir vos mains tranquilles. Comment voulez-vous arriver à maîtriser des puissances qui vous dépassent, alors que vous n'arrivez pas à contrôler vos mains ?

4 février

Chaque jour la nourriture nous apporte des éléments indispensables à notre vie. Mais, pour en bénéficier pleinement, nous devons non seulement être conscients de ce que l'acte de manger représente pour notre santé, mais faire aussi un travail par la pensée. En prenant une bouchée de nourriture, nous pouvons nous concentrer sur la sagesse, puis continuer avec la patience, la justice, l'amour, la pureté, l'humilité, la reconnaissance, etc. Celui qui se contente de manger pour assouvir sa faim n'absorbe que la partie matérielle de la nourriture : il se prive donc de tous ces éléments subtils qui pourraient soutenir sa vie psychique.

Manger est une chose, se nourrir en est une autre. Il y a dans les aliments des particules de vie qu'il n'est possible de capter que par la concentration de la pensée. Si vous vous exercez, vous renforcerez votre psychisme : non seulement vous arriverez à mieux faire face aux tâches quotidiennes, mais vous deviendrez aussi plus sensible aux manifestations de la vie divine.

5 février

*T*out acte, aussi insignifiant soit-il, même un simplc geste, une parole, un sentiment, une pensée, produisent nécessairement des effets positifs ou négatifs. On peut donc dire que, d'une certaine façon, notre vie entière est placée sous le signe de la magie : tout n'y est qu'influences, empreintes, vibrations, et cela suffit pour entrer dans le domaine de la magie. Chaque fois qu'un être agit sur un autre ou sur un objet, il accomplit un acte magique. Et voilà que les gens regardent, parlent, pensent, ont des désirs, des sentiments, font des gestes, sans se rendre compte que tous les courants qu'ils déclenchent ainsi sont des puissances magiques. Souvent, dans leur ignorance, il leur arrive de mettre en action des forces négatives qui se retournent ensuite contre eux, et quand ils sont secoués, saisis, mordus, ils ne comprennent pas pourquoi.

Il est donc important que chacun apprenne à travailler sur ses pensées, ses sentiments, ses paroles, ses gestes, son regard, afin que les forces déclenchées par chacune de ses activités physiques ou psychiques produisent uniquement des effets bénéfiques... Bénéfiques pour lui, mais aussi pour toutes les autres créatures dans le monde.

6 février

Celui qui a apporté d'une façon ou d'une autre de l'aide aux autres trouve juste de recevoir quelque chose en retour. C'est juste, oui, mais l'amour, l'amour véritable qui pousse à donner sans rien attendre, cet amour est au-dessus de la justice.

Le sentiment de ce qui est juste habite déjà assez naturellement dans l'homme ; même des malfaiteurs peuvent avoir d'une certaine façon le sens de la justice, même les animaux. Et combien de crimes sont commis pour rétablir soi-disant la justice ! Si on ne peut pas nier que la justice soit une vertu, l'amour est une vertu plus grande encore. Vous avez manifesté votre générosité et, au nom de la justice, vous pensez qu'on vous doit quelque chose, au moins un remerciement. Mais si vous vous obstinez à attendre ce qui peut ne pas arriver – il y a des gens qui ne pensent même pas à dire merci – vous éprouvez une déception, un mécontentement. Et à cause de quoi ruminez-vous maintenant ces sentiments négatifs ? À cause du bien que vous avez fait ! Est-ce que c'est intelligent ?… La joie que vous avez éprouvée en faisant le bien, pourquoi ne pas chercher par tous les moyens à la conserver ?

7 février

*T*rouver un équilibre intérieur est difficile, mais il est encore plus difficile de le conserver, car la vie quotidienne présente sans cesse de nouvelles difficultés à affronter. Que ces difficultés soient personnelles ou collectives, chacun les ressent comme des tiraillements, des secousses, des chocs. Quoi qu'il fasse pour résister et garder l'équilibre, il ne peut y parvenir tant qu'il ne possède pas un bon système philosophique.

Un bon système philosophique instruit d'abord les humains sur leur structure psychique : il leur explique quelle est cette matière sur laquelle ils ont à travailler et de quels instruments ils disposent pour ce travail. Il leur indique le but vers lequel ils doivent marcher, le sommet divin en eux-mêmes, et le chemin à parcourir pour atteindre ce sommet où ils se sentiront enfin libres et en sécurité. S'ils ne perdent jamais de vue ce sommet divin, s'ils restent liés à lui, au moment où les passions humaines, les leurs et celles des autres, commenceront à se déchaîner, ils ne seront pas emportés. S'ils se sentent ligotés et en danger, c'est qu'ils sont restés trop bas. Une bonne philosophie leur montre le sentier qui conduit jusqu'au seul lieu où ils seront libres et en sécurité, et elle leur donne même des échelles : il ne leur reste qu'à grimper.

8 février

*L*es tout jeunes enfants, même les bébés qui viennent de naître, ne sont pas seulement de petits corps : ceux qui s'occupent d'eux doivent penser à leur âme, à leur esprit. S'ils le font, ils sentiront bientôt qu'ils attirent les bénédictions de leurs anges gardiens. Car auprès des enfants se tiennent des anges qui s'occupent d'eux, qui veulent pour eux la lumière, l'amour, la joie. Parmi les ordres angéliques, il en existe un particulièrement chargé des soins à donner aux enfants : celui des *Elohim* dans la séphira *Netsah* et les enfants, qui les sentent, trouvent un abri auprès d'eux. Mais souvent ces anges gardiens rencontrent de grandes difficultés dans leur tâche : combien d'enfants sont exposés aux influences nocives d'adultes inconscients et même méchants !

Des anges gardiens veillent sur les enfants, ils cherchent à les protéger, mais dans le plan physique ils sont très limités. C'est pourquoi ils sont tellement heureux quand, auprès des enfants, ils voient au moins une personne qui pense à leur âme, qui leur montre le chemin du bien et de la lumière, qui les entoure d'influences harmonieuses. Ils sont reconnaissants à cette personne qui les aide dans leur tâche et ils la récompensent en lui donnant leur lumière et leur joie.

9 février

*L*a respiration est une des conditions de la vie. Qu'ils aient ou non des poumons, tous les êtres vivants respirent. C'est un processus si naturel que même chez les humains il est la plupart du temps inconscient, c'est pourquoi ils respirent mal. Ils respirent trop vite, sans donner à l'air pur le temps de descendre profondément dans les poumons pour remplacer l'air vicié. Ils doivent donc apprendre à respirer lentement, profondément, et même, de temps en temps, retenir quelques secondes l'air avant de le relâcher. Pourquoi ? Pour le « mâcher ». Car les poumons savent mâcher l'air comme la bouche sait mâcher les aliments. Chaque inspiration est comme une bouchée remplie d'énergies nouvelles ; il faut donc donner aux poumons le temps de les capter afin que tout l'organisme puisse en bénéficier.

Si tant de gens sont fatigués, nerveux, irritables, c'est qu'ils ne savent pas comment se nourrir avec l'air : ils le rejettent tout de suite sans l'assimiler. Ils respirent seulement avec le haut des poumons, et l'air vicié ne peut donc pas être remplacé par l'air pur. La respiration profonde est un exercice très salutaire qu'il faut penser à pratiquer, car elle permet le renouvellement des énergies.

10 février

Que ça lui plaise ou non, tout être humain appartient à une collectivité, et si dans cette collectivité surviennent des troubles, ni lui ni ses biens personnels ne sont plus tellement en sécurité. Il y a eu dans l'histoire des gens si puissants et si riches que rien ne semblait devoir les atteindre ; mais des bouleversements se produisaient dans la collectivité et ils finissaient par tout perdre, même la vie. La sécurité des individus dépend du bon fonctionnement de la société. C'est donc à chacun maintenant de remplacer son point de vue personnel par un point de vue plus vaste, plus universel : il y gagnera non seulement sur le plan matériel, mais encore et surtout sur le plan de la conscience.

La conscience s'éveille véritablement en l'homme quand il devient sensible à la notion de collectivité, d'universalité : même s'il est physiquement un être séparé, dans le plan psychique il ressent les autres comme un prolongement de lui-même. À partir de ce moment-là, il éprouve ce qui arrive de bon ou de mauvais aux autres comme si c'était à lui que cela arrivait, et il s'efforce de ne leur faire que du bien, car il sent, il sait que c'est à lui aussi qu'il fait ce bien.

11 février

Dès l'instant où vous décidez de marcher sur le chemin de la lumière, les situations en apparence les plus défavorables commencent à concourir à votre bien. En effet, les forces que vous déclenchez en vous engageant sur ce chemin interviennent au fur et à mesure pour modifier ces situations, et ce qui devait vous nuire vient peu à peu se mettre à votre service. Vous devez seulement veiller à prendre la bonne orientation. Quant aux accidents qui pourront arriver en cours de route – difficultés, obstacles, échecs – ne vous y attardez pas. Acceptez-les, en sachant qu'à un moment ou à un autre, quelque chose interviendra pour que les échecs se transforment en succès et les chagrins en joies.

Mais gare à ceux qui n'ont pas su choisir le bon chemin ! Ils commenceront peut-être par remporter des succès, mais en réalité ces succès sont des pièges. Au lieu de se réjouir et de se glorifier devant les autres, s'ils connaissaient les lois, ils devraient trembler, car ils sauraient que ces triomphes ne font que préparer leur chute.

12 février

*V*ous avez médité longtemps et profondément en envoyant de la lumière et de l'amour au monde entier, et puis vous sortez marcher dans les rues. Quand vous rentrez chez vous, vous n'avez pas l'impression d'avoir fait quoi que ce soit… Eh bien, c'est là que vous vous trompez. Si vous étiez clairvoyant, vous verriez le bien que votre présence a pu faire à votre insu sur les personnes que vous avez croisées. Certaines qui avaient des projets malfaisants ont abandonné ces projets ; d'autres qui étaient troublées, désespérées, ont retrouvé un peu de sérénité et de courage. Tout dépend de la puissance et de la sincérité de vos aspirations.

Vous n'êtes pas seul concerné par vos états intérieurs, ils influencent aussi les autres autour de vous. Croyez-moi, un jour vous pourrez même le vérifier. Quand vous arriverez dans l'au-delà, la puissance du monde psychique se révélera à vous. Vous découvrirez que vos pensées et vos sentiments étaient des courants d'énergies qui ont agi dans l'invisible pour entraîner les êtres vers le mal ou vers le bien.

13 février

*P*ourquoi croyez-vous que l'aide, le soutien doivent vous venir uniquement sous la forme où vous l'attendez ? Tant de possibilités se présentent à vous ! Mais vous ne les voyez pas, vous ne voulez pas les voir. Vous espérez que telle porte va s'ouvrir devant vous, mais voilà qu'elle reste fermée… Au lieu de vous lamenter devant cette porte, pensez qu'il peut y en avoir une autre, à côté, qui va s'ouvrir. Ou peut-être même est-elle déjà ouverte, mais vous ne la voyez pas.

Vous attendez la compréhension et l'aide de quelqu'un, mais non seulement il ne vous les donne pas, mais il se montre désagréable. Eh bien, au lieu de vous laisser obséder par cette déception, regardez un peu mieux autour de vous : il y a certainement d'autres personnes prêtes à vous aider. Si vous restez tellement concentré sur votre déception, vous ne verrez pas ces amis qui viennent à vous. C'est dans ce sens aussi que certaines épreuves sont utiles : elles obligent à faire ou à découvrir ce qu'on ne ferait pas et ne découvrirait pas sans elles. Combien de fois votre obstination vous a empêché de sortir de vos difficultés ! Alors, désormais, ne restez pas à vous lamenter devant une porte fermée, regardez mieux autour de vous : si ce n'est pas une porte, c'est peut-être une fenêtre qui est ouverte !

14 février

*T*ravailler sans rien attendre, voilà ce que vous devez arriver à réaliser. Car il n'y a pas pire entrave que d'attendre d'être reconnu et apprécié pour son travail. Vous attendez, vous attendez… et cette attente vous paralyse. Si vous êtes toujours en train de guetter un signe d'approbation ou d'encouragement – ce qui peut ne jamais venir – votre activité va s'en ressentir. Or, l'être humain ne peut s'épanouir que dans l'activité, celle de son corps physique, mais surtout celle de son cœur, de son intellect, de son âme et de son esprit. En attendant une reconnaissance sous quelque forme que ce soit, ne sentez-vous pas que vous vous limitez et que quelque chose en vous s'assombrit ? Décidez-vous donc à agir pour la seule et simple raison que vous sentez que c'est utile et bon, c'est tout. N'attendez rien en retour et vous vivrez dans la liberté et la lumière.

15 février

*C*hacun nourrit des ambitions, des rêves, et c'est naturel. Mais s'il arrive à les réaliser, est-ce qu'il sera à la hauteur de la situation ? C'est là aussi un point à considérer. Voici, par exemple, un garçon qui rêve d'épouser une fille ravissante qu'il a rencontrée. Après toutes sortes de péripéties – car il n'est pas le seul à être tombé amoureux d'elle ! – il parvient à réaliser ce rêve. En apparence, c'est magnifique. Mais comme il manque de sagesse, de maîtrise, le voilà rongé par le soupçon, la jalousie… Il surveille sa femme et tous ceux qui l'approchent, il s'imagine qu'elle le trompe, au point qu'un jour, devenu complètement fou, il l'assassine, et le voilà en prison.

Sous une forme évidemment très simplifiée, cette petite histoire est un exemple des dangers que l'on court quand on s'acharne à réaliser ses désirs alors qu'on ne se connaît pas bien et qu'on n'a pas travaillé sur le contrôle, la maîtrise de soi. On veut épouser la plus belle fille du monde, on veut obtenir un poste de ministre, être élu président, on veut devenir une célébrité, on veut gagner le gros lot de la loterie nationale, etc., et il n'est pas impossible d'y parvenir. Mais combien de temps durera le bonheur d'avoir remporté ce succès ? Le lendemain déjà, les problèmes se présentent. Et alors, est-ce qu'on aura la force de caractère suffisante pour les affronter ?

16 février

***D**ites à quelqu'un qu'il doit travailler sur la pureté, vous pouvez être sûr que vous serez mal compris : il pensera immédiatement que vous voulez lui imposer des privations et, particulièrement, des privations dans le domaine sexuel. Souvent, en effet, on confond non seulement pureté et chasteté, mais encore chasteté et continence, alors qu'en réalité, la pureté ne concerne pas tellement le plan physique : c'est une vertu du cœur et de l'âme qu'on rencontre chez des hommes et des femmes qui sont pères et mères de nombreux enfants, tandis qu'elle peut faire défaut à certains autres qui prétendent fuir comme la peste les tentations de la chair. Que la pureté concerne aussi le domaine sexuel, c'est évident, mais quand je parle de pureté, j'entends surtout celle des pensées, des sentiments, des désirs, car c'est là que commencent les dévergondages qui produiront ensuite des dérèglements dans le comportement sexuel.

La pureté est un domaine très vaste que nous devons étudier dans les trois plans physique, affectif et mental. Dans le plan physique, elle est à la base de la santé ; dans le plan affectif, elle donne les conditions pour recevoir et manifester l'amour ; et dans le plan mental elle donne les conditions pour recevoir et manifester la sagesse.

17 février

Que ce soit la justice, la bonté, l'amour, la beauté, chacun a un idéal. La question ensuite est de savoir comment le nourrir et lui rester fidèle. S'il le trahit, il perd la confiance des esprits du monde invisible. Car, sachez-le, un noble idéal auquel vous aspirez attire toujours l'attention des esprits lumineux : ils viennent vous accompagner, vous soutenir. Mais s'ils voient que vous faiblissez, que vous allez vous égarer sur d'autres voies parce qu'elles vous paraissent plus faciles, plus agréables, ils estiment qu'ils n'ont plus rien à faire auprès de vous et ils s'éloignent. Vous direz : « Mais est-ce si grave ? » Oui, car une fois réduit à vos seules ressources, vous ne réaliserez pas grand-chose.

Il est naturel d'être curieux, d'avoir de nombreux centres d'intérêt. Ce qu'il ne faut pas, c'est changer d'orientation intérieure, abandonner le chemin de la lumière sur lequel on a commencé à s'engager. L'existence est vaste et riche de toutes sortes de possibilités et il n'est pas interdit d'explorer cette richesse et cette diversité, au contraire, car elle est l'œuvre du Créateur. Partez si vous voulez à la découverte du monde, mais en restant fidèle à votre idéal.

18 février

*L'*existence terrestre n'est pour les humains qu'un long sommeil peuplé de rêves plus ou moins agréables. Un jour quand ils se réveilleront, ils se demanderont comment ils avaient pu croire que ce qu'ils vivaient était la réalité. S'ils sont ici en train de se débattre dans la matière, c'est qu'ils ont un travail à faire. Quand ils retourneront dans l'autre monde, tout en reconnaissant que la réalité n'était pas là, ils devront admettre que ce contact quotidien avec la matière les aura obligés à développer toutes les facultés qu'ils ont reçues du Créateur !

Pour le moment nous ne sommes que le rêve de l'Être divin qui est en nous. Nous dormons, mais tout en dormant nous devons aussi préparer notre réveil. Et nous le préparons en nous concentrant sur notre Moi supérieur, en cherchant à nous identifier à lui. Peu à peu, la conscience de notre moi limité s'unira à la conscience de notre Moi supérieur, et c'est dans cette union que se produira un jour le véritable réveil.

19 février

Pour réussir dans la vie il faut évidemment posséder certaines capacités physiques, intellectuelles, psychiques, et surtout travailler. Mais ce n'est pas encore suffisant. Pour connaître la direction à prendre, les choix à faire, avec qui s'associer, etc., il faut avoir aussi du discernement. Et comment acquérir le discernement ? En étant désintéressé. Oui, car le désintéressement donne à l'homme la faculté d'y voir clair. Au contraire, la recherche des avantages personnels, l'égoïsme, l'avidité, la cupidité lui brouillent la vue et lui font perdre sa lucidité : tellement obnubilé par la seule satisfaction de ses intérêts, il perçoit les êtres et les situations autour de lui comme au travers de verres déformants. Et puisqu'il n'y voit pas clair, ce qu'il croit faire dans son intérêt il le fait à son détriment. Contrairement à ce qu'on a tendance à penser, ce n'est pas l'égoïsme qui permet de réussir, de s'enrichir, mais le désintéressement.

20 février

*L*es ruisseaux qui coulent, les sources qui jaillissent, la pluie qui tombe, le grondement des torrents, le mouvement ininterrompu des océans et des mers, le souffle du vent, le bruissement des feuillages, le crissement des insectes, le chant des oiseaux… tout est musique dans la nature. Et c'est cette musique qui a, dès l'origine, éveillé et entretenu le sentiment musical en l'homme, qui l'a incité à s'exprimer lui-même par un instrument ou par le chant, à évoquer les moments importants de sa vie, à dire son amour, ses joies, ses peines. Par la musique il traduit aussi ses aspirations mystiques, il chante la louange du Créateur et, quand nous écoutons cette musique, nous sentons qu'elle éveille dans notre âme le souvenir d'une patrie céleste, la nostalgie d'un paradis perdu. L'effet est immédiat. Instantanément nous nous souvenons que nous venons du Ciel et que c'est au Ciel que nous retournerons…

Et un jour, quand la conscience supérieure s'éveillera en l'homme, quand il développera des possibilités de perceptions plus subtiles, il commencera à entendre la symphonie grandiose qui retentit à travers les espaces, car chaque être créé, depuis les pierres jusqu'aux étoiles, émet des vibrations qui se propagent en ondes sonores. Et il comprendra alors le sens de la vie.

21 février

*L*es animaux sont contents de leur sort : même si certains sont plus habiles ou ingénieux que d'autres, ils ne voient pas leurs limitations, ils ne cherchent donc pas à en sortir pour progresser. Mais cette façon d'être, qui est normale pour les animaux, n'est pas idéale pour les humains… bien que certains s'en contentent !

Vous direz : « Mais alors, nous devons nous révolter contre notre sort ? » Non, comprenez-moi bien : accepter son sort est une chose, et s'en satisfaire en est une autre. Chacun de nous est obligé d'accepter son sort comme conséquence des choix qu'il a faits dans le passé. S'il a maintenant des épreuves à traverser, il ne doit pas se révolter, car il est en train de payer pour les erreurs qu'il a commises dans cette existence ou dans des existences antérieures. Il fait donc des efforts pour réparer, et en même temps il comprend qu'il doit progresser, s'améliorer. Ainsi, il accepte la destinée qu'a décrétée pour lui la Justice divine ; mais il ne se satisfait jamais de son degré d'évolution actuel, il s'efforce sans cesse de sortir de ses limitations.

22 *février*

Quand des personnes se rencontrent, souvent elles se serrent la main, et de même quand elles se quittent ; ou bien elles s'envoient un salut de loin. C'est donc qu'elles savent instinctivement que la main est capable d'émettre des courants, et aussi d'en recevoir. C'est pourquoi il faut veiller particulièrement à ce que l'on transmet par la main. Si on doit se saluer, c'est pour se faire du bien, se donner mutuellement quelque chose de bon. Sinon, c'est inutile. Pour celui qui a la conscience éveillée, un salut est un geste formidablement significatif et opérant par lequel il peut encourager, consoler, vivifier les créatures. Les échanges les plus puissants, les plus bénéfiques ne sont pas nécessairement ceux que l'on fait en se rapprochant physiquement. On peut mettre beaucoup d'amour et de lumière dans un geste de la main et le regard qui l'accompagne. Alors, que votre âme participe à votre salut et que votre esprit aussi y participe ! Il faut qu'un salut soit une vraie communion, qu'il soit puissant, harmonieux, vivant.

23 février

À celui qui souhaite pratiquer la méditation on explique qu'il doit d'abord faire silence en lui-même. Il ferme donc les yeux pour se concentrer… Mais souvent que se passe-t-il ? Toutes ses préoccupations, ses inquiétudes, ses animosités remontent immédiatement à la surface, et il lui est même bientôt impossible de rester immobile et de conserver la bonne posture. Donc, celui qui commence à pratiquer la méditation doit savoir d'avance que c'est un exercice difficile qui exige une grande discipline. En effet, ce silence intérieur qu'il cherche à obtenir est le résultat d'un accord entre les trois plans physique, astral et mental ; et cet accord, il ne peut le réaliser qu'en commençant par discipliner son corps physique, son cœur et son intellect afin d'y introduire l'harmonie.

« Harmonie »… Imprégnez-vous de ce mot, car il est la clé qui ouvre les portes de la région du silence : harmonie dans le plan physique, harmonie dans le plan astral (les sentiments), harmonie dans le plan mental (les pensées), et aussi harmonie entre ces trois plans. Le silence que vous parviendrez alors à créer en vous s'accompagnera d'une sensation d'allègement, de libération : un poids tombera de vos épaules, des entraves se délieront, et votre âme, s'échappant de sa prison, se déploiera librement dans l'espace.

24 février

Pourquoi vous sentez-vous si souvent pauvre et démuni ? Parce que vous vous êtes habitué à regarder vers le bas, c'est-à-dire à voir tout ce qui est motif de soucis, d'inquiétudes, de chagrins. Vous oubliez de regarder vers le haut, là où se trouvent la lumière, la beauté, tout ce qui peut donner un élan à votre âme et lui faire découvrir les moyens de surmonter les difficultés. Les soucis, les difficultés existeront toujours, quoi que vous fassiez ; inutile de lutter contre eux, c'est vous plutôt qui serez écrasé. Alors, que faire ? Exactement ce que l'on fait contre les intempéries ou contre les insectes : on s'équipe. Contre la pluie on prend un parapluie ; contre le froid on s'habille de vêtements chauds ; contre les moustiques on place une moustiquaire ou on utilise un produit pour les éloigner. Eh bien, contre les difficultés il n'y a pas d'autre solution que de regarder vers le haut pour recevoir la lumière et la force.

Et regarder vers le haut, c'est aussi apprendre à se réjouir de ce que l'on a jusque-là négligé. Chaque jour tâchez de découvrir quelque chose qui vous fait du bien ou vous émerveille – cela peut être une rencontre, un événement, un objet, une pensée – mettez-le dans votre cœur, dans votre intelligence, dans votre mémoire, et remerciez de l'avoir trouvé sur votre chemin.

25 février

De multiples activités, de multiples rencontres peuvent être pour nous des sources de joie, mais nous ne goûterons les plus grandes joies qu'en cherchant à nous fusionner avec la Divinité. Car si le Créateur a donné à ses créatures des possibilités infinies de joie, Il a gardé la plus grande félicité pour celles qui, par leur âme et leur esprit, parviennent à ne faire qu'un avec Lui. Et pour que cette joie soit parfaite, celui qui a vécu ces instants de fusion où la lumière et l'amour divin ont pénétré en lui, doit s'efforcer de les rayonner autour de lui. Car le propre de la grâce divine est de n'accepter aucune limite : elle cherche partout des ouvertures par lesquelles pénétrer afin de nourrir toutes les créatures.

Nombreuses sont les joies que nous pouvons éprouver. Mais il n'existe pas de plus grande joie que d'arriver à nous unir à la Divinité, et de faire ensuite participer les autres à cette joie, de partager avec eux ce que nous avons reçu. Cette joie prend donc en réalité deux formes : nous nous élevons jusqu'au Ciel pour y amasser des trésors, puis nous revenons vers la terre pour les distribuer.

26 février

*T*ous les édifices religieux qui existent de par le monde doivent être respectés. Grâce à la ferveur des multitudes de fidèles qui depuis des siècles sont venus y prier, les églises, les temples sont imprégnés d'une atmosphère sacrée. Mais évidemment les constructions humaines ne résistent pas au temps. C'est pourquoi même les croyants doivent admettre que le seul véritable temple est celui que Dieu a créé : l'univers. Il est indestructible, et toutes les entités dont le Créateur l'a peuplé sont autant de manifestations de sa présence. Même si nous ne les voyons pas, ces entités sont là pour nous aider à travers la terre, l'eau, l'air, le feu, la lumière du soleil. C'est grâce aux sacrifices de ces entités, grâce à leur amour, à leur désir de faire des échanges avec nous que nous sommes vivants – vivants physiquement, vivants psychiquement et vivants spirituellement. Nous devons donc apprendre comment entrer en contact avec elles, les respecter et leur être reconnaissants. Seuls ceux qui ont une conscience éveillée ont réellement accès au sanctuaire.

27 février

Combien de personnes s'accrochent désespérément à leur existence terrestre ! Elles ignorent que leur vie ne s'arrêtera pas avec ce qu'il est convenu d'appeler la mort, et c'est au point même que, pour prolonger leur vie, certaines sont capables de commettre des crimes. Le spiritualiste a une toute autre conception des choses. Il aime la vie dont il découvre chaque jour le sens et la beauté, et en même temps cette vie, avec les limitations, les contraintes, les souffrances qu'elle impose, lui semble parfois un fardeau. Comment ne pas aspirer à cette autre vie dont il pressent qu'elle est plus réelle que son existence terrestre ? Mais parce qu'il sait aussi qu'il est descendu sur la terre pour faire un travail, réparer ses erreurs du passé, se perfectionner, il accepte, en pensant que lorsqu'il aura terminé ce travail, il partira vivre libre dans l'espace.

Voilà la vérité que connaissent les spiritualistes, et c'est pourquoi, même s'ils savent que la vraie vie est ailleurs, ils sont convaincus qu'ils ont quelque chose à faire sur la terre. Tant qu'ils n'ont pas fini le travail pour lequel ils sont venus, le reste leur est indifférent : ils ne se demandent pas s'ils préfèrent vivre ou mourir, ils veulent seulement terminer leur travail. Et dès qu'il est terminé, ils s'en vont dans la paix et dans la joie.

28 février

*L*a science des sages et des Initiés, ce qui est magnifique avec elle, c'est qu'elle offre des perspectives infinies. Jamais nous n'arriverons au but. Oui, c'est cela qui est exaltant : savoir qu'il y aura toujours quelque chose à découvrir, à réaliser. Pour certains, c'est le contraire qui se produit, ils se disent : « C'est tellement long !... les résultats tardent tellement !... j'abandonne. » Et ils se choisissent un but qu'ils pourront atteindre en quelques années. Ils l'atteignent, en effet, et ils sont contents, ils ont fini par obtenir ce qu'ils souhaitaient. Mais comment ne se rendent-ils pas compte que, d'une certaine façon, eux aussi sont « finis », parce qu'ils sont partis à la recherche de quelque chose de fini !

Seuls ceux qui ont compris qu'il faut rechercher l'infini, l'illimité, ce qui est au-delà du temps et de l'espace, se sentiront toujours vivants, parce que la vie véritable, c'est l'immensité, l'éternité. Ne vous réfugiez donc pas dans ce qui est accessible, limité : embrassez l'infini et votre joie aussi sera infinie. Ce sera la lumière, la force, l'épanouissement de tout votre être.

1er mars

Quand rien ne les oblige à faire des efforts, les humains ont tendance à se laisser aller. Il leur faut des difficultés, des épreuves, alors là ils se reprennent et mobilisent leurs énergies pour redresser la situation. Quand ils y sont parvenus, ils se relâchent et retombent dans la négligence, la paresse. Il n'est pas bon d'ajuster son comportement aux variations du monde extérieur. Quels que soient les événements, vous devez continuer à faire des efforts, car c'est eux qui vous maintiennent en vie et en santé. Les conditions s'améliorent, les difficultés s'aplanissent ?… Tant mieux, mais ce n'est pas une raison pour cesser de faire des efforts physiques, affectifs, intellectuels. Voilà la règle pour les véritables spiritualistes.

La pratique spirituelle est fondée sur des méthodes très simples, mais dont l'application nécessite une grande persévérance. Pour acquérir la lumière, la paix, l'amour, la force, vous avez chaque jour de nouveaux efforts à faire : des pensées à nourrir, des paroles à prononcer, des gestes à exécuter. Alors, c'est la Mère nature elle-même qui vous dit : « Je reconnais ces pensées, ces paroles, ces gestes : ils vibrent en harmonie avec ce qui existe de plus beau et de plus lumineux en moi. Voici, je te donne mes bénédictions. »

2 *mars*

*V*ous lisez ou vous entendez prononcer une phrase qui vous émerveille, et pendant quelques minutes vous avez la sensation de naître à une nouvelle vie. Ce n'est pas une illusion : toute parole de vérité possède un réel pouvoir magique. Mais ne vous contentez pas d'être ébloui. Prenez cette parole et essayez de vivre toute la journée avec elle. En travaillant, en vous promenant, en écoutant de la musique, en faisant votre toilette, le ménage ou la cuisine, ne la lâchez pas. Étudiez-la sous tous ses aspects, essayez de comprendre comment elle se vérifie dans tous les domaines et dans toutes les circonstances de la vie, afin de la faire s'incarner en vous. Voilà la seule bonne méthode de travail.

Toutes les vérités que vous avez su faire chair et os en vous, même si un jour vous perdez la mémoire, vous ne les oublierez pas. Vous ne saurez peut-être pas les exprimer par des mots, parce que la mémoire en tant que faculté du corps mental vous aura quitté, mais plus profondément leur empreinte restera en vous : vous partirez dans l'autre monde avec la connaissance de ces vérités et quand vous reviendrez, vous les apporterez à nouveau avec vous, parce qu'elles formeront la quintessence de votre être.

3 mars

Chaque matin, au réveil, dites-vous que rien n'est plus important que de bien vivre cette journée qui commence. Car c'est aujourd'hui qui compte. De même que le présent n'est rien d'autre qu'une conséquence du passé, l'avenir est un prolongement du présent. Passé, présent, avenir, tout se tient. L'avenir s'édifiera sur les fondations que vous posez aujourd'hui. Le passé est passé, mais il a mis au monde le présent, et le présent porte les germes de l'avenir. Donc, en vous concentrant sur le moment présent, vous construisez votre avenir.

D'une certaine façon, le passé est toujours vivant, et il agit encore sur votre présent, mais vous n'êtes pas obligé de lui laisser prendre le pouvoir. C'est au présent que vous devez donner le pouvoir, afin qu'il domine le passé, qu'il le terrasse même, s'il le faut, pour agir sur lui. Quand le passé était le présent, il était tout-puissant. Maintenant qu'il est le passé, il est subordonné au présent, et c'est le présent qui a voix au chapitre. Le passé est révolu et l'avenir est justement « à venir ». Maintenant le présent doit imposer sa volonté, afin de transformer le passé et d'orienter l'avenir.

4 mars

Celui qui embrasse un enseignement spirituel ne doit pas se croire obligé de s'éloigner ou de se couper des autres sous prétexte qu'ils ne partagent pas sa philosophie. Rien ne lui interdit de fréquenter toutes sortes de personnes, il doit seulement être assez fort et éclairé pour ne pas perdre sa direction. Qu'il aille au travail, qu'il fasse des rencontres, qu'il noue des amitiés. Mais tout en restant ouvert aux autres, il ne doit rien perdre de son idéal et ne jamais transiger sur certains principes. Qu'il cultive une attitude de fermeté vis-à-vis de tout ce qui pourrait le faire dévier de sa route.

Chaque jour, les occasions d'être tenté, séduit, et de s'égarer ne manquent pas, et ceux qui vous les présentent ne manquent pas non plus. Souvent même ils sont très sympathiques, charmants. Gardez-leur votre sympathie, pourquoi pas ? Leur fréquentation peut vous instruire. Ne les fuyez pas, aidez-les à y voir plus clair si vous le pouvez, mais ne vous laissez pas influencer, restez fidèle à votre philosophie spirituelle. Faire preuve de souplesse, de compréhension, tout en restant solide et inébranlable dans ses convictions, son engagement spirituel, est un équilibre difficile à trouver, mais il faut y travailler.

5 mars

Se nourrir correctement suppose d'abord le respect de certaines règles comme manger consciemment, lentement, et bien mastiquer les aliments. Manger lentement et bien mastiquer facilite la digestion. Si on avale les aliments sans les mâcher suffisamment, l'estomac, qui les reçoit, doit fournir pour les digérer un surcroît d'énergie, et cela fatigue l'organisme. Il faut aussi savoir que la bouche, qui est la première à recevoir la nourriture, est une sorte de laboratoire, et elle joue déjà, sur un plan plus subtil, le rôle d'un véritable estomac : grâce à des glandes situées sur la langue et sous la langue, elle absorbe les particules éthériques des aliments.

Vous commencez à manger… Pourquoi, dès les premières bouchées, avant même que les aliments aient pu être digérés, sentez-vous que vous êtes déjà en train de reprendre des forces ? Parce qu'en passant par la bouche, ces aliments ont libéré des énergies, des particules éthériques qui sont allées nourrir votre système nerveux. Avant que l'estomac ait pu transformer les aliments, le système nerveux est déjà nourri. Si certaines personnes se sentent fatiguées après un repas, c'est qu'elles ont avalé la nourriture sans l'avoir bien mâchée ; et l'organisme doit dépenser davantage d'énergies pour la digérer. Leur fatigue vient de là. Qu'elles apprennent à bien mastiquer et elles se lèveront de table, légères et pleines d'entrain.

6 mars

Sous quelque forme qu'il se présente, efforcez-vous de ne jamais céder devant le mal. N'acceptez jamais qu'une douleur, un handicap physique vous enlève le goût de vivre. Bien sûr, c'est difficile, mais même si vous êtes en train de perdre la vue ou l'ouïe, même si vous êtes paralysé d'un membre, prenez conscience de toutes les facultés, toutes les possibilités que vous possédez encore et grâce auxquelles vous pouvez continuer à agir, à apprendre, à vous perfectionner. Et il vous reste surtout la pensée et le sentiment qui sont les véritables puissances. Faites appel à eux, car c'est en cultivant des pensées justes et des sentiments généreux que vous créerez en vous des dispositions bénéfiques qui contribueront même à améliorer votre état physique.

Le mal prend souvent les proportions que nous lui donnons, et en se résignant, en se laissant aller au découragement, on le renforce. Mais avez-vous vu une poule défendre ses poussins à l'approche d'un chien ? Elle se hérisse, gonfle ses plumes, caquète bruyamment pour lui faire peur. Agissez de même avec le mal : enflez-vous, faites-lui face, montrez-lui que vous êtes capable de vous défendre, il sera obligé de reculer.

7 mars

*L'*enfant qui vient au monde est une âme qui se limite, et elle souffre de devoir entrer dans un corps où elle se sent tellement à l'étroit. Même si cette limitation est nécessaire pour permettre la manifestation dans le plan physique, l'être humain ne doit jamais oublier que son âme a pour demeure l'espace infini. Enfermée dans un corps, elle aspire à cette immensité où elle se dilate, se réjouit. C'est pourquoi, même si un être redoute la mort parce qu'il la ressent, ce qui est naturel, comme un arrachement, son âme l'accueille comme une libération.

L'existence est faite de ces deux mouvements, la limitation et la dilatation, que chacun doit apprendre à équilibrer. Même quand vous êtes sollicité de toutes parts, si vous ne voulez pas que votre âme finisse par étouffer, s'étioler, ne vous laissez pas accaparer par les tâches et les soucis matériels. De temps à autre, quelques instants au moins, arrêtez-vous, entrez en vous-même, ouvrez-vous à l'immensité… puis retournez à vos occupations.

8 mars

De combien de critiques les moralistes ont accablé les femmes ! Parmi les reproches qu'ils leur ont faits, figure en particulier leur désir d'être belles et le soin qu'elles y apportent. Ce n'est pourtant pas criminel, au contraire ; si les femmes ne recherchaient pas la beauté, on aurait vu venir au monde des générations de la plus grande laideur. C'est la mère qui a pour mission de transmettre la beauté à ses enfants. Puisque c'est elle qui les forme, pendant le temps qu'elle les porte, il serait tellement bénéfique pour ses enfants qu'elle se concentre sur tout ce qui est beau dans la nature, dans l'art, et qu'elle s'en nourrisse afin que cette beauté s'incarne en eux ! Les moralistes qui ont condamné chez les femmes le désir d'être belles ne voyaient en elles que des séductrices. Ils n'ont pas compris que c'est la tâche de la femme, de la mère, de modeler la race humaine. Les hommes ne pensent pas beaucoup à la beauté, ils ont d'autres préoccupations ; alors, si les femmes n'y pensaient pas !…

Les femmes ont donc raison de chercher la beauté, afin de pouvoir la transmettre à leurs enfants. Il faut seulement qu'elles comprennent où et comment chercher la vraie beauté, la beauté spirituelle, afin qu'à travers leurs enfants elles fassent un jour descendre sur la terre les splendeurs du monde divin.

9 mars

*L'*amour se caractérise par la capacité à découvrir sans cesse quelque chose de nouveau dans la nature et chez les humains. Spontanément, deux êtres qui s'aiment se voient toujours nouveaux et ils s'émerveillent l'un de l'autre sans se lasser. Chaque jour ils ont l'impression de se rencontrer pour la première fois. Mais s'il arrive un moment où, pour quelque raison que ce soit, ils ne s'aiment plus, c'est la monotonie et l'ennui qui s'installent. Ils se lassent l'un de l'autre et se mettent à la recherche d'un nouvel amour… pour pouvoir recommencer à s'émerveiller chaque jour.

Oui, l'amour a des yeux très spéciaux. C'est pourquoi, si vous aimez la nature, elle aussi vous apparaîtra toujours nouvelle. Vous allez le matin assister au lever du soleil : c'est en apparence toujours la même boule de feu que vous avez devant vous ; mais si vous l'aimez, vous aurez chaque matin la sensation de le voir pour la première fois et vous recevrez de lui une lumière nouvelle, une chaleur nouvelle et des énergies nouvelles.

10 mars

Quand elles n'ont plus autant d'énergies pour continuer à courir après la gloire, le pouvoir ou les plaisirs, combien de personnes décident qu'il est temps de s'assagir, ou même de penser au Ciel et de se mettre à son service ! Mais qu'est-ce qu'elles s'imaginent ? Quand on n'a plus d'énergies pour la terre, on n'en a pas davantage pour le service du Ciel, c'est clair. Se retirer du monde et s'occuper de temps à autre de quelques bonnes œuvres parce qu'on n'a plus suffisamment de forces pour les affaires, les intrigues et les aventures passionnelles, ce n'est pas de la sagesse, et c'est encore moins de la spiritualité.

Tous ceux qui, dans leur jeunesse, ont choisi d'épouser le diable – disons les choses ainsi ! – ne doivent pas se faire d'illusions : c'est le diable qui les répudie dans leur vieillesse. Il n'est pas bête, le diable, il sait où sont ses intérêts. Quand il n'a plus rien à prendre chez les humains, il se débarrasse d'eux. Ces naïfs croient divorcer de leur plein gré, mais pas du tout, c'est le diable qui les chasse : avec quel plaisir il renvoie vers Dieu tous ces infirmes, ces handicapés dont il ne peut plus rien tirer ! Et alors quel spectacle pour le Seigneur, et surtout quel renfort magnifique Il reçoit là pour son travail !…

11 mars

*V*ous voulez être heureux ? Apprenez à cultiver cette qualité si précieuse : l'attention. L'attention entretient l'amour, elle entretient la vie. Prêtez attention non seulement aux êtres humains, mais aussi aux arbres, aux fleurs que vous rencontrez sur votre route, aux gouttes de rosée, aux papillons, aux insectes, aux oiseaux…

Et vous pouvez également appliquer ce conseil à votre vie intérieure. Car en vous aussi il y a des papillons qui voltigent de fleur en fleur et des oiseaux qui chantent dans les arbres. Parfois, en ouvrant votre fenêtre le matin, vous vous sentez habité par des présences invisibles, pareilles à celles qui peuplent les contes de fées, et c'est comme si des gouttes de rosée brillaient sur les fleurs et les feuilles de votre âme. Portez attention à cette sensation, ne la laissez pas s'évanouir sans essayer de la retenir au moins un moment, car c'est elle qui mettra de la poésie dans votre journée.

12 mars

Il est inutile et même dangereux de s'engager dans la voie spirituelle tant qu'on n'a pas compris à quel point la nature inférieure de l'homme est coriace, difficile à dompter, et combien le travail à faire sur elle demande de vigilance, de persévérance, d'humilité, d'abnégation. Beaucoup trop de personnes s'imaginent qu'à partir du moment où elles ont trouvé un enseignement spirituel, elles vont rapidement progresser : elles liront quelques livres, feront quelques exercices de concentration, de méditation, et les résultats seront bientôt là. Malheureusement, non : la maîtrise de la vie psychique est tellement plus difficile qu'on ne le croit ! Il existe bien dans chaque être humain cette capacité de renouvellement, de régénération, de divinisation, mais c'est un processus très lent, et ce que chacun peut réaliser dans cette existence dépend du travail déjà entrepris dans ses incarnations antérieures.

Pour celui qui n'a pas conscience des difficultés qu'il va inévitablement rencontrer, il est impossible de progresser. Alors il sera déçu, il souffrira et fera aussi souffrir les autres. L'engagement dans la voie spirituelle exige lucidité sur soi-même, patience et humilité.

13 mars

*L*es moyens matériels vous manquent souvent pour faire autant de bien que vous le souhaiteriez. Mais que cela ne vous attriste pas, car vous n'êtes quand même pas tout à fait démuni. Vous croisez un mendiant dans la rue, vous lui donnez un peu d'argent en regrettant de ne pas pouvoir lui en donner davantage, mais vous pouvez l'aider d'une autre façon : en utilisant la puissance de la pensée. Arrêtez-vous un peu plus loin, et là, discrètement, concentrez-vous en projetant sur tous les passants votre désir de faire quelque chose pour cet homme. Ce que vous ne pouvez pas donner vous-même, d'autres, inspirés par vous, seront conduits à le donner et vous aurez aussi participé à ce don.

Ne croyez pas que votre générosité se limite à ce que vous êtes capable de faire, vous, personnellement ; elle peut également se manifester à travers d'autres. Et cela est valable aussi pour tous les cas où vous voulez aider quelqu'un sans en avoir les possibilités matérielles. Ce qui compte, c'est de toujours nourrir en soi de bonnes pensées et de les nourrir assez puissamment pour qu'elles finissent par inspirer à d'autres le désir de les réaliser.

14 mars

*U*n être humain considéré du seul point de vue physique est soit un homme, soit une femme, il en présente les caractères précis et immédiatement reconnaissables. Mais du point de vue psychique, c'est beaucoup plus complexe, car chacun possède intérieurement les deux principes masculin et féminin, et on ne peut pas réduire l'homme au seul principe masculin ni la femme au seul principe féminin. Dans la philosophie taoïste chinoise, cette idée est représentée par le symbole du yin et du yang : la partie yin, noire, de la figure qui représente le principe féminin, contient un point blanc, et la partie yang, blanche, qui représente le principe masculin, contient un point noir, pour exprimer que le masculin contient toujours une part féminine, et le féminin toujours une part masculine.

Les hommes et les femmes ne sont pas des principes abstraits, mais des combinaisons vivantes de masculin et de féminin dans des proportions inégales, et d'une incarnation à l'autre, ils peuvent changer de sexe. En effet, chacun doit faire l'expérience des deux conditions, afin d'acquérir en plénitude les qualités du principe masculin et celles du principe féminin.

15 mars

Chacun a dans sa vie des leçons à apprendre, des fautes à réparer, il ne peut pas y échapper, et d'une façon ou d'une autre, il doit « payer » : payer pour apprendre et payer pour réparer les fautes commises. Ce paiement fait partie des lois du karma, il faut l'accepter. D'ailleurs, même si on ne l'accepte pas, cela ne change rien, on ne peut pas échapper à la justice divine et on ne peut pas non plus la contourner.

Efforcez-vous donc de comprendre comment fonctionne la justice divine et faites-lui confiance. C'est comme si toutes les fautes que vous avez commises allaient peser sur le plateau d'une balance et toutes vos bonnes actions sur l'autre plateau. Alors, quand arrivera le moment de payer pour les transgressions, tout ce que vous aurez fait de bon interviendra pour que le paiement soit moins lourd. Cette loi est valable dans tous les domaines : les efforts que vous faites pour vous renforcer, vous purifier, vous permettront toujours d'affronter les épreuves dans de meilleures conditions.

Que ce soit donc bien clair : d'un côté, vous devez savoir qu'on n'échappe pas à la justice divine, et de l'autre, être toujours conscient que tout ce que vous faites de bon se transforme en énergies pour vous aider à triompher des épreuves.

16 mars

Il est dit que l'être humain a été créé à l'image de Dieu. Dans son essence il est donc un pur esprit. Alors, pourquoi vient-il s'incarner sur la terre ? Pour explorer la matière, et c'est ainsi qu'il arrivera à développer toutes les capacités de son cerveau qui sont presque infinies. Au cours de cette descente, ses cinq sens, qui sont des intermédiaires entre l'esprit et la matière, ont évidemment pris de plus en plus d'importance. C'est au point qu'il a fini par perdre la conscience de ce monde de l'esprit, le monde divin, où il a son origine ; il a coupé le lien et il ne sent même plus sa présence, ce qui est un grand appauvrissement, même s'il n'en est pas conscient. Pourtant, ce contact avec la matière restera comme une acquisition extraordinaire pour lui.

L'Intelligence cosmique a dans ses projets d'amener la créature humaine jusqu'à la perfection. Elle doit donc passer par l'opacité de la matière, passer par la maladie et la mort. Jusqu'au jour où, forte de ces expériences, elle reviendra vers la vraie vie, vers la lumière, vers la liberté, et c'est alors qu'elle connaîtra pleinement son Créateur.

17 mars

*L'*être humain, comme la terre, est entouré d'une atmosphère que la tradition initiatique appelle l'aura, et c'est à travers l'aura qu'il communique avec les courants de forces qui circulent dans l'espace. Ces courants sont lumineux ou ténébreux, bénéfiques ou maléfiques, et c'est l'aura qui, d'après sa réceptivité, sa pureté, sa puissance, les attire ou les repousse. Même s'il est entouré de mauvais courants, celui qui a une aura puissante et pure, est protégé, car avant de l'atteindre, ils rencontrent son aura qui, agissant comme une douane à la frontière, ne les laisse pas pénétrer.

Des exercices de concentration sur les couleurs du prisme peuvent vous aider à former votre aura ; mais vous n'obtiendrez vraiment des résultats que si vous accompagnez ces exercices d'un travail sur les vertus. C'est ainsi que par l'amour vous la vivifiez, par la sagesse vous l'illuminez, par la maîtrise vous la renforcez, par la pureté vous la rendez limpide et claire. Les entités célestes sont sensibles à l'aura d'un saint, d'un Maître spirituel, et du plus loin qu'elles l'aperçoivent, elles accourent vers lui. Même les humains cherchent à l'approcher, car ils sentent là une présence qui les éclaire, les nourrit, les apaise, les réconforte.

18 mars

« *L*a vie est un songe », c'est ce qu'ont dit des poètes, des philosophes, des auteurs dramatiques. Et c'est vrai. Mais ce n'est pas parce que notre vie terrestre est un songe qu'on doit se laisser aller à rêver… ou plus exactement à rêvasser, à élucubrer, comme cela arrive trop souvent. On désire ceci, on souhaite cela… mais ces rêveries décousues, inspirées uniquement par les caprices, le goût de la facilité et des plaisirs, ne sont utiles à personne, et surtout pas à ceux qui s'y abandonnent.

Il n'est pas interdit de rêver, et même on doit rêver, mais à condition que ce soient des rêves conscients et inspirés par la générosité, des rêves pour le bien de tous les humains. Chacun est capable de créer par la pensée des images d'une grande puissance qui peuvent influencer le cours des choses. Alors pourquoi ne pas rêver que le monde entier vivra un jour dans l'amour, la paix, la liberté, la joie ? Si beaucoup plus d'hommes et de femmes faisaient souvent ces rêves-là, ils contribueraient plus rapidement à leur réalisation.

19 mars

Pour vivre, pour affronter toutes les conditions de l'existence, il est important de renforcer son caractère. Sinon, que peut-on faire avec des gens qui sont incapables de supporter la moindre difficulté, le moindre obstacle ? Cette sensibilité névralgique, qui est nourrie par leur nature inférieure, rend l'existence très difficile ; c'est pourquoi beaucoup en ont tiré la conclusion que, pour être heureux, il vaut mieux rester insensible.

En réalité, il faut faire la différence entre la véritable sensibilité et cette sensibilité maladive qu'il serait plus exact d'appeler susceptibilité ou sensiblerie. La véritable sensibilité est une faculté qui nous rend capables de nous élever très haut, afin d'avoir accès à la beauté de régions de plus en plus lumineuses et subtiles. La sensiblerie, elle, est une manifestation de la nature inférieure des êtres qui, se prenant pour le centre du monde, trouvent qu'on ne leur manifeste jamais assez de considération ; à la moindre occasion ils se sentent frustrés, blessés et deviennent agressifs. Celui qui a bien saisi cette distinction comprend qu'il a tout un travail à faire sur sa nature inférieure pour la maîtriser : c'est la seule façon de permettre à sa véritable sensibilité de s'épanouir.

20 mars

***D**e tous ceux qui se font remarquer par des capacités intellectuelles, artistiques, psychiques, etc., on dit qu'ils possèdent un don. Qu'est-ce qu'un don ? C'est une entité spirituelle qui a pénétré chez un être pour travailler à travers lui. Bien sûr, il n'y aura pas beaucoup de spécialistes du cerveau qui admettront que les talents, les capacités sont des entités qui habitent les humains. Pourtant, la preuve que ce n'est pas eux qui font ces merveilles, mais d'autres à travers eux, c'est qu'ils peuvent perdre leur don. C'est arrivé à beaucoup : les désordres auxquels ils se sont laissés aller le leur ont fait perdre, les entités qui les habitaient les ont quittés.

Voulez-vous que des entités supérieures viennent se manifester à travers vous sous forme de qualités, de talents ? Appelez la lumière, l'harmonie, la paix : ce sont les conditions indispensables pour attirer ces entités. Elles sont là qui attendent, et quand elles voient un être qui a su leur préparer une demeure digne d'elles, avec quelle joie elles pénètrent en lui pour l'enrichir, l'embellir, et enrichir et embellir aussi les autres à travers lui !

21 mars

*L*es quatre saisons sont placées sous l'influence de quatre archanges : Raphaël préside au printemps, Ouriel à l'été, Mikhaël à l'automne et Gabriel à l'hiver. Quand approche l'équinoxe de printemps, tous les esprits et les forces de la nature travaillent sous la conduite de Raphaël pour ranimer la vie partout dans l'univers. Ce renouveau dans la nature est pour les humains synonyme de régénération, donc aussi de guérison. Sur l'Arbre de la Vie, Raphaël est l'archange de la séphira *Hod,* région où les kabbalistes ont placé la planète Mercure. Or, le dieu Mercure (Hermès dans la mythologie grecque) a pour attribut le caducée qui est encore aujourd'hui l'emblème de la médecine. Et le nom Raphaël signifie « Dieu a guéri ».

Pour les chrétiens, Pâques est la grande fête du printemps : dans toute la nature, elle célèbre la résurrection du Christ qui est aussi la résurrection de toutes les créatures. C'est pourquoi, quand arrive le printemps, il y a pour chacun un grand travail à faire, c'est le moment de se débarrasser de tout ce qui est intérieurement vieux et caduc. Adressez-vous à l'archange Raphaël, demandez-lui de vous rendre réceptif aux vertus cachées des arbres, des fleurs, des herbes, afin d'entrer en communion avec ce grand courant qui vient du cœur de l'univers et qui apporte la nouvelle vie.

22 mars

*L*es qualités sont préférables aux défauts, et les vertus sont préférables aux vices, tout le monde sera d'accord sur ce point. Pourtant, la vérité, c'est que les qualités et les vertus n'ont pas en soi de valeur absolue. Beaucoup de gens possèdent de grandes qualités, mais que font-ils avec elles ? Rien, ou pas grand-chose. Tandis que d'autres qui ont de graves défauts et qui en sont conscients, souffrent et veulent s'améliorer ; alors, en travaillant chaque jour sur eux-mêmes, ils deviennent des êtres magnifiques, capables d'accomplir de grandes choses. S'ils n'avaient pas ces défauts, ils ne feraient peut-être aucun effort, ils se laisseraient vivre.

Il faut donc essayer de voir plus loin et de ne pas juger les êtres sur ce qu'ils sont pour le moment. C'est ainsi que fait le Ciel. Le Ciel ne s'intéresse pas à ce que nous sommes, il ne considère que ce que nous cherchons à réaliser avec ce que nous avons… et avec ce qui nous manque ! La seule chose qui lui importe, c'est le travail auquel nous nous attelons pour mettre nos défauts comme nos qualités au service d'un haut idéal.

23 mars

Que beaucoup de gens éprouvent de l'affection les uns pour les autres, on ne peut pas le nier. Mais, en même temps, ils sont tellement égocentriques qu'ils ne voient pas à quel point ils sont en train de se faire souffrir mutuellement. Et alors il s'ensuit des drames, des ruptures, même dans les familles.

Voici un homme qui, entièrement accaparé par ses activités professionnelles, comme cela arrive si souvent de nos jours, passe son temps hors de chez lui en réunions, en voyages… Quand il rentre le soir, fatigué, préoccupé, de mauvaise humeur même à cause des difficultés qu'il a rencontrées au cours de la journée, il se laisse tomber dans un fauteuil et se plonge dans le journal pour bien faire comprendre à sa femme qu'il ne veut pas être embêté par les problèmes de la maison, des enfants, etc. Il pourrait voir, par toutes sortes d'indices, que sa femme commence à se lasser de cette situation, et que ses enfants souffrent aussi. Mais non, il ne voit rien : sa femme est là, ses enfants sont là, ses meubles sont là, tout va bien. Jusqu'au soir où, en rentrant chez lui, il découvre, stupéfait, que sa femme est partie en emmenant les enfants… ou en les laissant ! Et il ne comprend pas. C'est un choc terrible, il n'arrive pas à s'en remettre, il est effondré, et il va chez un psychanalyste, ou bien il consulte des clairvoyants pour savoir si sa femme reviendra ! Depuis des années il pouvait très bien voir ce qui risquait de se produire, mais son égocentrisme l'a aveuglé.

24 mars

Comme ils pressentent les dangers qui menacent l'avenir de l'humanité, beaucoup de gens se disent préoccupés pour les générations futures. Eh bien, qu'ils se préoccupent d'abord de la manière dont ils font venir les enfants au monde : c'est beaucoup plus important que de réfléchir aux conditions matérielles dans lesquelles ils vivront.

Heureusement, de plus en plus de médecins, d'infirmières, de psychologues comprennent l'importance de cette période durant laquelle la mère porte son enfant. En effet, déjà dans le sein de sa mère, l'enfant est un être doué d'une certaine forme de conscience ; la mère peut donc entrer en relation avec lui et exercer une influence sur lui. Quand les femmes mesureront l'étendue de leur pouvoir, elles comprendront qu'elles sont plus fortes que tous les moyens matériels qu'on peut mettre en œuvre pour faire face aux menaces qui pèsent sur l'avenir de l'humanité. Cet avenir est entre leurs mains. Si pendant les neuf mois où une mère porte son enfant, elle s'efforce de concentrer sur lui ses meilleures pensées, ses meilleurs sentiments et ses meilleurs désirs, elle formera un être qui, plus tard, saura apporter la paix, l'harmonie et la lumière dans le monde. Et le père de cet enfant doit la soutenir dans ses efforts.

25 *mars*

Il existe quelques différences entre la gaieté et la joie. La gaieté se lit immédiatement sur un visage. La gaieté est souriante, il se dégage d'elle quelque chose de léger. La joie vient de régions plus profondes. On peut souffrir et en même temps ressentir de la joie, parce qu'à travers cette souffrance on sent qu'on est en train de comprendre quelque chose d'essentiel. Évidemment, cette joie profonde peut aussi s'exprimer par la gaieté. C'est pourquoi on observe que beaucoup de sages sont gais. Ce qu'ils ont compris les allège des fardeaux de l'existence. Contrairement à ce que beaucoup s'imaginent, les sages ne sont ni tristes ni pessimistes, ils sont gais, et même dans les souffrances et les épreuves ils sont capables de rire.

Est-ce qu'on a étudié tous les bienfaits du rire ? Il entretient la souplesse en nous. Il nous rend plus légers et nous pousse à avancer. Il nous rend aussi plus aimants. Celui qui sait rire aime plus que les autres. Et il apprend mieux et plus vite que les autres.

26 mars

*L'*existence est en perpétuel mouvement. Même si aujourd'hui on a seulement à poursuivre les activités de la veille, aucune journée ne se présente dans des conditions identiques. Du jour au lendemain, combien de choses peuvent changer ! Dans le travail, dans la famille, dans la société, il faut toujours s'adapter. Si on n'est pas prêt, voilà les surprises, et on sait les effets produits par les situations auxquelles on ne s'attendait pas : les hésitations, le trouble, l'agitation, les erreurs.

Chaque jour apporte donc de nouveaux problèmes à résoudre. Comment y arriverez-vous si vous n'avez pas tiré au clair ce que vous avez vécu la veille ? Vous ne pouvez être sûr du lendemain que si aujourd'hui vous cherchez à consolider les bases de votre vie psychique ; et vous les consoliderez en révisant les événements de la journée, en réfléchissant à la manière dont vous les avez vécus, afin d'en tirer des leçons. Tout dépend de votre capacité à organiser votre monde intérieur. C'est cette organisation qui se reflétera sur votre perception des choses : quand arrivera le lendemain, les événements vous trouveront prêt et déterminé.

27 mars

*M*ême si elles sont apparemment mauvaises, ne vous plaignez jamais des conditions matérielles qui vous sont données dans cette existence. Dites-vous qu'elles ne sont pas déterminantes. Ou, plus exactement, elles sont déterminantes dans le sens où elles vous obligent à faire un travail sur vous-même. Chacun se fait une idée de ce qui est bon ou mauvais pour lui, et voilà que souvent, la Providence, elle, a de tout autres points de vue.

Le plus sage est donc de considérer que les conditions qui vous sont données sont les meilleures pour votre évolution. Et de toute façon, elles seront bonnes ou mauvaises suivant ce que vous serez capable d'en faire. Si on ne sait pas les utiliser, les conditions les plus favorables ne produisent que des catastrophes, tandis que si on apprend à les utiliser, les mauvaises conditions deviennent les plus bénéfiques. Ce n'est pas sur le moment que vous pouvez porter un jugement sur les conditions qui vous ont été données, mais longtemps après, quand vous découvrez quel parti vous avez su en tirer.

28 mars

*G*ardez précieusement dans votre âme l'image de la source qui coule, afin de ne jamais laisser tarir en vous la source de la vie. Et pour faire couler la source de la vie, il faut aimer. Bien sûr, comme la plupart des humains vous direz que vous aimez… Oui, mais de quel amour ? Un amour qui, souvent, vous fait souffrir. Celui qui possède la véritable science de l'amour est sans arrêt inspiré, il vit dans la poésie, la beauté, parce qu'il a appris à aimer toutes les créatures humaines. Mais il les aime d'un peu loin, il sait que s'il s'approche trop, il sera déçu, et comme il ne veut pas être déçu, il garde certaines distances. Alors, que ces créatures se manifestent avec bonté, générosité, fidélité, ou non, il ne perd pas son inspiration.

Combien d'hommes et de femmes se plaignent d'avoir été déçus, trompés par les êtres qu'ils aimaient ! Mais c'est de leur faute, ils ont voulu trop s'approcher et, évidemment, ce qu'ils ont découvert n'était pas fameux : des caves avec des moisissures et des toiles d'araignées, des marécages, des ronces, des épines… Il était fatal qu'ils soient déçus. Vous voulez continuer à aimer les humains et à être émerveillé par eux ? Quand vous devez les côtoyer, tâchez de les regarder d'un peu loin.

29 mars

*M*ême si vous êtes soumis aux trépidations de la vie quotidienne, vous devez comprendre la nécessité de préserver le silence en vous. Vous le préserverez en vous habituant à étudier les pensées et les sentiments qui vous traversent. Plusieurs fois par jour, pensez à vous arrêter un moment pour analyser ce qui se passe en vous, et dès que vous remarquez le moindre trouble, la moindre dissonance, efforcez-vous d'y remédier. Sinon, au moment où vous voudrez méditer et faire un véritable travail spirituel, vous n'y parviendrez pas, il y aura toujours quelques grincements, quelques remue-ménage qui vous en empêcheront et, peu à peu, devant les difficultés que vous rencontrerez, vous finirez par abandonner cette pratique si salutaire de la méditation.

Le silence intérieur est un état tellement difficile à atteindre ! C'est toute la journée qu'il faut penser à lui préparer les conditions. La première condition, c'est de ne nourrir que des pensées et des sentiments harmonieux. Dès que vous vous sentez devenir impatient, irritable, inutile d'aller chercher des excuses ou des explications ailleurs : vous avez laissé la désharmonie s'infiltrer en vous. Alors, réagissez !

30 mars

Si certaines personnes ne veulent pas faire l'effort de s'harmoniser avec les autres, c'est qu'elles craignent d'être absorbées par la collectivité. Non, chacun est un individu bien distinct, mais tout en conservant son propre caractère, sa propre façon d'être, il doit travailler pour l'unité. Regardez les cellules de l'organisme, elles ne sont pas identiques et elles ne remplissent pas les mêmes fonctions : une cellule du cœur n'est pas une cellule de l'estomac, chacune garde son individualité ; mais leurs affinités, leurs liaisons créent entre elles cet état d'harmonie que l'on appelle la santé. Est-ce tellement difficile à comprendre ?

On n'a pas à demander à un noir de devenir blanc, à un musulman ou à un bouddhiste de devenir chrétien. Dans le passé, la chrétienté a envoyé des missionnaires pour convertir tous les peuples de la terre, et de quelles violences, de quelles tragédies cela s'est accompagné ! Tous les croyants, comme tous les humains, doivent garder leurs particularités, leurs différences, mais en même temps établir entre eux des liens fraternels grâce auxquels ils forment une unité.

31 mars

*A*u lieu de se décider à faire quelque chose pour aider ceux qui souffrent, certains soi-disant spiritualistes se contentent de dire : « Oh, c'est leur destin, c'est leur karma. » Si c'est pour se donner de bonnes raisons d'être égoïstes, il vaudrait mieux qu'ils n'aient jamais entendu parler du karma !

Il est évidemment préférable que tous connaissent les lois de la destinée, qu'ils comprennent pourquoi certains malheurs leur arrivent et arrivent aussi aux autres. Mais lorsqu'ils voient des personnes dans l'épreuve, qu'ils fassent ce qu'ils peuvent pour les aider. Quelqu'un dira : « Mais pourquoi essayer de les aider puisque ce qui leur arrive était inscrit dans leur destinée ? » D'abord, parce que les efforts que l'on fait pour aider les êtres ne sont jamais inutiles : dans certaines circonstances, en voyant votre compassion, votre bonne volonté, les entités célestes peuvent se laisser fléchir et alléger leurs souffrances. Et c'est bon aussi pour vous, car en aidant les autres, vous développez de nouvelles qualités. Il n'est pas facile d'être réellement utile aux autres, c'est vrai ; mais ça ne fait rien, quelles que soient les circonstances, il faut chercher à les aider. Si vous n'y arrivez pas, c'est au moins vous qui devenez plus intelligent, plus fort, plus libre.

1er avril

Combien de fois on entend répéter que la liberté est le bien le plus précieux ! Et que de luttes les humains ont menées et mènent encore pour la conquérir ! Beaucoup lui ont même sacrifié leur vie. Mais dès qu'ils sont libres, que font-ils ? On dirait que cette liberté leur pèse, ils ne savent plus qu'en faire. Maintenant qu'ils n'ont plus rien contre qui ou contre quoi se battre, que plus rien ne les empêche de se déplacer, d'agir, d'exprimer leurs opinions, ils s'ennuient, et pour se distraire ils se mettent dans des situations inextricables. Combien de fois on a vu ça ! La liberté est la meilleure des choses, mais à certaines conditions. Vous voulez être libre ? Demandez-vous d'abord ce que vous ferez de cette liberté. À quoi cela vous servira de pouvoir aller et venir librement, si vous transportez des pensées, des sentiments et des désirs qui vous ligotent, et qui finiront par vous mettre au lit ?

La seule liberté qu'il vaut la peine de conquérir est la liberté intérieure : c'est elle qui vous permettra de découvrir les vérités essentielles dont vous avez besoin pour vous orienter et être soutenu dans la vie. Toutes les merveilles du ciel et de la terre sont là autour de vous, en vous… mais pour les voir, pour les comprendre, il faut être libre, intérieurement libre.

2 avril

*A*pprenez à ne compter sur rien ni personne, ni sur votre famille, ni sur vos amis, ni même sur le Seigneur, oui, pas même sur le Seigneur !… mais seulement sur votre travail. Pourquoi ? Parce que c'est grâce à votre travail que vous pourrez compter ensuite sur l'univers entier. Quand le paysan a ensemencé son champ, il peut compter sur le soleil, la pluie, la rosée, car ils contribueront à faire croître les semences. Mais s'il n'a rien semé, inutile de compter sur quoi que ce soit.

Même le Seigneur ne tient pas à ce que nous comptions tellement sur Lui. Et n'allez pas Lui raconter que la religion vous a enseigné à vous tourner vers Lui chaque fois que vous êtes dans le besoin, car Il vous répondra : « Ceux qui t'ont enseigné sont des ignorants, puisqu'ils ne t'ont pas appris que les lois du monde spirituel sont identiques à celles du monde physique. Je ne peux pas modifier ces lois pour faire plaisir aux paresseux. Si tu veux que Je te vienne en aide, commence, toi, par travailler. » C'est donc à nous d'abord de faire quelque chose pour déclencher les processus psychiques, spirituels, qui nous permettront de réaliser nos meilleurs projets.

3 avril

*L'*existence quotidienne est une série de rencontres auxquelles on ne prête pas suffisamment attention. Qu'est-ce que respirer, manger, boire, se laver, recevoir la lumière et la chaleur du soleil, sinon des rencontres avec les quatre éléments : la terre, l'eau, l'air et le feu ? Non seulement toute notre existence est faite de ces rencontres, mais elle dépend d'eux.

Chaque jour, nous entrons en contact avec les quatre éléments : avec la terre quand nous mangeons, avec l'eau quand nous buvons et nous nous lavons, avec l'air quand nous respirons, avec le feu quand nous l'allumons, mais aussi quand nous recevons la lumière et la chaleur du soleil. Les quatre éléments ne sont pas uniquement ces forces de la nature que l'on voit exceptionnellement se manifester lorsqu'il se produit des phénomènes comme les tremblements de terre, les orages, les tornades ou les éruptions volcaniques. Ils font partie de notre vie la plus quotidienne et c'est donc chaque jour que nous pouvons entrer consciemment en relation avec eux.

4 avril

*L*a question de la sexualité ne peut être vraiment résolue qu'en fonction de chaque personne. Vouloir, sous prétexte de morale, imposer des règles identiques à tous, n'est pas raisonnable, car la même discipline qui conduira les uns vers un véritable épanouissement spirituel, peut amener les autres vers l'hystérie, la névrose.

Les humains n'ont pas tous les mêmes besoins, et celui qui ne tient pas compte de cette réalité s'expose soit à prêcher dans le désert, soit à leur infliger des tourments inutiles. Cela ne veut évidemment pas dire qu'ils ne doivent pas faire d'efforts. Au contraire, au niveau qui est le sien, chacun doit faire des efforts pour maîtriser la force sexuelle, afin de vivre son amour d'une façon plus poétique, plus spirituelle. L'acte d'amour n'est en soi ni bon ni mauvais, il sera seulement ce que vous le ferez. Si vous travaillez sur vous-même pour vous purifier, vous éclairer, vous ennoblir, cet acte sera la source de toutes les bénédictions pour vous et pour celui ou celle avec qui vous allez vous unir. L'amour véritable doit fortifier et faire grandir l'être que vous aimez. Quand vous le verrez s'épanouir grâce à votre amour, vous connaîtrez ce qu'est la vraie joie.

5 avril

Il est certainement possible d'échapper à la justice humaine, mais il est impossible d'échapper à la justice divine, car même si elle ne s'exerce pas de façon visible sur les coupables, elle les touche intérieurement. Il y a des criminels qui ont toujours réussi à échapper à la justice humaine, mais comme tout acte a des répercussions sur la personne qui le commet, intérieurement ils sont en train de péricliter : leur état psychique, leur santé même, tout commence à se dégrader. En apparence, certains éléments se maintiennent encore, mais peu à peu ils vont s'effriter, parce que c'est le côté intérieur qui soutient et alimente l'ensemble de cet édifice qu'est un être humain ; et si l'intérieur se disloque, l'extérieur aussi va finir par s'effondrer.

Voilà comment se manifeste la justice divine, et même si les sanctions ne sont pas immédiatement visibles, elles sont instantanées : à l'instant où l'homme commet une transgression, quelque chose s'obscurcit, se désagrège en lui. Il faudra peut-être des années pour que cette dégradation apparaisse extérieurement, mais intérieurement quelque chose est déjà en train de s'effriter.

6 avril

*D*ites-vous que tous les êtres humains sont vos frères, vos sœurs, et si vous apprenez à les accepter avec leurs faiblesses, leurs lacunes, les difficultés qu'ils vous créent, vous attirerez la bienveillance et le soutien des entités célestes. N'imitez jamais ces gens qui se détournent des autres sous prétexte qu'ils leur sont inférieurs. Ils ne savent pas, ces ignorants, qu'ils transgressent ainsi la loi de l'échange, et qu'en conséquence le monde divin refusera de faire des échanges avec eux.

C'est à chacun de découvrir comment il doit établir de vrais contacts avec les autres. Que le savant soit heureux de donner ses connaissances et le sage de donner sa lumière, et que ceux qui les reçoivent se réjouissent d'avoir été instruits et éclairés ! Que le fort soit heureux de soutenir le faible et le riche d'aider le pauvre, et que le faible et le pauvre soient reconnaissants de se sentir secourus ! Tous ceux qui, dans quelque domaine que ce soit, refusent de faire circuler leurs richesses sont comme des eaux stagnantes : ils ne découvriront jamais le sens de la vie, car la vie n'existe que dans la circulation, les échanges.

7 avril

Ce qui est fin, délicat, subtil, ne semble pas au premier abord pouvoir résister aux agressions. Mais regardez ce qui se passe dans les différents règnes de la nature. En apparence, les pierres sont les plus résistantes ; mais en réalité les plantes, grâce aux courants de vie qui circulent en elles, savent mieux se défendre que les pierres, car elles sont vivantes, et les animaux encore mieux que les plantes car ils peuvent se déplacer. Quant aux humains, même s'ils sont vulnérables dans le plan physique, dans le plan psychique ils ont tous les moyens d'échapper aux conditions difficiles. Quand ils auront appris à utiliser la pensée pour travailler sur leur propre matière, l'affiner, la purifier, ils ne seront plus autant à la merci des circonstances ni des forces et des entités malfaisantes du monde invisible.

Très haut dans l'échelle des êtres se trouvent des créatures qui ont tellement purifié leur matière, tellement intensifié leur vie, qu'elles sont devenues insaisissables : on ne peut ni les capturer, ni les limiter. Et au-dessus de toutes ces créatures, il y a Dieu, le Créateur, qui est absolument insaisissable, tellement insaisissable qu'on ne peut même pas Le concevoir.

8 avril

Celui qui entre au service d'un patron, d'un chef, se met à la disposition de quelqu'un d'extérieur à lui et il perd nécessairement une partie de sa liberté. Tandis que celui qui se met au service de Dieu ne sert pas un être extérieur à lui ; c'est pourquoi loin de perdre sa liberté, au contraire il la conquiert. C'est cela le fondement de la vraie religion. Tant que les croyants ne comprendront pas qu'ils doivent chercher à découvrir et à servir Dieu en eux-mêmes, ils auront de Lui une conception erronée. Et il ne faut pas s'étonner si l'idée de se mettre au service d'une puissance qui se trouve on ne sait où et qui n'est peut-être même qu'une création imaginaire, paraît à certains absurde ou insupportable.

Servir Dieu… Cette idée sera correctement comprise et acceptée seulement si l'être humain prend conscience que la Divinité qu'il veut servir habite dans son âme. Plus il se consacre à Elle, plus il s'approche d'Elle et entre en communication avec Elle. Grâce à son travail, il parvient à dissoudre les scories accumulées en lui par ses pensées, ses sentiments, ses désirs inférieurs. Ainsi, il découvre peu à peu la quintessence de son être, qui est la quintessence de Dieu Lui-même.

9 avril

*T*oute la civilisation n'est rien d'autre qu'un travail sur la matière. Mais il existe différentes sortes de matière, et ce travail que les humains font sur des matériaux extérieurs à eux, ils peuvent le faire aussi sur leur matière psychique : tous leurs instincts, leurs désirs, leurs sentiments, leurs pensées, représentent une matière sur laquelle ils ont un immense travail de purification, d'élaboration à exécuter. D'un certain point de vue, on peut dire que c'est un travail de création qui s'apparente à la création artistique, car il obéit aux mêmes lois.

Parce qu'il concerne la totalité de notre être, le véritable travail de création est le travail spirituel : nous nous projetons le plus haut possible afin de découvrir un ordre, une structure, et de capter les particules les plus pures qui entreront dans la matière de nos différents corps : nos corps spirituels, nos corps psychiques et notre corps physique aussi.* C'est un effort de tous les jours, de tous les instants. Chaque jour, nous ajoutons une couleur plus vibrante, une forme plus subtile, un son plus harmonieux.

* Voir note et schéma, p. 410 et 411.

10 avril

Même s'il est indispensable que les enfants et les adolescents étudient, qu'ils obtiennent des diplômes, on est obligé de constater que, plus importante que le développement de l'intellect, il y a la formation du caractère. Car l'essentiel, c'est de vivre, ce n'est pas d'être médecin, avocat, ingénieur ou économiste. Et pour vivre, pour affronter toutes les conditions de l'existence, il est important de travailler sur son caractère. L'instruction est une chose et l'éducation en est une autre. Plus que de professeurs érudits, la jeunesse a besoin d'instructeurs qui lui révèlent ce qu'est la vie et comment elle doit la vivre pour que les forces, les qualités, les dons qu'elle possède puissent se manifester en plénitude.

Tant qu'on ne mettra pas l'accent sur la formation du caractère, mais seulement sur le développement de l'intellect, les connaissances données aux jeunes dans les écoles et les universités ne serviront qu'à leur réussite personnelle ; et cette réussite, c'est souvent aux dépens des autres qu'ils y parviendront. Mais qu'on leur apprenne à travailler aussi sur leur caractère, à ne pas chercher à utiliser leurs connaissances à leur seul profit, et on verra se lever des êtres capables de faire évoluer toute une société.

11 avril

Il est difficile de se prononcer de façon catégorique sur le bien comme sur le mal. Pourquoi ? Parce que sur la terre, rien n'est tout à fait bon ni tout à fait mauvais ; même les meilleures choses s'accompagnent de quelques inconvénients. Comment ne pas se réjouir de l'arrivée du printemps ? Avec la lumière et la chaleur tout s'épanouit, c'est merveilleux. Oui, mais les bestioles nuisibles aussi s'épanouissent : les guêpes, les mouches, les chenilles, les pucerons, les moustiques… Et le progrès technique, est-il un bien ou un mal ? Combien de découvertes qui avaient commencé par apporter d'immenses améliorations dans la vie des humains ont fini par produire des catastrophes parce qu'ils n'ont pas su se montrer prudents, clairvoyants et réfléchir aux conséquences ! Il n'est pas nécessaire de multiplier les exemples, vous pouvez tous les jours faire cette constatation.

Donc, quels que soient les événements ou les conditions, il y a toujours des précautions à prendre. Les meilleures choses deviennent mauvaises pour les ignorants parce qu'ils ne sont pas prêts à y faire face. Tandis que ceux qui réfléchissent et ont appris comment travailler, arrivent à tirer parti même des plus grandes difficultés.

12 avril

*D*eux êtres peuvent ne s'être jamais touchés même du bout des doigts, mais sentir entre eux un lien puissant, indestructible. Rien ni personne ne peut les séparer. Malgré les murs, malgré les montagnes et les océans, ils sont ensemble, parce que leur amour échappe aux limitations du plan physique.

Vous l'avez certainement constaté : quand vous vous sentez habité par la présence subtile d'un être cher, vous n'avez pas nécessairement besoin de sa présence physique pour vous sentir avec lui. Si vous ressentez fortement le besoin de sa présence physique, c'est que vous êtes en train de sortir de votre monde intérieur, et là, vous risquez d'aller au-devant de grandes souffrances. Car qui vous dit que les circonstances ne vous priveront pas un jour ou l'autre de cet être que vous aimez ?... Mais si vous êtes intérieurement habité par sa présence, les circonstances extérieures auront moins de prise sur vous. C'est un critère : si, en pensant à lui vous ressentez autant de joie qu'en le voyant, vous êtes libre, et cette joie ne vous quittera jamais.

13 avril

Celui qui arrive à se décharger sur les autres des tâches dont il devrait s'acquitter, gagne apparemment quelque chose, mais il perd beaucoup plus. Dans tous les cas où ce serait à lui de faire des efforts, s'il ne fait pas ces efforts, physiquement ou psychiquement, c'est l'infirmité qui le menace. Et il devient de plus en plus vulnérable : quand on n'exerce pas ses facultés, on les perd. Tandis que celui qui adopte la philosophie de l'effort apprend à dompter sa volonté et se renforce. Il découvre chaque jour en lui des possibilités qu'il n'avait pas conscience de posséder et il en éprouve une joie que rien ni personne ne peut lui enlever.

Croyez-moi, la philosophie de l'effort nous révèle que la joie réside dans l'effort même. C'est pourquoi ne vous débarrassez pas sur d'autres des charges que vous devez vous-même assumer ; et, si c'est possible, faites le travail sans leur aide. J'ajouterai même qu'il ne faut pas attendre que les efforts vous soient imposés de l'extérieur ; c'est vous-même qui devez vous les imposer.

14 avril

*D*evant certaines destinées humaines on est tenté de se dire que de telles existences n'ont pas de sens. Voilà des êtres qui avaient des possibilités d'apprendre, de comprendre, de faire quelque chose d'utile, mais apparemment ils n'ont rien appris, rien compris, rien fait, sauf des erreurs ! Est-ce que cela valait seulement la peine qu'ils vivent ?… Eh bien, c'est là un très mauvais raisonnement. L'existence actuelle d'un être n'est que le maillon d'une longue chaîne. Pour comprendre ce que vit tel homme ou telle femme au cours d'une de ses incarnations, il ne faut pas considérer cette incarnation isolément, mais la relier à toutes ses incarnations passées depuis des siècles et des millénaires, et en même temps savoir que cette existence se poursuivra dans le futur.

On se trompe toujours sur la signification à donner au présent, si on ne le replace pas dans cette continuité qui va d'un passé lointain à un futur encore plus lointain. Quand on ne sait pas quel sens donner à la vie des gens, on n'a pas à dire qu'elle n'en a aucun, et quels que soient les êtres, c'est un sujet sur lequel on n'a pas le droit de porter de jugement. Toute vie a un sens, et plutôt que de se prononcer sur la vie des autres, chacun doit chercher à donner de plus en plus de sens à sa propre vie afin de préparer son avenir.

15 avril

Même après plusieurs échecs et déceptions, combien d'hommes et de femmes s'obstinent à croire que ce n'est pas leur compréhension de l'amour qui est défectueuse, mais seulement qu'ils n'ont pas encore rencontré la personne qu'il leur faut… l'être idéal… l'âme sœur. Comme si le bonheur dépendait d'une rencontre que l'on fait par miracle ou par hasard ! Et voilà que ce n'est pas ainsi que les choses se passent. Sachez donc que l'âme sœur ne se présente pas comme un homme ou une femme que vous allez subitement rencontrer et pour qui vous aurez le coup de foudre. La rencontre avec l'âme sœur est d'abord un processus psychique par lequel la partie supérieure de votre être attire sa partie complémentaire. Vous devez avoir longtemps travaillé sur vous-même pour être digne d'attirer votre moitié divine, mais lorsque vous avez enfin établi le lien, vous sentez qu'elle est là, car elle habite en vous.

Vous voulez vraiment rencontrer votre âme sœur ? Ne partez pas à sa recherche, mais concentrez-vous sur la lumière : elle viendra d'elle-même, attirée par cette lueur qu'elle verra briller en vous. Vous ne savez pas où est votre âme sœur, mais elle, elle sait où vous êtes. Qu'il vous suffise de l'attendre intérieurement : elle viendra.

16 avril

Souffrir est désagréable et il est naturel de vouloir y mettre tout de suite un terme de quelque façon que ce soit. Pourtant, il y a des circonstances où il serait préférable de ne pas fuir systématiquement la souffrance, mais de chercher plutôt à y puiser des forces pour une vie nouvelle. Car une des propriétés de la souffrance est d'éveiller dans l'être humain des qualités qui n'apparaîtraient jamais dans d'autres conditions. C'est pourquoi quand il vous arrive de souffrir physiquement ou moralement, dites-vous qu'une occasion vous est donnée de faire un grand travail sur vous-même.

Il n'est évidemment pas question ici de certaines douleurs insupportables qui nécessitent la prise de médicaments, mais de ces malaises qui apparaissent si fréquemment dans la vie quotidienne. Au lieu de chercher tout de suite l'apaisement ou l'oubli dans des pilules ou autres substances, il est préférable de chercher à profiter de ces inconvénients pour se mettre au travail et se renforcer intérieurement. Vous y arriverez en ne restant pas concentré sur votre souffrance, mais en vous efforçant de tout harmoniser par la pensée dans vos corps physique, astral et mental.* Quand ce travail sera terminé,

* Voir note et schéma, p. 410 et 411.

souvent vous constaterez que votre souffrance a disparu, justement parce que, par ce travail de la pensée, vous aurez réussi à introduire l'harmonie dans tout votre être.

17 avril

Quand arrive le printemps, nous commençons à nous nourrir des rayons du soleil qui se lève, car la lumière est la meilleure des nourritures. Et l'air pur, la terre qui s'éveille, les arbres alentour nous nourrissent aussi, si nous savons comment les cuisiner… Oui, les cuisiner ! Par notre pensée, par notre amour, nous pouvons faire de tous ces éléments des plats délectables.

La vie spirituelle est une nutrition. Elle est l'art de transformer tout ce que nous recevons de l'extérieur en sagesse, en bonté, en puissance, en paix. Nous contribuons à cette transformation en portant d'abord toute notre attention sur le soleil qui se lève. En retournant ensuite à nos activités quotidiennes, nous nous sentons chaque fois rassasiés et plus forts, plus riches. Oui, plus riches, car cette lumière du soleil que nous avons reçue, c'est de l'or, de l'or éthérique, et cet or vaut plus que tous les lingots entassés dans les banques, car il nous apporte la vie.

18 avril

*V*oici quelqu'un qui se lance brusquement dans l'action sans avoir bien étudié le projet qu'il veut réaliser : il s'ensuit nécessairement qu'il se heurtera à des obstacles. Alors, il est malheureux, il se lamente, et ce n'est qu'après s'être bien lamenté qu'il finit par réfléchir à la cause de son échec. C'est évidemment un peu tard, il devait commencer par la réflexion. Mais on peut au moins espérer que son échec l'incitera à mieux s'y prendre la prochaine fois.

Penser, sentir, agir : tel est l'ordre qui doit présider à chaque entreprise… C'est ainsi que procède le sage : il commence par réfléchir, il considère tous les éléments du travail à exécuter, du problème à résoudre ; il fait ensuite intervenir le sentiment, c'est-à-dire le goût, l'intérêt, l'amour pour la tâche à accomplir. Enfin, il décide de se mettre au travail pour réaliser son projet, et ce projet il ne l'abandonne pas en cours de route. On peut donc dire que ce qu'il a conçu par la pensée, le sage le renforce et le vivifie par le sentiment, et enfin il le réalise grâce à une volonté sans faille.

19 avril

Quand ils ne peuvent plus supporter leur présent, les humains ont tendance à se projeter dans l'avenir. Mais ils n'y gagnent rien, car un jour ou l'autre ils sont obligés de se rendre à l'évidence : cet avenir dans lequel ils croyaient pouvoir se réfugier n'a aucun fondement solide, et alors c'est le vide qu'ils découvrent, et l'angoisse. Plutôt que de rêver au futur, qu'ils commencent par bien vivre aujourd'hui où ils ont tellement de choses à goûter, à voir, à apprécier, à penser !

Mais pour bien vivre aujourd'hui, ils doivent apprendre à ne plus se laisser emporter par la succession des événements et des états intérieurs que créent ces événements. Qu'ils fassent une pause ! Vous direz que la vie est un flux ininterrompu qu'il est impossible d'arrêter. C'est vrai, mais dans ce flux du temps vous pouvez, vous, trouver le moyen de vous arrêter pour mettre un peu d'ordre en vous-même, pour vous accorder à des rythmes plus harmonieux. Et c'est là qu'on découvre combien la méditation est une pratique nécessaire. Méditer, c'est retenir la marche précipitée du temps afin d'introduire en soi un rythme, une paix, une lumière qui longtemps encore laisseront leur empreinte.

20 avril

Qu'est-ce que la résurrection ? La manifestation d'un courant de vie qui traverse des régions dans lesquelles, physiquement ou psychiquement, la maladie et la mort avaient commencé à faire leur œuvre. Il y a dans la nature tellement de phénomènes qui peuvent nous donner une idée de ce processus ! Non seulement le germe qui sort de la graine, mais aussi le poussin qui sort de l'œuf, certains animaux qui se réveillent de leur sommeil hivernal, la chrysalide qui se transforme en papillon, sont des images de la résurrection. Et les arbres ? Eux aussi ressuscitent au printemps : toutes ces branches noires et nues qui se couvrent de feuilles et de fleurs ! Voilà encore une résurrection. Et pourquoi ressuscitent-ils ? Parce qu'ils n'étaient pas morts, parce qu'en eux la vie est toujours là.

Tous ces phénomènes de la nature ont leur correspondance en l'homme. Physiquement, psychiquement, chaque jour l'homme meurt et ressuscite. Quand la vie s'est affaiblie en lui, il meurt ; quand elle se renforce, il ressuscite. C'est comme si un sang nouveau circulait dans ses veines. Seule la vie, la vie divine nous ressuscite, et nous devons travailler à nous remplir de cette vie.

21 avril

Parfois, sans savoir pourquoi, vous ressentez subitement une joie ou un chagrin. Il y a plusieurs explications possibles à cela, mais je vous en donnerai une à laquelle vous n'avez certainement jamais pensé. Il vous est sans doute arrivé de rencontrer dans la rue un passant, ou une passante, dont le visage a attiré votre regard et à qui vous avez spontanément envoyé une pensée, un rayon d'amour… Cette personne ne s'est même pas rendu compte que vous l'avez regardée, mais elle a reçu ce que vous lui avez donné de bon à travers vos yeux et elle en a ressenti les effets. Lorsque vous ressentez subitement une joie, c'est peut-être qu'une entité du monde invisible en passant vous a regardé en projetant son amour sur vous, et votre cœur a été touché. Partout, où que nous soyons, nous nous trouvons au milieu d'une foule d'êtres visibles et invisibles, et nous recevons tantôt de bonnes choses, tantôt de mauvaises, ce qui explique beaucoup de nos différents états.

Le soleil, qui nous regarde chaque jour, nous envoie lui aussi des ondes vivifiantes. Et parce qu'il est une image de Dieu, notre soleil spirituel, nous devons devenir conscients qu'à travers le soleil, c'est Dieu qui nous regarde. Aimer Dieu, c'est se présenter chaque jour devant Lui pour recevoir son regard.

22 avril

*M*ême s'il y a parfois de quoi critiquer les dirigeants d'un pays et se moquer d'eux, ce n'est en tout cas pas la bonne méthode pour les rendre meilleurs et plus compétents. Au contraire, en les harcelant de pensées et de sentiments négatifs, non seulement on n'arrange rien, mais on crée dans l'invisible les conditions pour qu'ils commettent encore plus d'erreurs et prennent des décisions de moins en moins éclairées pour le pays.

Si vous voulez vraiment aider votre pays, au lieu de fulminer continuellement contre celui qui est à la tête ou de le ridiculiser, envoyez-lui de la lumière. Vous ne pouvez pas aider tout votre pays, car il est immense, mais il suffit d'aider seulement un homme, c'est plus facile ; et c'est lui qui fera du bien à tous parce que beaucoup de choses dépendent de lui. Un seul a été bien inspiré et tous en bénéficient. Les citoyens d'un pays doivent enfin prendre conscience des liens qui existent entre eux et leurs dirigeants. Il ne suffit pas d'exiger ceci, de réclamer cela, et de se révolter si on ne l'obtient pas, il faut apprendre à connaître les méthodes les plus efficaces pour obtenir ce que l'on souhaite sans compliquer les situations.

23 avril

Quelle est la volonté de Dieu à leur sujet, qu'est-ce qu'Il attend d'eux, c'est la question que se posent naïvement certains croyants. Ils s'imaginent que Dieu a une volonté particulière concernant le lieu où ils doivent habiter, la profession qu'ils doivent exercer… Est-ce qu'Il veut qu'ils fondent une famille ou qu'ils restent célibataires pour se consacrer à Lui ?… Est-ce qu'Il leur demande de soutenir telle cause et de combattre telle autre ?…

En réalité la volonté de Dieu n'est pas, pour chacun, relative à une question particulière. Dieu veut seulement que l'homme étudie pour comprendre ses lois, qui sont les lois de la vie, et qu'il s'efforce ensuite de les mettre en pratique. Bien sûr, chacun est personnellement concerné par la volonté de Dieu, mais il ne connaîtra ce que Dieu attend de lui qu'après avoir étudié la volonté divine dans son principe. Qu'il commence par se mettre en accord avec la volonté divine en tant que principe de sagesse et d'amour, et il connaîtra vraiment ce que Dieu attend de lui.

24 avril

*A*près avoir fait certaines expériences sexuelles, beaucoup de jeunes garçons et de jeunes filles sont déçus et éprouvent des regrets. J'ai entendu tellement de confidences sur ce sujet ! Jusque-là ils se sentaient légers, heureux, tandis que maintenant quelque chose de pesant s'est insinué en eux, et ils sont mal à l'aise, honteux même. Leur regard n'a plus la même clarté et ils le disent : « On ne savait pas que c'était comme ça… Si on avait su !… »

La plupart des adolescents ne se doutent pas de ce qui les attend lorsqu'ils se lancent prématurément et à la légère dans certaines expériences. D'ailleurs, à ce moment-là, ça ne les intéresse pas de le savoir : ils sont curieux de faire ces expériences parce que d'autres les ont faites, ils croient qu'elles leur donneront du plaisir – ce qui n'est même pas toujours le cas. Et puis ils découvrent aussi que le plaisir n'est pas nécessairement le bonheur et ils ne savent pas pourquoi ils éprouvent une insatisfaction, le sentiment d'avoir perdu quelque chose de très précieux. Quand ils comprennent qu'ils se sont trompés, cette compréhension ne leur est plus d'une grande utilité, elle vient trop tard. Alors, quels sont ceux qui peuvent les prévenir ?… et est-ce qu'ils seront écoutés ?… Et si les adolescents pouvaient tirer au moins de cette expérience décevante une leçon pour l'avenir ?

25 avril

*L*e soleil que nous allons contempler chaque matin, nous ne pouvons vraiment le découvrir qu'avec beaucoup d'efforts, beaucoup de patience. Même s'il est là brillant, éclatant, aveuglant, il ne se révèle pas si facilement à nous, et nos préoccupations quotidiennes ne nous préparent pas à percevoir cette vie subtile à laquelle aspirent notre âme et notre esprit. Mais il faut persévérer, il faut travailler longtemps sur nos sens spirituels jusqu'à comprendre que c'est la Divinité qui se manifeste à travers le soleil, et communier avec elle.

Vous croyez connaître le soleil… Non, vous commencerez à le connaître quand vous sentirez dans le plexus solaire une vibration d'une telle intensité que tout votre être sera nourri, abreuvé. Alors, comme lui, vous serez prêt à déverser sur le monde entier votre chaleur, votre lumière, votre vie ; et c'est ainsi que la Sainte Trinité, le Père, le Fils et le Saint-Esprit, deviendra vivante en vous.

26 avril

Pour minimiser l'importance de certains propos, on dit souvent que ce sont des « paroles en l'air ». En l'air ou non, de toute façon les paroles ne sont que de l'air, mais elles possèdent un terrible pouvoir de destruction. Matériellement, dans le plan de la réalisation, l'être humain est limité : combien de choses qu'il voudrait réaliser sont hors de sa portée ! Tandis qu'avec la parole il parvient à des résultats qu'il lui est impossible d'obtenir par tout autre moyen.

Il n'est pas si facile de ruiner quelqu'un, de briser sa carrière, de l'éliminer, lui et sa famille ; et en admettant même que ce soit réalisable, on s'expose à être poursuivi et condamné. Tandis qu'on peut facilement jeter certaines paroles à droite et à gauche, faire des sous-entendus, des insinuations ! Et là, le plus souvent, on est à l'abri. C'est pourquoi on a pu dire que la parole est l'arme des faibles. Combien de tragédies ont eu pour cause quelques mots lancés consciemment à un moment où on savait qu'en circulant de bouche à oreille ils produiraient d'énormes dégâts ! Mais vous, n'oubliez jamais que la parole qui a été donnée à l'homme est une énergie divine, et cette énergie, vous devez vous efforcer de ne l'utiliser que dans un but divin.

27 avril

On ne doit pas considérer l'optimisme et le pessimisme comme de simples questions de tempérament ; optimisme et pessimisme sous-entendent deux philosophies de la vie. Seul celui qui recherche les biens spirituels peut être véritablement optimiste ; tandis que celui qui se concentre sur les biens matériels, même s'il est d'abord plein d'espoir, sera un jour ou l'autre obligé d'abandonner ses illusions.

Le pessimiste ne voit pas plus loin que les petites choses de la terre. L'optimiste au contraire ouvre son âme aux vastes étendues du ciel, car il sait que la prédestination de l'homme est de rejoindre un jour sa patrie céleste. Sur le chemin qui conduit à cette patrie, il rencontrera évidemment le mal sous toutes ses formes, il souffrira, il doutera des autres et de lui-même, il se découragera. Mais même dans les pires moments il ne sombrera pas, parce que dans son cœur, dans son âme, il porte cette vérité que Dieu l'a créé à son image, et que cette image de Dieu contient en puissance toutes les richesses, toutes les victoires.

S'il y a une chose dont nous ne devons jamais douter, c'est qu'un jour nous rejoindrons notre patrie céleste, tandis qu'avec les entreprises terrestres le succès est beaucoup plus douteux, et il est en tout cas éphémère. Quand un étudiant a échoué plusieurs fois à un examen, on lui fait comprendre qu'il est inutile d'insister, et il doit abandonner. Mais quand il s'agit de notre prédestination divine, cette prédestination est si profondément inscrite en nous qu'un jour, à force de travail, nous arriverons au but. Et c'est cela véritablement l'optimisme.

28 avril

*L*orsque vous entrez dans une forêt, souvenez-vous qu'une multitude de créatures sont là qui vont et viennent, occupées à différentes activités, et qu'elles vous voient. Essayez de vous mettre en relation avec elles, et même adressez-leur la parole pour leur montrer que vous appréciez leur travail.

Approchez-vous d'un chêne, d'un sapin… appuyez votre main sur son tronc et dites-lui : « Que tu es beau ! Que tu es fort ! Donne-moi un peu de ta solidité et de ta résistance… Et je te charge aussi d'un message pour tous les autres arbres de la forêt. Dis-leur qu'ils sont magnifiques et que je les aime. Salue chacun de ma part, transmets-leur mon baiser », et vous embrassez l'arbre. Les entités qui l'habitent vont alors s'empresser de transmettre votre amour à toute la forêt et tandis que vous continuez à vous promener, les autres entités qui ont reçu votre message sortent des arbres pour vous saluer, elles dansent sur votre passage. Quand vous retournerez chez vous, vous serez heureux, comme si vous aviez rencontré des amis.

29 avril

À combien de personnes vous voudriez dire qu'elles doivent être plus patientes, plus indulgentes, plus sincères, plus stables, etc. ! Mais ne vous y trompez pas : si vous ne possédez pas vous-même les qualités que vous voulez éveiller chez elles, quoi que vous fassiez, vous n'arriverez pas à les influencer.

Aucune parole, aucun moyen extérieur ne peut réussir à transformer les êtres humains… comprenez-le bien : aucun moyen extérieur. C'est au-dedans, dans le cœur, dans l'âme, dans l'esprit que vous devez posséder un élément spécial. Cet élément qui vibre, qui rayonne, c'est lui qui influence votre entourage ; alors, sans même avoir à ouvrir la bouche, vous faites naître en eux le désir de posséder cette qualité qu'ils apprécient en vous. Peut-être n'y arriveront-ils pas tout de suite, parce qu'on ne se débarrasse pas du jour au lendemain de ses appétits et de ses instincts inférieurs ; mais ils se rendront compte qu'il y a en vous quelque chose de lumineux, de chaleureux, de vivant. C'est cette lumière, cette chaleur, cette vie qui s'imposeront à eux, et ils voudront suivre votre exemple.

30 avril

*A*u fur et à mesure des années, la plupart des humains perdent le goût des choses : ils respirent, ils mangent, ils boivent, ils marchent, ils voient, ils entendent, sans que leur conscience ait tellement part à ces activités, on dirait que leur sensibilité s'est peu à peu émoussée. Mais voilà quelqu'un qui tombe gravement malade : pendant des mois il est obligé de rester dans l'immobilité et l'isolement d'une chambre où il mène une existence végétative. Puis, un jour, enfin, il entre en convalescence, et là, soudain, la nourriture, l'air, la lumière lui semblent délectables. Et quelle joie de pouvoir à nouveau se déplacer librement, de sortir contempler le ciel, les arbres et toute la nature, d'écouter le vent et le chant des oiseaux !

C'est là le bon côté de certaines maladies. Mais est-ce raisonnable d'attendre un accident ou une grave maladie pour retrouver le goût des choses ?

1er mai

*L*a pratique spirituelle exige d'avoir certaines méthodes de travail. Ainsi, au fur et à mesure que vous en prenez connaissance, habituez-vous à noter les idées, les conseils, les exercices qui vous paraissent importants. Puis, choisissez parmi eux ceux dont vous avez plus particulièrement besoin pour la période présente. Plus tard, dans des circonstances différentes, d'autres vous paraîtront plus nécessaires et c'est sur eux que vous vous concentrerez.

Ces idées, ces conseils, ces exercices dont vous sentez que vous avez maintenant besoin pour votre avancement spirituel, votre équilibre, votre paix intérieure, quoi qu'il arrive, faites en sorte qu'ils restent comme des points de repère dans votre existence quotidienne. Vous éveillerez ainsi la force divine en vous, et cette force qui a créé le monde saura comment toucher et organiser les choses dans tout votre être. Seul votre travail a le pouvoir d'éveiller la force divine en vous ; vous créez un lien avec elle, et c'est elle qui vous soutient, qui vous garde toujours debout.

2 mai

Ce n'est généralement pas les gens de bien qui soulignent le plus la malhonnêteté, l'injustice, la méchanceté chez les autres et se montrent les plus méfiants. Au contraire, ce sont souvent ceux qui ont ces défauts qui ne cessent de les repérer partout. Pourquoi ? Parce qu'une nature vicieuse a toujours tendance à porter ses regards sur ce qui est mauvais et vicieux comme elle. Ceux qui possèdent de grandes qualités morales ne s'intéressent pas tellement aux défauts de leur entourage, quelquefois même ils n'y font pas attention, et s'ils les remarquent en passant, ils ne s'y attardent pas, car ils ont tendance à voir les autres à travers les qualités qu'ils possèdent, eux.

Chaque être humain ne peut voir qu'à travers ses propres yeux, et c'est lui qui façonne ses yeux par ses pensées et ses sentiments. Si vous rencontrez des gens qui ne vous parlent que des lacunes, du mauvais comportement des autres, sachez que, d'une façon ou d'une autre, c'est d'abord sur eux-mêmes qu'ils vous font des révélations. S'ils possédaient la noblesse, la bonté, l'honnêteté, ils découvriraient aussi ces bonnes qualités chez les autres, et c'est de ces qualités qu'ils vous parleraient d'abord.

3 mai

Il y a des années, vous avez subi un échec, une déception, on vous a dit des paroles blessantes… Vous en avez été longtemps tourmenté, mais maintenant, quand il vous arrive d'y repenser, vous constatez que c'est à peine si vous vous en souvenez, comme si tout cela s'était effacé. Puisqu'avec le temps il n'en reste plus de trace, c'est que ce n'était pas si grave. Alors, pourquoi ne pas essayer de vous débarrasser aussi rapidement que possible de tout ce qui peut assombrir votre vie quotidienne ?

Quand un événement, une situation vous inspire de la tristesse, de la colère, ne laissez pas cet état se prolonger. Par exemple, sortez de chez vous et allez marcher en vous disant : « Lorsque j'atteindrai cet arbre là-bas (ou ce mur, ou tel autre repère), je serai délivré de ce malaise. » Rapprochez-vous de cet arbre ou de ce mur avec la certitude que ce sera le début de votre libération. En l'atteignant vous sentirez un éclaircissement, un soulagement. Cette amélioration ne sera certainement pas totale, alors choisissez un autre repère, plus loin, et avancez avec la conviction que votre mal finira par disparaître complètement. Continuez ainsi jusqu'à sentir une véritable libération. Et recommencez le lendemain s'il le faut. Quels que soient les chagrins et les tourments, l'essentiel, c'est de ne jamais rester sans réagir. Rien n'est pire que la passivité.

4 mai

*L*a terre, l'eau, l'air et le feu… les quatre éléments, qui constituent la matière de la création, sont une nourriture pour l'homme. Chaque jour il se nourrit de terre et d'eau : les aliments solides et liquides ; l'air qu'il respire le nourrit aussi. Quant au feu, il est contenu dans ces différentes nourritures, mais également dans la chaleur et la lumière du soleil. Comme toutes les créatures, les humains bénéficient de la chaleur et de la lumière du soleil, mais inconsciemment. S'ils apprenaient à les recevoir consciemment, ce serait pour eux une source de richesses extraordinaires, car la véritable nourriture est là, et c'est même celle dont ils ont le plus besoin pour entretenir en eux la vie, et aussi l'inspiration et la joie.

Le soleil est une nourriture, et la meilleure des nourritures. Pourquoi se limiter à la terre, à l'eau et à l'air ? Il faut apprendre à se nourrir aussi de feu et de lumière, et c'est ce que nous faisons au lever du soleil. Il est dit dans le Zend Avesta que lorsque Zoroastre demanda au dieu Ahura Mazda comment se nourrissait le premier homme, le dieu lui répondit : « Il mangeait du feu et buvait de la lumière. » Il puisait donc la vie du soleil qui est feu et lumière.

5 mai

*L*e matin, dès le réveil, avant toute autre préoccupation, pensez à vous accorder avec les entités célestes, dites-leur que vous voulez entrer dans leur harmonie. Faites appel à ces créatures lumineuses qui peuplent l'espace, concentrez-vous sur elles, représentez-vous combien elles sont belles, pures et pleines d'amour. Si votre désir est sincère, par la loi de l'affinité vous arriverez à entrer en contact avec elles. Quelque chose se passera en vous : votre cœur, votre intellect, votre âme et votre esprit vibreront à l'unisson avec le monde divin. Tout votre être deviendra un instrument bien accordé et l'harmonie que vous aurez réussi à créer marquera de son empreinte cette journée qui commence.

Tellement de rencontres, d'événements dans la vie peuvent vous troubler, vous faire perdre votre joie, votre paix ! Mais quoi qu'il arrive, il vous reste toujours le pouvoir de vous harmoniser avec les entités célestes, afin que l'harmonie dont elles remplissent l'espace descende habiter en vous.

6 mai

*L*es humains ont une tendance naturelle à rechercher la facilité, et cela se manifeste aussi dans leurs relations avec les autres. Celui qui s'analyse sincèrement découvrira qu'il se dirige d'après ses sympathies et ses antipathies, sans se demander si ces mouvements spontanés, instinctifs, que sont la sympathie et l'antipathie peuvent être considérés comme de bons critères de jugement. Combien de gens sans morale sont, au premier abord, tellement plus sympathiques que des gens honnêtes et vertueux ! Alors on cherche à rencontrer les premiers et à éviter les seconds…

Sympathie et antipathie sont affaire de tempérament, et il est inutile de demander à quelqu'un de changer de tempérament, c'est impossible. Mais ce qui est en son pouvoir, c'est de faire l'effort de s'élever dans les régions de l'âme et de l'esprit pour se laisser imprégner par les effluves et les courants de l'amour divin. Une fois qu'il est habité par cet amour qui ne le quitte pas, il ne se laisse plus guider par ses attractions et ses répulsions, il pose un autre regard sur l'existence et, quels que soient ses sentiments pour les êtres, il les fait bénéficier de la lumière qu'il a reçue d'en haut.

7 *mai*

Chaque jour vous êtes à la recherche de nouvelles connaissances et il y a tellement de choses intéressantes à voir, à entendre ! Mais, chaque jour aussi, habituez-vous à consacrer du temps pour entrer en vous-même, creuser, explorer les régions de l'âme et de l'esprit. Le savoir que vous gagnerez de cette façon, vous pourrez le transporter partout avec vous, même dans l'autre monde, rien ne pourra vous l'enlever. Alors que toutes les connaissances qui vous sont données de l'extérieur ne sont jamais vraiment à vous ; lorsque vous quitterez la terre, vous devrez les abandonner et quand vous viendrez vous réincarner, vous serez comme une page blanche, vous serez obligé de tout reprendre depuis le début.

À sa naissance, chacun ne rapporte que ce qu'il a vraiment acquis et expérimenté dans ses autres vies. Tout le reste lui a été enlevé parce que cela ne lui appartenait pas : il l'avait pris, emprunté à d'autres. Bien sûr, pour le peu de temps qu'il est sur la terre, il profite des avantages que lui donnent ces emprunts : il est complimenté, applaudi… Mais quand il partira, il ne gardera que ce qui est devenu en lui chair et os grâce à l'exploration de son monde intérieur. Et s'il est parti pauvre et nu, il reviendra pauvre et nu.

8 mai

Du matin au soir les gens se rencontrent et se saluent, mais ils le font le plus souvent machinalement, négligemment. Même dans les familles, même dans les couples… Regardez : au moment de sortir pour aller au travail, le mari embrasse sa femme : « Au revoir chérie. – Au revoir chéri… » Mais qu'y a-t-il dans leur baiser ? Rien, souvent. Ils s'embrassent par habitude. Une minute après ils ont oublié qu'ils se sont embrassés. Alors, ça ne vaut pas la peine. Si on embrasse son mari ou sa femme, ce doit être pour lui apporter un soutien, quelque chose de vivant. Mais quels sont les couples qui réfléchissent à cela ?…

Et voici que maintenant, sa journée de travail terminée, le mari rentre à la maison. Cette journée a été difficile, il est soucieux, contrarié, rien n'a marché comme il l'espérait ; mais de nouveau il embrasse sa femme sans se douter qu'il lui communique quelque chose de ce qu'il porte de lourd et d'obscur en lui. Et sa femme, qui l'a reçu, le lui rendra inconsciemment d'une façon ou d'une autre. Oui, dans les couples les hommes et les femmes font sans cesse des échanges entre eux, mais que sont ces échanges ? Il n'est pas interdit de s'embrasser, mais il faut au moins s'efforcer de toujours communiquer quelque chose de bon à celle ou celui que l'on embrasse.

9 mai

*L*a peur, cet instinct si nécessaire à la survie de l'espèce humaine, peut prendre dans certains cas des formes tellement incontrôlées et irrationnelles qu'au lieu de les sauver elle cause la perte de quantité d'hommes et de femmes. C'est pourquoi il ne faut pas attendre d'avoir à affronter de grands périls pour s'exercer à vaincre la peur.

Il vous arrive de temps à autre de vous trouver brusquement confronté à des faits, des situations, ou même seulement des paroles qui peuvent vous inspirer de la crainte. Une personne, par exemple, menace de vous priver de quelque chose à quoi vous tenez, de s'opposer à un de vos bons projets. Au lieu de prendre immédiatement peur et de vous embrouiller dans des protestations timides et maladroites, ou de partir en criant et en claquant la porte, ne dites rien, restez tranquille. Quand on est pris au dépourvu, les réactions instinctives ne font qu'aggraver la situation. Qui sait si ce ne sont pas là de simples menaces en l'air ? Et même si elles sont réelles, vous arriverez mieux à faire face en gardant votre sang-froid. Tâchez de vous remémorer toutes les occasions où, par peur de ce que vous considériez comme un danger, vous avez réagi impulsivement et l'avez ensuite regretté.

10 mai

*A*u-delà de ce que nous voyons, il existe un monde que nous ne voyons pas et qui est pourtant tout aussi réel. Ce monde invisible est habité par des êtres que l'on appelle fées, esprits de la nature. Ces créatures, il arrive que les enfants les voient. Au cours de leurs premières années ils vivent spontanément en contact avec elles. Mais s'ils en parlent aux adultes, en particulier à leurs parents, ceux-ci n'y prêtent pas attention ou s'amusent de ces histoires. Alors, puisqu'on ne les prend pas au sérieux, les enfants ne disent plus rien, ils en viennent même à douter de ce qu'ils ont vécu, jusqu'au moment où ils l'oublient. Les très jeunes enfants possèdent une sorte de clairvoyance, et si les adultes acceptaient de prêter l'oreille à leurs récits, ils auraient des révélations étonnantes qui leur rappelleraient peut-être des expériences vécues dans leur propre enfance ; par leur négligence ils se privent de quelque chose de très précieux.

Soyez donc attentif aux manifestations du petit enfant, et même de celui qui est apparemment le moins éveillé, car son esprit, qui ne s'est pas encore complètement incarné, sent ce que les adultes ne voient plus et ne sentent plus. L'enfant n'habite réellement son corps physique qu'à partir de la septième année. Jusque-là, il vit en partie hors de son corps et c'est pourquoi les esprits du monde invisible sont pour lui des présences familières.

11 mai

*F*aire vibrer tout notre être jusque dans les moindres cellules de nos mains et de nos pieds, en accord avec les vérités que nous acceptons intellectuellement, voilà la raison d'être des exercices qu'un enseignement spirituel préconise de pratiquer. Comprendre suppose appliquer, réaliser, incarner. Chaque vérité avec laquelle nous entrons en contact, nous devons la faire descendre en nous jusqu'à en imprégner tout notre être psychique et notre être physique aussi. La compréhension, la vraie, ne se fait pas seulement par les cellules du cerveau ; elle se fait aussi par les cellules du cœur, de l'estomac, des poumons, du foie et de tous nos autres organes. Si les cellules de tous les autres organes ne sont pas elles aussi mobilisées dans ce travail, il s'ensuit que les capacités du cerveau sont également diminuées. Pour que notre compréhension soit complète, toutes les cellules du corps doivent participer.

12 mai

*L*a source de l'amour universel est le soleil. Il dépose chaque jour des particules de vie dans toute la nature, et ce sont ces particules que nous recevons ensuite au travers des pierres, des plantes, des animaux… et même des humains. Car les humains possèdent aussi des particules du soleil, mais seulement en très petite quantité, parce qu'ils ne font pas l'effort de les attirer, et c'est pourquoi l'amour qu'ils se donnent ne peut pas leur apporter la plénitude.

Le véritable amour se trouve à profusion dans le soleil, et c'est là qu'on doit le chercher. Celui qui n'a pas appris à s'élever jusqu'à la source ne trouvera que de petites gouttes de rosée condensées çà et là sur quelques feuilles, sur quelques fleurs, et c'est peu de chose. Il y a certainement quelques endroits du corps de l'homme ou de la femme où l'amour se dépose un peu, mais si on ne le cherche que là, on sera toujours affamé et assoiffé. Pour vous sentir comblé, c'est à la source que vous devez chercher cet immense amour qui inonde toute la création. Aimez ensuite un homme ou une femme, mais pour trouver la plénitude, allez d'abord vous abreuver à la source.

13 mai

*L*e monde matériel et le monde spirituel nous présentent chacun leurs richesses ; dans les deux cas, il n'est pas facile de les acquérir, mais les difficultés ne sont pas vécues de la même manière selon que l'on recherche les unes ou les autres.

Celui qui se concentre sur le succès matériel, les possessions, l'argent, le pouvoir, et qui ne parvient pas à ses fins, vit amèrement ses échecs : n'ayant pas obtenu ce qu'il souhaitait, il éprouve une frustration, et souvent il en veut à ceux qui ont réussi là où il a échoué. Tandis que celui qui nourrit des besoins spirituels se sent toujours soutenu, comme s'il était habité par une lumière qui ne l'abandonne jamais. Par ses aspirations à une vie supérieure, il ne cesse de tisser des liens avec le monde divin, et ces liens produisent en lui des vibrations secrètes. Même s'il n'arrive pas à réaliser pleinement toutes ses aspirations, même s'il se sent tellement petit face à l'immensité de son idéal, les vibrations puissantes qui animent son être profond le sauvent du découragement. Cet idéal est comme une lumière qui lui montre le but à atteindre en même temps qu'elle éclaire son chemin, et malgré les obstacles il sent qu'il se rapproche chaque jour de sa patrie céleste.

14 mai

Chaque être humain a une ou plusieurs faiblesses – il serait trop long de les énumérer – et les possibilités de succomber aux tentations ne manquent pas : tout est là pour éveiller en lui la gourmandise, la sensualité, la frivolité, l'appât du gain, l'agressivité… Celui qui veut vaincre ses faiblesses doit chercher les signes qui lui annoncent la venue de la tentation. Il découvrira que ces signes sont toujours les mêmes et qu'ils sont un avertissement. Qu'il s'analyse et cherche à quelle occasion il a succombé et par quels signes la tentation a commencé à s'insinuer en lui. Ces signes peuvent être un mouvement d'impatience, une sensation dans le plexus solaire, une pensée qui le traverse, une image qui se présente à lui, etc.

Il y a toujours des signes pour vous avertir que la tentation approche. Ils sont différents selon les personnes, et c'est donc à vous d'en prendre conscience. Quand vous aurez enfin découvert ces signes avant-coureurs, vous pourrez devenir maître de la situation car, dès leur apparition, vous saurez que vous devez augmenter votre vigilance.

15 mai

*L'*intelligence cosmique a donné à l'homme les moyens de percer ses mystères, et la respiration est l'un d'entre eux. Si les philosophes s'appliquaient à pratiquer une respiration consciente, ils résoudraient des problèmes qui ne sont encore pour eux que des énigmes. La capacité de penser est liée à la respiration. Même si les poumons n'ont pas une action directe sur le cerveau, ils sont un facteur essentiel car ils contribuent à la purification du sang. Et lorsque le sang est pur, il irrigue le cerveau en déposant en lui les éléments qui favorisent le travail de la pensée, donc la méditation.

Les exercices de respiration ont ainsi un rôle capital à jouer dans la vie d'un spiritualiste, et il doit organiser son emploi du temps de façon à pouvoir faire ces exercices chaque matin à jeun. Après le petit déjeuner, ce n'est plus pareil, les poumons sont gênés dans leurs mouvements et cela peut même être nocif. Il faut toujours faire les exercices de respiration à jeun ou bien quatre ou cinq heures après avoir mangé. Mais le moment le plus favorable est celui du lever de soleil, car par la respiration on peut capter dans l'air cette quintessence très précieuse que les yogis indiens ont appelée prâna. Le prâna est à la base de toutes les énergies du cosmos, et c'est le matin au lever du soleil qu'il est le plus abondant. Pour pouvoir en bénéficier nous devons être attentifs et concentrés, car à travers les souffles de l'air, c'est aussi Dieu qui nous dit : « Respire, écoute, et tu entendras ma parole. »

16 mai

Comment se fait-il que tant de gens se plaignent de la solitude ? Et est-ce qu'ils comprendront si on leur dit que c'est eux, dans leur tête, qui ont créé cette solitude ? En réalité, personne n'est jamais seul. Tout l'univers nous regarde et nous écoute. Aucune de nos paroles, aucun de nos gestes ne reste sans écho.

Si le matin en ouvrant votre fenêtre vous prenez l'habitude de dire bonjour à la terre, au ciel, à la création entière, venant des quatre points de l'espace, des voix vous répondront en écho : bonjour, bonjour, bonjour… et toute la journée vous vous sentirez accompagné. Et en sortant de chez vous, vous croisez aussi dans les rues un certain nombre de personnes : la plupart vous sont inconnues, mais est-ce si difficile de leur présenter un visage ouvert, fraternel ? Et est-ce qu'elles ne méritent pas que par la pensée, vous leur souhaitiez la lumière, la paix, la joie ?… Vous dites qu'elles ne vous inspirent pas ? Oui, peut-être, parce que vous vous arrêtez aux apparences. Mais derrière ces apparences il y a des âmes et des esprits. Quand vous saurez, par votre âme et votre esprit, entrer en relation avec toutes les âmes et tous les esprits sur la terre, quand ce qu'il y a de meilleur en vous rencontrera ce qu'il y a de meilleur chez les autres, croyez-moi, vous ne vous sentirez plus jamais seul.

17 mai

*L*e goût des choses est tellement plus important que leur possession ! C'est pourquoi il est préférable que, pour celui qui ne manque de rien, l'argent reste une préoccupation secondaire. On voit ce qu'est l'existence de tant d'hommes d'affaires : tout ce temps qu'ils passent dans leur bureau, en réunions ! Quand ils en sortent, c'est pour courir d'un bout à l'autre de la planète sans rien voir des régions qu'ils traversent ni de leurs habitants. C'est ainsi que leur sensibilité à ce qui fait la beauté et la poésie de la vie finit par s'émousser. À quoi leur sert alors d'avoir amassé une fortune ? Ils ne peuvent même pas goûter les avantages qu'elle leur procure, car ils ont anéanti en eux ce quelque chose qui donne aux objets, aux événements, aux êtres, les saveurs les plus exquises. Et c'est ça qui est triste : avoir les possibilités de tout obtenir, mais n'en ressentir aucune joie, sauf la vanité de posséder.

Alors, si vous devez choisir entre les deux situations : posséder beaucoup mais avoir perdu la capacité de l'apprécier, ou posséder très peu et garder le goût, choisissez le goût : la moindre chose vous donnera de la joie.

18 mai

*U*n jour, un homme qui souffrait cruellement de l'attitude de ses enfants déjà adultes est venu me voir : alors qu'il manifestait à leur égard beaucoup de bonté, de générosité, il ne recevait en retour qu'ingratitude, cruauté, et il était révolté, ravagé par cette injustice. Je lui ai dit : « Voulez-vous que je vous donne un remède, un antidote efficace ? Vous surmonterez ces épreuves si vous acceptez l'idée que la Providence utilise ce moyen pour vous renforcer, ou vous libérer, ou vous faire réfléchir, ou vous rendre meilleur. Ce qui vous mine et vous rend malade, c'est de penser que ce qui vous arrive est injuste. Pensez que c'est juste et vous guérirez ». Cet homme m'a fait confiance et il s'est rétabli. Il a accepté de se dire aussi qu'il payait peut-être pour des fautes commises dans une existence antérieure… Tant qu'on n'arrive pas à accepter cette façon de penser, on se ronge, on se détruit.

Donc, si vous vous sentez victime d'injustices, acceptez l'idée qu'il n'y a d'injustice qu'en apparence. Ce n'est peut-être pas vrai, vous êtes peut-être réellement innocent, mais cette idée vous aidera, car en l'acceptant vous vous libérerez. Je l'ai vérifié pour moi.

19 mai

Combien de gens disent qu'ils sont à la recherche de la vérité ! Tout en regrettant de ne pas l'avoir encore trouvée, ils se sentent fiers de s'être lancés dans une quête aussi difficile… Eh bien, non, la vérité n'est pas si difficile à trouver et elle peut même être définie très simplement. Disons qu'elle est comme une médaille dont une face est l'amour et l'autre la sagesse. Si vous cherchez la vérité indépendamment de l'amour et de la sagesse, c'est-à-dire indépendamment du bon développement du cœur et de l'intellect, vous ne la trouverez jamais. Mais dès que vous avez l'amour et la sagesse, vous possédez aussi la vérité, même si vous ne la cherchez pas. On ne trouve jamais la vérité comme un principe en soi : elle n'existe que chez celui qui sait travailler à la fois avec le cœur et avec l'intellect.

Si, actuellement, tant de vérités différentes, contradictoires, circulent et s'affrontent à travers le monde, c'est qu'elles reflètent la déformation du cœur et de l'intellect des humains. Quelqu'un vous dit : « Voilà la vérité ! » En réalité, c'est « sa » vérité à lui, et cette vérité est l'expression de son cœur et de son intellect faibles et déformés, ou au contraire solides, éclairés.

20 mai

*V*os faiblesses, vos défauts sont le résultat de mauvaises habitudes que vous avez prises dans vos incarnations antérieures, et pour vous en débarrasser, vous croyez que la bonne méthode est de vous acharner sur eux. Eh bien, non, la bonne méthode, c'est de les neutraliser. Comment ? En vous occupant plutôt de ce que vous pouvez construire pour l'avenir. Dites-vous : « Maintenant, je vais édifier en moi quelque chose de nouveau », et mettez-vous chaque jour au travail avec une foi inébranlable, une conviction absolue. Faites appel à tous les moyens que Dieu vous a donnés : la pensée, le sentiment, l'imagination, et commencez à former en vous les plus belles images. Efforcez-vous de vous voir dans la poésie, la musique, la lumière, dans la perfection des formes, avec toutes les qualités, les dons, les vertus : la bonté, la générosité, la possibilité de soutenir les autres, de les éclairer. Ensuite, faites en sorte que tout au long de la journée ces images inspirent vos actes, tout votre comportement. Cette construction lumineuse, parfaite, recouvrira peu à peu les lacunes et les imperfections que vous aviez rapportées du passé.

21 mai

Seul celui qui, grâce à la connaissance des vérités spirituelles, a su mettre de l'ordre en lui-même, réalise le vrai silence. Et c'est dans ce silence que la voix de sa nature divine se fait entendre. Toute une tradition mystique fait mention de la « voix du silence ». Comment faut-il comprendre cette expression ? Le silence n'a évidemment pas de voix, mais au sein du silence une voix se fait entendre : celle de notre nature divine.

La méditation, la prière, comme toutes les pratiques préconisées par les enseignements spirituels, n'ont qu'un but : faire taire la nature inférieure en l'homme, afin de donner à sa nature supérieure des possibilités toujours plus grandes de s'exprimer. Le silence est donc cet état de conscience au sein duquel quelque chose de mystérieux, de profond, commence à se révéler. C'est ce « quelque chose » qu'on appelle la voix du silence. Celui qui parvient à tout apaiser en lui, et même à arrêter sa pensée – car, dans son mouvement, la pensée elle aussi fait du bruit – entendra cette voix.

22 *mai*

*F*aites cette expérience : pendant au moins une semaine efforcez-vous de vous conduire, en toute occasion, avec maîtrise, sagesse, bonté, générosité. Après ces quelques jours, vous constaterez que vous arrivez plus facilement à affronter les situations difficiles qui se présentent à vous : vous vous sentez affermi comme si vous aviez reçu des énergies, comme si une matière s'était élaborée en vous, un fluide subtil qui nourrit les cellules de votre système nerveux.

Dès que vous faites un effort pour améliorer votre comportement, c'est toute une structure qui est en train de s'édifier, de se consolider en vous. Vous êtes même étonné. Vous vous demandez comment il se fait que vous arriviez à supporter sans broncher des inconvénients qui, auparavant, vous inspiraient de la colère, des angoisses, ou vous épuisaient nerveusement. Et, s'il vous arrive quand même d'être fatigué, troublé, découragé, cela ne dure pas : après une prière, quelques instants de recueillement, très vite cette énergie se remet à travailler en vous pour tout rétablir.

23 *mai*

*U*ne vie sociale harmonieuse ne peut être fondée que sur des échanges justes ; et les échanges justes se résument en deux mots : prendre et donner. Si on a le droit de prendre, c'est qu'on doit être capable de donner en retour. Dans le plan matériel, la question est claire pour tout le monde, chacun sait ce que sont des échanges justes. Mais voilà que cela ne suffit pas, car la loi de l'échange touche tous les domaines de l'existence. Quelqu'un dit : « Moi, je suis honnête, je paie mes impôts, je donne leur salaire à mes employés, j'entretiens ma famille, je ne trompe pas ma femme, j'aide mes vieux parents… » D'accord, mais est-ce que cela suffit ? Comment se conduit-il en réalité avec ses parents, sa femme, ses enfants ? Comment répond-il à leur affection ? D'où vient qu'ils le sentent parfois comme un étranger ou un tyran ?

Il est tellement plus facile d'être honnête et juste dans le plan matériel que dans le plan psychique ! On voit même des gens afficher toutes sortes de signes extérieurs de leur honnêteté pour mieux cacher leur malhonnêteté dans les rapports intellectuels et affectifs. Ils arrivent à tromper les autres (et encore, pas toujours), mais ils ne trompent pas la Justice divine, car elle a d'autres conceptions que la justice humaine sur ce qu'il faut appeler « prendre » et ce qu'il faut appeler « donner ».

24 mai

Il est évidemment important de choisir une nourriture saine et de faire des repas équilibrés, mais l'état dans lequel on mange est encore plus important : quand on ne prend pas certaines précautions, on peut s'empoisonner avec la meilleure des nourritures. Si vous mangez dans le trouble, la colère ou d'autres états négatifs, vous imprégnez les aliments de poisons produits par de tels états, et ces poisons vont se diffuser dans tout votre organisme. L'inverse aussi est vrai : les aliments s'imprègnent des bonnes pensées et des bons sentiments que vous pouvez avoir en mangeant, et ils vous nourrissent de leur quintessence.

Il est normal d'être momentanément troublé et irrité par certains événements ; mais alors, même si c'est l'heure du repas, avant de manger attendez un peu d'avoir retrouvé la paix. S'il ne vous est pas possible d'attendre, si vos occupations vous obligent à manger juste à ce moment-là, faites au moins l'effort de vous concentrer sur la nourriture en l'imprégnant de votre respect et de votre reconnaissance : lorsqu'elle pénétrera en vous, les sentiments, dont elle deviendra le support, transformeront vos états négatifs.

25 mai

*L*e rire n'est pas nécessairement synonyme de légèreté, d'insouciance, de manque de sérieux ; et il peut même agir plus bénéfiquement sur le mental que cette mine grave qui, pour certains, est une caractéristique du sage. Car il y a dans le rire des énergies vivantes qui nourrissent le cerveau.

Rire permet aussi de se redresser, de rebondir. Il se produit, dans la vie de chaque être, des événements qui, d'abord, ne prêtent pas à rire, c'est vrai, il faut le reconnaître, et il est normal de commencer par être troublé ou chagriné. Mais il est plus facile de ne pas se laisser accabler si on s'est habitué à voir le côté comique de certaines situations qu'on a à affronter. Ne vous privez jamais de ce moyen puissant qu'est le rire pour maintenir votre équilibre intérieur et rendre votre existence plus légère. D'ailleurs, vous avez dû l'observer : des difficultés, des incidents qui vous avaient d'abord affecté, quand vous y repensez ou devez les raconter, plus tard, c'est surtout leur côté comique qui vous apparaît.

26 mai

*T*ellement d'accidents, de malheurs arrivent aux humains parce qu'ils n'ont aucune idée des dangers qu'ils courent en prenant certaines décisions, en se lançant dans certaines entreprises ! Ils partent tranquillement sans rien voir, sans rien prévoir, et ils se jettent tout droit dans les difficultés. S'ils avaient su développer leur œil intérieur, il les aurait avertis, car cet œil que l'on appelle quelquefois le troisième œil est comme un radar : il envoie des ondes dans l'espace et ces ondes, en revenant, sont capables de les prévenir des obstacles ou des précipices à éviter. Si chez la plupart des gens ce radar est en panne, c'est que la vie qu'ils mènent brouille les ondes et empêche son bon fonctionnement.

Il est vrai qu'il y a des cas où cet œil spirituel, même développé, ne les prévient pas. Lorsque certains événements de leur vie sont déterminés d'avance par les lois de la destinée et doivent obligatoirement se réaliser, même s'ils en ont le pressentiment, l'essentiel leur est caché et ils ne peuvent pas les éviter. Il leur reste alors à affronter les épreuves grâce à la lumière et aux méthodes que donne la Science initiatique. Mais sinon, en général, s'ils ont su lui préparer les conditions, cet œil spirituel est là pour les avertir et les guider.

27 mai

***R**essentir est une chose, et penser en est une autre, mais trop souvent la sensation déteint sur la pensée. Il arrive que vous vous sentiez épuisé, ce qui n'a rien d'anormal ; mais voilà que cette sensation déclenche en vous des pensées de découragement, de tristesse. Eh bien, non, dans ces moments-là, la sensation ne doit pas déteindre sur la pensée, c'est votre pensée qui doit agir sur la sensation : même si elle ne peut pas la vaincre, faites en sorte qu'elle soit là comme une lumière, comme un phare, au loin, qui vous dit que vous allez pouvoir vous redresser. Alors, malgré votre lassitude et votre épuisement, c'est elle que vous devez croire et suivre. Vous avez la sensation qu'il n'y a plus une goutte d'énergie dans votre réservoir ? Au lieu de vous laisser abattre, rappelez-vous que le réservoir cosmique est plein, et allez y puiser par la pensée. Car la pensée sert aussi à cela : à peine quelques gouttes puisées dans ce réservoir d'énergies, et la flamme de votre veilleuse, qui était en train de s'éteindre, brille à nouveau.

28 mai

*L*a vie est une école dans laquelle nous sommes venus faire un stage, et dans cette école nous ignorons en fait qui sont les professeurs et qui sont les élèves. Des enfants, des mendiants peuvent nous instruire ; mais aussi les êtres qui nous sont hostiles… oui, même et surtout ces êtres-là, car c'est eux qui nous obligent à faire le plus d'efforts.

Il serait quelquefois assez facile de répondre aux calomnies, aux attaques, mais toutes les manières de répondre ne sont pas bonnes. Celui qui riposte court toujours le risque de s'abaisser au niveau de ceux qui s'en prennent à lui, et de patauger dans le même bourbier. Il n'est pas interdit de riposter, mais à condition d'être capable de se maintenir très haut, de ne pas rejoindre ses adversaires dans la mesquinerie, la méchanceté ; car même si en apparence on remporte la victoire, en réalité on perd aussi beaucoup. De quelle intelligence, de quelle force de caractère il faut savoir faire preuve pour tenir bon et se défendre sans employer les mêmes armes que ses adversaires ! C'est pourquoi nos adversaires sont tellement utiles pour notre évolution.

29 mai

À chaque homme, à chaque femme, se pose nécessairement un jour la question de la sexualité et de sa maîtrise, car même à une époque de grande liberté dans ce domaine, il n'est pas possible de donner libre cours à toutes ses pulsions.

L'énergie sexuelle, il est très difficile de lutter contre elle : non seulement vous n'arriverez pas à la vaincre, mais c'est elle qui va vous terrasser. Le seul moyen de la maîtriser est de trouver un allié, un associé très puissant dans le monde spirituel, vers lequel vous orientez cette énergie et à qui vous la consacrez. C'est lui qui, grâce à son savoir alchimique, parviendra à la transformer en santé, en beauté, en lumière. Et qui est cet associé ? Un haut idéal, une idée sublime avec laquelle vous vivez, que vous chérissez, que vous nourrissez. Seule une telle idée est capable de transformer cette énergie, pas vous. Si, au moment où vous ressentez une pulsion sexuelle à laquelle vous souhaitez ne pas céder, vous vous concentrez sur votre idéal, cette énergie remonte vers le cerveau pour l'alimenter, et vous vous sentez renforcé, inspiré. Au lieu de vous terrasser, c'est elle qui vous sert et qui contribue à votre perfectionnement.

30 mai

*T*out ce qui existe dans l'univers est contenu dans ce principe que nous possédons tous : notre âme supérieure. Cette âme supérieure qui touche le Ciel est une émanation de Dieu Lui-même. En nous incarnant dans la matière, nous avons perdu le contact avec cette âme qui pourtant nous habite. Mais si nous cherchons à la connaître, si nous nous identifions à elle, nous nous rapprochons de notre être véritable : notre conscience s'élève, ses vibrations deviennent plus intenses et, un jour, elle se fond dans la conscience de l'Âme universelle ; nous ne faisons plus qu'un avec le Créateur et avec toute la création.

Cette vérité, que nous possédons en nous une quintessence de tout ce qui existe dans l'univers, ne doit pas rester une idée abstraite. Nous devons la vivre, donc chercher, explorer, creuser afin de ramener à notre conscience tous ces trésors enfouis en nous.

31 mai

*C*omme la plupart des gens, vous avez certainement tendance à trouver que les autres ne sont pas suffisamment attentifs envers vous. Mais vous-même, n'êtes-vous pas négligent ? Est-ce que vous donnez votre attention à chaque être, à chaque chose ? Même une fleur, quand vous devez la planter ou l'arroser, montrez-lui de l'attention. Vous pensez qu'attentif ou pas, cela ne change rien pour elle. Eh bien, justement, vous vous trompez… Et puis, ce n'est pas tellement pour elle que vous devez agir ainsi, mais pour vous, car c'est vous qui gagnez quelque chose : vous faites un geste d'attention, de respect, d'amour, et ce geste se reflète bénéfiquement sur vous.

N'allez pas chercher ailleurs et loin ce qui est tout près. L'existence quotidienne est remplie de possibilités, de rencontres, de contacts avec les humains, les animaux, les plantes, les pierres, et les objets aussi. Ne soyez pas négligent avec eux, prêtez-leur attention. Vous direz : « Prêter attention aux objets ? » Oui, apprenez à les manier consciemment et avec douceur. C'est ainsi que vous harmoniserez les courants en vous et autour de vous. Si vous ne savez pas comment agir avec des objets innocents, que ferez-vous avec les humains quand ils viendront vous importuner ou qu'ils vous auront fait du mal ?

1er juin

Dans tout ce que vous entreprenez, efforcez-vous de bien commencer, car le déroulement d'un processus dépend de l'empreinte que vous avez été capable d'inscrire dès le début. Mais il faut aussi prendre en considération que si on veut pouvoir placer un bon commencement, on doit déjà avoir su terminer correctement la tâche qui précède. Ce principe a une application dans tous les domaines. Donc, quand vous commencez un travail, veillez à maintenir jusqu'au bout la même attention, le même soin. Et si vous faites de nouvelles rencontres, si vous nouez de nouvelles amitiés, là encore soyez vigilant, afin que ce qui a commencé par des sourires, des paroles chaleureuses, des cadeaux, des baisers, ne finisse pas par des affrontements.

Dans le plan physique on peut considérer qu'on a mis un terme à une entreprise, à une relation. Bien ou mal, c'est terminé. Mais dans l'invisible, rien n'est jamais terminé. La façon dont vous aurez réglé une question influencera vos rencontres et vos entreprises futures.

2 juin

Si on explique aux humains où est le bien, ils sont parfaitement capables de comprendre. Mais leur donner des explications, même les plus convaincantes, ne suffit pas pour les amener à prendre une meilleure orientation, car les pouvoirs de l'intellect sont limités. Il faut encore toucher leur cœur, parce que si leurs sentiments, leurs désirs les poussent dans une direction différente, il ne faut pas se faire d'illusion, c'est là qu'ils iront.

Et même pour celui qui aime la lumière, qui désire la lumière, le plus difficile est encore à venir. Car il doit faire plier sa matière psychique devant cette lumière. Un moment, elle est docile et se laisse modeler, puis soudain elle résiste, se révolte, dresse des obstacles et tout est à recommencer. Mais qu'il ne se décourage pas car, peu à peu, cette matière psychique récalcitrante finira par céder. Du moment que la compréhension est là et que l'amour est là, la réalisation se produira nécessairement un jour. En tout cas, ce qu'il y a de sûr, c'est que sans la participation de l'intellect et du cœur, c'est-à-dire sans la compréhension et sans l'amour, inutile d'espérer la moindre amélioration.

3 juin

*E*n même temps que la nature produit et entretient les germes des maladies, elle possède aussi les moyens de leur guérison. Mais si les humains mènent une vie déraisonnable, ils permettent aux germes nocifs de se développer et limitent l'efficacité des éléments bénéfiques. Vous direz : « La médecine fait maintenant tellement de progrès, elle doit trouver comment nous guérir… » Non, la médecine ne doit rien du tout, car ses pouvoirs sont limités. Quels que soient les progrès qu'elle a faits ou qu'elle fera, elle sera impuissante devant la négligence et la mauvaise volonté de ceux qui refusent de reconnaître les lois de la nature et de s'y conformer.

Alors, attention, plus les sciences et les techniques progresseront, plus les humains devront se montrer conscients, attentifs, vigilants. Ces progrès apportent beaucoup d'avantages, beaucoup de facilités, mais en même temps beaucoup de tentations, de séductions, et donc beaucoup de dangers. Vous voulez être en bonne santé ? Comptez plutôt sur vous que sur la médecine. Tâchez surtout de vivre dans des conditions qui renforcent les défenses de votre organisme.

4 juin

Il est préférable de bien se conduire, mais mal se conduire n'est pas encore le plus grave. Ce qui est grave, c'est de ne pas en être conscient. On rencontre des personnes qui ont un grand idéal de justice, de générosité, de dévouement, ça, on ne peut pas le nier. Mais avoir un idéal ne signifie pas nécessairement qu'on est capable de le réaliser.

Celui qui ne voit pas qu'il est en train d'agir en contradiction avec son idéal finit par tomber dans des complications inextricables. Il rencontre des échecs, il est rejeté par les autres et il ne comprend pas pourquoi : il se croit irréprochable, il est convaincu que les autres doivent l'approuver, l'admirer même. Il est donc troublé par ce qui lui arrive, et comme il n'a aucune lucidité sur lui-même, il s'imagine que le monde entier se ligue contre lui, ce qui influence très négativement ses pensées et ses sentiments : il se révolte et dans cette révolte, il perd peu à peu les qualités qu'il voulait mettre au service de son idéal. Cela tout simplement parce qu'il refuse d'admettre qu'accorder ses actes avec son idéal est bien plus difficile qu'il ne l'imaginait, et qu'il est incapable de se voir tel qu'il est. Pour être à la hauteur de son idéal, il faut donc commencer par être lucide sur soi-même.

5 juin

Chaque matin, le soleil se lève, vivant, vibrant, pour envoyer dans l'espace des trésors de lumière, de chaleur et de vie. Et voilà que certains se demandent pourquoi ils restent insensibles devant lui, comme s'il y avait un écran entre le soleil et eux. Et en effet il y a un écran, parce qu'ils n'ont jamais pensé qu'avant de se présenter devant le soleil, ils devaient se préparer. Celui qui mène n'importe quelle vie, qui nourrit n'importe quelle pensée et n'importe quel sentiment, ne peut pas espérer que le soleil se découvrira à lui. Il a seulement la sensation de se trouver devant une grosse boule brillante, et très vite il s'ennuie.

Mais qu'il se prépare intérieurement, et quand il s'approchera du soleil, il comprendra non seulement que c'est un monde éblouissant peuplé des entités les plus évoluées, mais qu'il peut grâce à lui trouver la solution à beaucoup de ses problèmes et à des situations qu'il croyait jusque-là inextricables. Oui, car le soleil peut faire pour nous autre chose que de nous donner la chaleur et la lumière physiques : il peut ouvrir notre intelligence et notre cœur.

6 juin

*L*es anges et toutes les entités célestes vivent dans l'harmonie, c'est pourquoi on dit qu'ils sont attirés par la musique et le chant. Cette croyance a sa source dans des temps très anciens. Aussi loin que l'on remonte dans l'histoire des hommes, la musique et le chant ont accompagné les cérémonies sacrées. Les entités célestes aiment la musique parce qu'elles sont elles-mêmes musique. C'est pour traduire cette réalité que tant de peintres ont représenté le Paradis peuplé de créatures lumineuses qui chantent et jouent de divers instruments : harpes, lyres, flûtes, trompettes…

Qu'ils proviennent des instruments ou des voix, les sons ont un pouvoir immense sur nos corps psychiques et spirituels à cause de l'intensité des vibrations qu'ils produisent. Il est donc important de prendre conscience des effets de la musique. Et une fois que nous en avons pris conscience, nous devons chercher comment utiliser toutes ces vibrations qui, amplifiées par les sensations de ceux qui la jouent ou qui l'écoutent, créent une atmosphère favorable à la visite des créatures angéliques.

7 juin

U*n* arbre est un réservoir d'énergies qui viennent de la terre et du soleil. Et ces énergies qui, depuis les racines jusqu'à l'extrémité de ses branches, ne cessent de circuler à travers lui, il est possible de les capter. Vous êtes dans un jardin ou dans la forêt. Choisissez un arbre, le plus grand, le plus beau, et adossez-vous à lui en plaçant votre main gauche dans votre dos, la paume appuyée contre son tronc, et la paume de votre main droite sur votre plexus solaire. Puis, concentrez-vous en demandant à l'arbre de vous donner de sa force… Vous recevez cette force par la main gauche et, par la main droite, vous la déversez dans votre plexus solaire. C'est une sorte de transfusion d'énergies, comme si l'arbre vous donnait de sa sève. Et quand vous vous sentez rechargé, remerciez-le.

Vous vous demandez comment un arbre peut vraiment vous aider… Il vous aidera si vous le considérez comme un être vivant, intelligent, et si vous l'aimez. Grâce à cette compréhension, à cet amour, vous établissez avec lui une relation harmonieuse, et peu à peu vous sentez que cette relation vous régénère et vous apporte la joie.

8 juin

*L*e feu céleste recherche les êtres qui marchent sur le chemin de la pureté, du désintéressement, du sacrifice. Il descend sur eux, mais il ne les brûle pas, il les embrase pour faire d'eux des foyers de lumière. Le feu divin possède en effet cette propriété particulière de ne jamais détruire ce qui est de même nature que lui. Au moment où ce feu pénètre en l'homme, il ne consume que ses impuretés ; la matière qui est pure reste intacte et devient lumineuse parce qu'elle vibre à l'unisson avec lui.

Attirer le feu céleste est le but de notre travail. Sachant qu'il vient seulement dans un lieu préparé pour lui, un lieu qui est en nous, inlassablement nous devons chercher comment nous purifier, nous sanctifier. Ainsi, chaque jour, avec des pensées, des sentiments et des actes inspirés par la sagesse et par l'amour, nous édifions une demeure faite d'une matière lumineuse dans laquelle le feu céleste, reconnaissant sa propre quintessence, est irrésistiblement attiré. Ce feu céleste, la tradition chrétienne l'appelle le Saint-Esprit.

9 juin

Un criminel a été exécuté : il faut savoir qu'on s'est seulement débarrassé de lui dans le plan physique ; en réalité il continue à vivre dans les plans subtils, car son âme, habitée par de mauvais instincts, existe toujours. Une fois mort, ce criminel va dans les plans astral et mental inférieurs, et il entretient le mal en s'insinuant dans la tête et le cœur de ceux qui, sur la terre, sont liés à lui par les mêmes affinités criminelles. À travers eux, il s'efforce de continuer à réaliser ses projets malfaisants. D'une certaine façon, il a même davantage de possibilités d'action qu'avant sa mort, puisqu'il n'est plus limité par son corps physique.

Et le même phénomène se produit lorsqu'on massacre des justes, des saints, des prophètes, tous ceux qui se sont mis au service du bien, de l'amour, de la lumière. C'est leur corps seulement que l'on détruit, pas leur esprit. Eux aussi, dans l'au-delà, ils continuent à nourrir les mêmes convictions, le même désir d'éclairer les humains, de les libérer. Ils poursuivent donc leur travail en s'insinuant dans les têtes et les cœurs de tous ceux dans le monde qui sont capables de les comprendre et de les suivre. Leur mort n'arrête pas la propagation de leurs idées.

10 juin

Combien d'obstacles, combien de difficultés que nous rencontrons dans la vie n'ont pour raison d'être que de nous obliger à prendre le seul chemin où nous pourrons accomplir notre prédestination de fils et de filles de Dieu ! Une grande sagesse préside à toutes les destinées, et il faut accepter cette vérité afin de ne pas aggraver ses souffrances. L'Intelligence cosmique n'a jamais l'intention de nous écraser ; mais avec ce qu'elle nous donne, et avec ce dont elle nous prive aussi, elle nous met dans des situations où nous sommes obligés d'exprimer ce qu'il y a de meilleur en nous.

À celui qui ne voit pas d'issue à l'extérieur, il reste toujours la possibilité de chercher une issue en lui-même en travaillant sans relâche par la pensée, l'imagination, la volonté. La destinée de chacun est un langage spécial qu'il doit s'efforcer d'interpréter. Tous les empêchements, toutes les épreuves qu'il rencontre sur sa route n'ont pas d'autre but que de lui apprendre à trouver ce qu'il cherche dans le monde de l'âme et de l'esprit.

11 juin

Il y a des personnes qui, par paresse ou par égoïsme, décident de vivre seules et sans enfants. Fonder une famille, c'est tellement de soucis, tellement de travail et de sacrifices ! Or, elles veulent être libres pour profiter de la vie comme il leur plaît. Ce sont là de très mauvaises raisons qui entraîneront pour elles des inconvénients plus graves que ceux qu'elles veulent éviter. Elles n'auront pas les soucis des pères et des mères de famille, c'est vrai, mais leur recherche de la facilité, leur égoïsme engendreront pour elles d'autres difficultés, d'autres tourments.

L'être humain ne vient pas sur la terre pour satisfaire ses envies et ses caprices. La décision de rester célibataire et sans enfants ne se justifie que si on veut se garder libre pour se consacrer à des tâches plus vastes, plus collectives. Sinon, il vaut mieux pour son évolution fonder une famille, car en assumant des responsabilités, en s'efforçant de faire quelque chose pour d'autres êtres que soi, on élargit son champ de conscience.

12 juin

Il existe plusieurs voies pour accéder au monde spirituel et la méditation est l'une d'entre elles. De nos jours, la pratique de la méditation se répand de plus en plus, mais elle ne peut être bénéfique que pour des personnes qui ont conscience que cela exige une grande discipline intérieure, c'est-à-dire la maîtrise de leurs pensées, de leurs sentiments, de leurs désirs, sinon elles ne font qu'errer dans les régions inférieures du plan astral.* Là, elles remuent au passage toutes sortes de couches obscures, peuplées d'entités souvent hostiles aux humains, et elles courent les mêmes dangers que les imprudents qui voudraient traverser de nuit une forêt infestée de tigres et de serpents.

La pratique de la méditation nécessite donc que l'on commence par apprivoiser et orienter ses différentes tendances psychiques, afin de n'avoir qu'un but : se perfectionner. Cela doit être très clair. Dès l'instant où vous saurez accorder vos pensées, vos sentiments, vos désirs avec ce diapason, l'idée de perfectionnement, les expériences que vous ferez dans votre monde intérieur seront réellement bénéfiques. Sinon, cet exercice tellement utile et salutaire peut devenir pour vous une aventure risquée.

* Voir note et schéma, p. 410 et 411.

13 juin

Combien de fois l'amour entre deux êtres commence par l'échange d'un regard ! Ils s'aperçoivent à distance, et à travers le premier regard qu'ils se donnent, ils éprouvent une joie pure comme s'ils buvaient l'eau cristalline qui descend des sommets. C'est ensuite, parce qu'ils tentent de se rapprocher pour faire d'autres échanges, que les choses en viennent à se compliquer et à s'obscurcir. Vous direz qu'il est impossible de se contenter d'échanger des regards. Oui, bien sûr, la plupart des aventures amoureuses des humains sont là pour le souligner. Mais quels sont les hommes et les femmes qui ne repensent pas avec nostalgie aux premiers regards qu'ils ont échangés, à tout ce monde infiniment poétique qui, à cet instant-là, se découvrait à eux ?

14 juin

*L*a vie est difficile, c'est vrai ; les humains sont souvent méchants et ingrats, c'est vrai aussi. Mais celui qui se promène partout en ruminant intérieurement sa mauvaise humeur et sa révolte fait preuve d'un grand égoïsme, car c'est un fardeau de plus qu'il place sur les épaules des autres, qui, eux aussi, rencontrent les mêmes difficultés. Il croit que s'il ne dit rien il ne fait de mal à personne, que sa mauvaise humeur ne concerne que lui… Eh bien, qu'il se détrompe ! Les humains sont tous liés les uns aux autres, et quand quelqu'un agite continuellement dans sa tête et dans son cœur toutes les raisons qu'il a d'être mécontent, qu'il le veuille ou non, cela se reflète sur ceux qu'il fréquente comme quelque chose de pesant, d'obscur. C'est en apparence seulement qu'il ne leur fait pas de mal. En réalité, par ses pensées et ses sentiments, il projette des courants négatifs qui agissent sur sa famille, ses amis, les gens qu'il croise, et même sur les animaux, les plantes et les objets autour de lui. Il n'est donc pas tellement plus innocent que les personnes contre qui il trouve légitime de s'indigner.

15 juin

*A*u fur et à mesure que l'être humain avance en âge, un principe destructeur s'insinue fatalement dans son corps. Il lui est impossible de le vaincre, mais il peut tout de même ralentir son action et surtout se demander comment il va utiliser cette période de la vieillesse qui approche. Quelles que soient les conditions, il y a toujours quelque chose à faire. Alors, au lieu de ressentir amèrement la perte de sa beauté et de ses énergies physiques, il se dira que c'est le moment de se tourner vers d'autres activités, d'autres sources de joie. En cherchant à s'intérioriser, à creuser en lui-même, il fera jaillir les énergies spirituelles qui, elles, sont inépuisables.

Et qu'il continue aussi à exercer son cerveau, qui est le meilleur des instruments. Le cerveau ne s'affaiblit pas avec l'âge en même temps que les autres organes, car les hiérarchies divines y ont déposé leurs pouvoirs… Il ne s'affaiblit pas, mais à condition de l'avoir nourri longtemps par l'exercice de la pensée.

16 juin

*L*a tendance naturelle des humains est de se retrancher de la vie collective, universelle, pour vivre uniquement leur vie personnelle. Ils s'imaginent qu'à l'écart les uns des autres ils seront à l'abri. Non, c'est une illusion. Dans cet isolement intérieur qu'ils se fabriquent, ils exposent leur âme à tous les dangers. Nous ne pouvons évidemment pas être toujours avec les autres, et ce n'est d'ailleurs pas souhaitable, mais il faut au moins être avec eux par la pensée. Même notre désir de perfectionnement ne doit pas avoir pour but notre seule évolution, notre seul salut, mais le salut de tous les humains sur la terre.

Le mot « unité » est le plus profond de la science spirituelle, et le sens de notre existence est là. La conscience d'appartenir à une seule et même famille nous donne l'assurance de faire quelque chose de grand. Cette grandeur ne vient pas de nous, mais de cette famille universelle à laquelle nous appartenons : c'est elle qui nous soutient et qui nous sauve de cette sensation de pauvreté, de solitude, d'inutilité, de vide, qui peut s'emparer parfois de nous.

17 juin

*P*our être visité par la gaieté, il faut être libre, et pour être libre il faut cesser d'accumuler intérieurement des fardeaux. À la gaieté s'associe l'idée de légèreté. Et qu'est-ce qui nous rend légers ? L'amour. L'amour réchauffe et dilate notre cœur et alors, comme un ballon qui s'élève dans l'atmosphère, nous devenons légers et nous montons gaiement dans l'espace. La gaieté est une des expressions les plus poétiques de l'amour. Lorsque vous aimez quelqu'un, il suffit que vous entendiez prononcer son nom ou que vous l'aperceviez de loin pour vous sentir gai, joyeux, et que votre âme commence à chanter.

Vous direz que si cette personne que vous aimez ne vous aime pas, l'apercevoir de loin ou entendre son nom vous fait souffrir. C'est vrai, mais alors c'est que l'amour que vous ressentez pour elle n'est pas encore le véritable amour. Le véritable amour se suffit à lui-même, il n'attend rien. Et comme il n'attend rien, il vous donne tout.

18 juin

Comment les entités ténébreuses s'y prennent-elles pour nuire aux humains ? Elles leur présentent des tentations pour les pousser à commettre des fautes, car chaque faute est une sorte d'interstice qui leur donne la possibilité de s'introduire en eux et de les tourmenter. S'ils résistent à la tentation et ne commettent pas d'erreurs, ces entités ne peuvent pas pénétrer. C'est pourquoi on peut dire que le diable – disons le diable pour simplifier, puisque c'est le terme généralement employé par les chrétiens – a seulement les pouvoirs que lui donnent les humains. S'ils ne veulent pas avoir affaire à lui, qu'ils se barricadent ! Il ne les force pas, il leur fait seulement des suggestions – c'est pour cette raison qu'on le nomme « le tentateur » – mais ils ont toujours le pouvoir de dire non.

Combien de gens s'imaginent que certains de leurs malaises, de leurs angoisses sont venus d'un seul coup, comme ça, par hasard ! En réalité, ils leur ont préparé les conditions, ils ont ouvert une brèche en eux. Comment ? En nourrissant des désirs, des pensées, des sentiments mauvais, en se laissant aller à certaines faiblesses, en commettant certaines transgressions. À ce moment précis, le diable a trouvé un passage et il est entré pour commencer son entreprise de démolition.

19 juin

*P*ourquoi abandonner l'art aux artistes ? C'est à chacun d'entre vous de devenir poète, peintre, musicien dans votre vie. Et ne vous demandez pas si vous serez reconnu comme artiste par votre entourage ou par le public. C'est vous qui saurez, qui sentirez que votre travail est là en vous, vous ne pourrez pas en douter. Vous direz : « Mais si ces créations restent en moi, personne n'en bénéficiera. » Au début, en effet, vous serez un artiste inconnu, auteur de chefs-d'œuvre inconnus. Mais il y a dans le monde invisible d'autres créatures, tout un public angélique qui viendra regarder, écouter. C'est ce public angélique que vous devez d'abord attirer.

Donc, pour le moment, préoccupez-vous seulement de bien faire votre travail et de persévérer. Car c'est une loi : rien de ce que nous arrivons à réaliser intérieurement ne reste sans effet, et d'abord pour nous-mêmes. Si par nos pensées, nos sentiments, nos désirs, nous arrivons à créer le paradis en nous, c'est nous tout d'abord qui y vivrons. Et puis, peu à peu, tous les êtres qui s'approcheront de nous commenceront à sentir qu'il y a là des constructions magnifiques, un jardin rempli d'arbres, de fleurs et d'oiseaux.

20 juin

*I*nterrogez quelques personnes au hasard, demandez-leur si elles tiennent à la vie… Il est probable que toutes vous répondront que oui. Alors, pourquoi la gaspillent-elles à courir après des acquisitions qui ne sont pas aussi importantes que la vie elle-même ? Si elles pensaient d'abord à cette source qui est en elles, afin de la protéger, de la conserver dans la plus grande pureté, la plus grande lumière, elles auraient sans cesse de nouvelles possibilités pour réaliser leurs meilleurs désirs.

Du moment qu'ils ont reçu la vie, les humains croient qu'ils peuvent l'utiliser à leur fantaisie… Eh non ! Quand ils ont passé des années à satisfaire leurs convoitises, leurs ambitions, ils se retrouvent un jour épuisés, blasés. Et s'ils cherchent alors à mettre en balance ce qu'ils ont obtenu et ce qu'ils ont perdu, ils s'aperçoivent qu'ils ont énormément perdu pour gagner très peu. Est-ce que c'est intelligent ?… Donc, au lieu de courir après des acquisitions inutiles ou même nuisibles, efforcez-vous de garder votre vie dans la pureté, l'harmonie, la lumière. Quand vous aurez appris à la rendre plus subtile, plus intense, vous pourrez toucher dans l'espace des courants, des entités qui viendront sans cesse vous soutenir, vous inspirer.

21 juin

L'été est placé sous l'influence de l'archange Ouriel dont le nom signifie « Dieu est ma lumière ». Pendant l'été toute la nature est en feu, et le 24 juin, fête de saint Jean-Baptiste, après le solstice d'été, il est de tradition d'allumer des feux et de célébrer par des chants et des danses la victoire de la chaleur et de la lumière. Ouriel n'est pas mentionné dans la tradition chrétienne et l'Église n'a pas encouragé cette manière de célébrer la Saint-Jean, car ces réunions d'hommes et de femmes qui chantent, dansent et boivent autour d'un feu pendant toute la nuit, finissent souvent par des débordements.

Le solstice d'été, qui se situe au moment où le soleil entre dans la constellation du Cancer où Vénus est en exaltation, n'est pas, c'est vrai, la fête du feu spirituel, mais du feu physique, terrestre. Ouriel est l'archange de *Malhouth*, la sphère de la terre : le feu sur lequel il règne n'est pas seulement celui qui fait mûrir les blés et les fruits, c'est aussi le feu intérieur de la planète qui entretient toute une matière en fusion où s'élaborent les métaux, les minéraux, et que l'on a même assimilé à l'enfer.

Dans certaines traditions, l'été est symbolisé par un dragon qui crache des flammes. Le dragon est justement cet animal mythique qui, vivant sous terre, ne sort à la surface que pour brûler, dévorer et détruire. Mais il est aussi le gardien de tous les trésors cachés, les pierres et les métaux précieux, fruits de la terre. Là encore de nombreuses traditions célèbrent le héros qui a été capable de terrasser le dragon pour s'emparer de ses trésors. Voilà des récits sur lesquels le disciple doit méditer : ce n'est pas parce que l'été libère les forces souterraines qu'on doit se laisser dévorer par le dragon.

22 juin

Des activités, des rencontres, la vie est tellement riche de possibilités ! Mais avant de vous engager, demandez-vous chaque fois si ces possibilités qui se présentent à vous contribueront à votre perfectionnement, à l'épanouissement de votre vie intérieure. Il y a toujours pour cela des signes avertisseurs. Si vous sentez une obscurité dans vos pensées, un trouble dans vos sentiments et de l'indécision dans votre volonté, ne vous engagez pas, car c'est là un critère absolu.

Après des déceptions et des épreuves, beaucoup le reconnaissent : ils avaient bien senti quelque chose qui essayait de les retenir, mais le besoin de satisfaire leurs désirs étant plus fort, ils n'en ont pas tenu compte, et ensuite évidemment sont venus les déceptions, les regrets. Il y a toujours des avertissements, personne ne peut dire qu'il n'en a pas reçu ; mais on ne les prend pas en considération, parce qu'on est trop tenté, trop attiré, et le jour où on est pris au piège, c'est trop tard : que d'efforts ensuite pour retrouver la paix et redresser la situation ! Apprenez à écouter cette voix intérieure qui cherche à vous épargner des souffrances inutiles.

23 juin

Quand vous vous éveillez le matin, il vous arrive d'avoir le cerveau tout embrumé et il vous est difficile de retrouver le contact avec les puissances créatrices et lumineuses de la vie. Cela dépend beaucoup de la manière dont vous avez vécu la veille, et en particulier les heures précédant le coucher.

Le matin est lié au soir, le soir est lié au matin, et chaque moment doit être préparé à l'avance. De même que, le matin, il faut penser au soir qui viendra, le soir il faut penser au matin suivant. Il est très important que le soir, en vous endormant, vous ne partiez pas pour l'autre monde dans n'importe quel état intérieur, car vous avez à vous présenter devant des puissances célestes. Vous devez donc vous préparer à ce voyage dans le recueillement et le silence de votre âme. Et si, une fois couché, vous éprouvez un trouble, une angoisse, ne restez pas au lit. Il faut une grande force intérieure pour être capable de se défendre contre ce genre de malaise en étant allongé ; debout, il est plus facile de réagir. Donc, levez-vous, marchez un peu, exécutez lentement quelques mouvements, concentrez-vous sur la lumière, et ne vous recouchez que lorsque vous vous sentez apaisé.

24 juin

Sous prétexte que les très jeunes enfants ne seraient pas conscients de ce qui se passe autour d'eux, les parents sont négligents : ils leur donnent le spectacle de leurs mensonges, de leurs énervements, de leurs violences… Et ils s'imaginent ensuite qu'ils pourront les éduquer ! On a observé qu'un bébé peut tomber malade et manifester des troubles nerveux à cause des disputes de ses parents, et cela même s'il n'en a pas été directement le témoin. La raison en est que ces disputes créent autour de lui une atmosphère de désharmonie que l'enfant ressent, et d'autant plus qu'il est encore très lié à ses parents. Le bébé n'est pas conscient, mais c'est son corps éthérique* qui reçoit les chocs.

On voit certains parents se conduire avec une telle insouciance qu'on ne peut pas s'empêcher de se demander s'ils aiment vraiment leurs enfants. Eux, évidemment, diront qu'ils les aiment. Mais s'ils les aimaient, ils changeraient d'attitude, ils feraient l'effort au moins de ne pas se laisser aller à certains comportements qui agissent très négativement. Tant qu'ils ne font pas cet effort, c'est qu'ils n'aiment pas vraiment leurs enfants.

* Voir note et schéma, p. 410 et 411.

25 juin

*L*a médecine continuera à progresser et les laboratoires pharmaceutiques fabriqueront toujours de nouveaux médicaments. Mais il y aura encore des virus et des microbes, l'air sera encore pollué, la nourriture encore plus ou moins trafiquée, et surtout de terribles tensions psychiques continueront à se faire sentir dans le monde. Alors, prenez des précautions afin de ne pas succomber.

Quels que soient les événements, tâchez de préserver votre monde intérieur. Habituez-vous à jeter plusieurs fois par jour un regard en vous-même pour vous assurer que rien ne menace votre équilibre, votre stabilité. Même si vous ne pouvez y consacrer qu'une ou deux minutes chaque fois, c'est bien, faites-le. Et dès que vous sentez un trouble, un malaise, intervenez. Retirez-vous un moment dans un lieu où personne ne pourra vous voir ou vous entendre, fermez les yeux, concentrez-vous sur une image qui parle à votre âme, prononcez une formule dont vous savez qu'elle vous aidera à reprendre possession de vous. Si vous êtes dans la rue, vous pouvez vous arrêter devant la vitrine d'un magasin comme si vous regardiez les objets exposés. Là encore, fermez les yeux quelques secondes en essayant de vous isoler par la pensée et liez-vous au monde de l'harmonie et de la lumière. Puis, poursuivez votre chemin… C'est ainsi que peu à peu vous apprendrez à neutraliser en vous tous les courants négatifs.

26 juin

*P*our subsister dans le plan physique, nous dépendons nécessairement du monde extérieur. Nous ne pourrions pas vivre sans les éléments qui nous sont donnés par la terre, l'eau, l'air, le soleil. Nous sommes des créatures, et toutes les créatures sont obligées de recevoir de l'extérieur la lumière, l'air, la nourriture, les matériaux dont elles construisent leurs abris, etc. Notre existence entière est soutenue, entretenue par des éléments qui nous viennent de l'extérieur. Seul le Créateur échappe à cette loi, Il n'a besoin de rien d'extérieur à Lui puisqu'Il est la Vie.

Mais dans chaque créature, et particulièrement dans la créature humaine, le Créateur a fait entrer une particule de Lui-même, une étincelle, un esprit qui est de même nature que Lui. Grâce à cet esprit qui les habite, les humains peuvent donc, eux aussi, devenir créateurs. Au lieu de toujours tout attendre de l'extérieur, qu'ils prennent conscience que, par leur pensée, leur volonté ils ont le pouvoir d'agir et de capter certains éléments nécessaires pour soutenir leur vie physique, mais surtout leur vie psychique. C'est pourquoi l'enseignement des Initiés a toujours été l'enseignement de l'esprit créateur. Celui qui accepte cet enseignement conquiert la véritable force, la véritable liberté.

27 juin

***L**a vraie joie est une disposition de l'âme qui, par-delà les difficultés, les obstacles et les chagrins, est capable de ressentir la vie comme un don de Dieu, un don pour lequel elle éprouve de la reconnaissance et le besoin de remercier. Si vous voulez recevoir souvent les visites de la joie, cultivez en vous ce sentiment de gratitude envers le Créateur, et non seulement envers le Créateur mais aussi envers la nature, envers les êtres humains. Ainsi, même quand vous n'aurez aucune raison particulière de vous réjouir, ce sentiment que vous vous serez habitué à entretenir viendra vous prendre par surprise… Comme ces amis très chers qui arrivent quelquefois à l'improviste vous faire une visite à laquelle vous ne vous attendiez pas.

28 juin

*L'*humilité ne consiste pas à se rabaisser sans cesse devant les autres en disant : « Je ne suis rien, je ne vaux rien. » La véritable humilité, c'est de mettre en soi-même le Créateur à la première place. Pourquoi ? Parce que celui qui donne en lui-même la première place au Seigneur bénéficie de toutes ses richesses. Voilà le sens profond de l'humilité. Mais combien peu de gens ont compris cette vérité ! Et comme ils ne l'ont pas comprise, consciemment ou inconsciemment, ils se dressent devant le Créateur et transgressent ses lois. S'ils le pouvaient, ils iraient jusqu'à Le détrôner pour prendre sa place. Mais alors, c'est là qu'ils se rapetissent jusqu'à s'effacer et disparaître.

La grandeur de cette créature tellement imparfaite qu'est l'être humain, c'est de comprendre que, malgré ses insuffisances, il peut réaliser des merveilles à condition de mettre le Seigneur à la première place dans sa tête et dans son cœur. Jusque-là, quoi qu'il fasse, tout ce qu'il entreprendra restera médiocre. S'ouvrir au Seigneur pour qu'Il pénètre en nous, se manifeste à travers nous et nous prenne à son service, c'est cela la véritable humilité, et dans cette humilité nous grandissons.

29 juin

*L*es étoiles ne sont pas seulement des corps célestes qui produisent et émettent des énergies, ce sont des mondes peuplés d'entités spirituelles qui nous envoient des messages. Parcourez du regard la voûte céleste et trouvez une étoile sur laquelle vous éprouvez le besoin de vous arrêter parce que, vous le sentez, vous avez avec elle un lien vivant. Concentrez-vous sur cette étoile et adressez-vous aux anges qui l'habitent. Ce sont des amis, vous pouvez leur confier vos inquiétudes, vos chagrins, mais surtout vos aspirations et vos espoirs.

Vous reviendrez de ces expériences avec une compréhension plus vaste de la vie, avec la sensation que vous n'êtes jamais seul et que des puissances bienveillantes se penchent sur vous, s'entretiennent avec vous. Même si vous ne savez pas qui elles sont exactement, vous sentirez leur présence. Face à l'immensité de la voûte céleste, nous ne représentons que peu de chose, c'est vrai, mais ce n'est pas une raison pour nous sentir seuls ou égarés.

30 juin

La prière est cette possibilité qui nous est donnée d'avoir accès à une autre dimension, à une réalité d'un autre ordre. À l'extérieur rien ne sera peut-être changé, mais c'est dans le cœur, dans l'âme que la prière produit de grandes transformations.

On l'a souvent constaté : les personnes pour qui prier est un mouvement naturel, spontané, sont mieux armées que les autres pour affronter la souffrance et le malheur. Grâce à cette faculté de s'arracher à l'obscurité, aux pesanteurs, aux désordres du monde pour s'adresser aux puissances célestes, intérieurement elles surmontent mieux les épreuves. Quand ces épreuves touchent toute une collectivité, il est évidemment impossible de les éviter. Une guerre, par exemple : pendant une guerre, d'une manière ou d'une autre, personne n'est épargné. Mais celui qui prie fait appel aux puissances de l'esprit, et là où son entourage se laisse accabler, il reçoit, lui, l'aide de la lumière et il peut aussi soutenir et encourager les autres.

1er juillet

Comment ne pas avoir envie de s'instruire ? Il y a de par le monde tellement de choses intéressantes à regarder, à écouter, à lire ! Mais tout de même, plutôt que de vous disperser en vous laissant porter par votre curiosité, tâchez d'accepter une discipline pour améliorer votre façon de vivre. Car c'est par sa façon de vivre que l'on attire le vrai savoir. Sinon, voici ce qui va se passer : vous allez entasser des connaissances par tous les moyens qui sont actuellement à votre disposition, et il y en a tellement ! Mais ce que vous enregistrerez ainsi, vous ne le garderez pas longtemps. Bientôt, avec l'âge, comme tant de personnes vous commencerez à vous plaindre de perdre la mémoire. Oui, tout peu à peu s'efface, d'abord parce que beaucoup de ces détails emmagasinés au cours de votre existence ont en réalité peu d'importance, mais aussi parce que cette vie que vous menez n'influence pas favorablement la mémoire.

Ne perdez donc pas votre temps à acquérir un savoir qui vous quittera peu après. Occupez-vous plutôt de vivre d'après les règles divines et la véritable mémoire commencera à s'éveiller en vous : tout ce que vous avez appris de profond, d'essentiel depuis des milliers d'années à travers vos différentes incarnations remontera peu à peu à votre conscience.

2 juillet

Pour ne pas tomber dans les pièges que la vie nous tend inévitablement à un moment ou à un autre, nous devons développer deux qualités : le discernement et l'humilité. Le discernement est une qualité de l'intellect, et l'humilité une qualité du cœur.

Le discernement nous permet de distinguer en toute circonstance le vrai du faux, la réalité des apparences ; il nous indique la direction à suivre et les faux pas à éviter, il nous met à l'abri des erreurs et des illusions. Quant à l'humilité, qui est une qualité tellement négligée, méprisée même, on ne peut en mesurer la valeur que si on comprend combien son opposé, l'orgueil, est dangereux. L'orgueil ferme l'homme au monde spirituel, il coupe les courants qui lui apportent l'eau vivante du Ciel. C'est pourquoi, en même temps que nous devons cultiver le discernement qui nous indique le chemin à suivre, il est indispensable aussi de cultiver l'humilité qui nous ouvre aux courants d'en haut, car ces courants sont des viatiques qui nous soutiennent sur les chemins de la vie.

3 juillet

*V*ous aimez la nature, vous découvrez en elle des spectacles toujours nouveaux que vous ne vous lassez pas d'admirer. Mais ce que vous ne savez peut-être pas, c'est que par votre pensée, par votre amour vous pouvez aussi entrer en relation avec elle afin qu'elle s'ouvre à vous.

Vous vous approchez d'une rivière, d'un lac, d'une forêt, d'une montagne, arrêtez-vous un moment et adressez-leur un signe de la main. À leur manière ils répondront à votre salut et vous sentirez que quelque chose en vous s'harmonise, s'éclaire et s'allège, tout simplement parce que vous avez décidé de saluer la nature vivante et les créatures qui l'habitent. Et maintenant ramassez une pierre sur le chemin et caressez-la avec amour : l'entité qui l'habite acceptera votre amour, elle vibrera à l'unisson avec vous, et elle vous aimera elle aussi.

Il ne suffit pas de dire que la nature est vivante, il faut aussi apprendre ce que vous devez faire pour que cette vie devienne une réalité en vous. Le jour où vous saurez entretenir une relation consciente avec la création, vous ne vous sentirez plus ni seul ni pauvre, car c'est la vie divine qui viendra vous remplir de ses bénédictions.

4 juillet

On dirait que les diables et les ténèbres de l'enfer ne font pas tellement peur aux gens, alors que la lumière leur inspire la plus grande crainte. Et, dans un sens, c'est tout à fait compréhensible : comme ils sentent au fond d'eux-mêmes qu'ils ont encore besoin de se laisser aller à leurs instincts, à leurs passions, ils fuient cette lumière qui leur montrerait qu'ils mènent une existence médiocre, et parfois même criminelle. Ils ne veulent renoncer à aucune de leurs mauvaises habitudes et ils ne supportent pas ce qui peut leur révéler qu'elles sont, justement, mauvaises. Quand on ne veut faire aucun effort pour s'améliorer, on ferme les yeux, on se bouche les oreilles, et on se persuade qu'on est très bien ainsi.

Tous ceux qui craignent la lumière de la science spirituelle ne savent pas très bien pourquoi, mais ils sentent instinctivement qu'il y a là une menace pour ce qu'ils croient être leur bonheur. Seuls les êtres qui ont le désir sincère de s'instruire, de progresser, cherchent cette lumière qui leur montrera tout ce qu'il y a à améliorer en eux et comment l'améliorer.

5 juillet

*V*ous vous sentez animé par un grand idéal de justice, de générosité et vous voulez que cet idéal se réalise dans le monde ? C'est très bien, mais cela ne suffit pas. Si vous ne trouvez pas la bonne attitude à adopter, vous allez fatalement vous heurter à certaines personnes de votre entourage qui ne voudront rien entendre ; et au bout de quelque temps, voyant que malgré la justesse de vos arguments et vos efforts vous n'arrivez pas à les convaincre, vous finirez dans le découragement et dans l'aigreur. Comment faire alors ? Tout simplement laisser les autres tranquilles, ne pas vouloir les convaincre à tout prix, mais continuer, vous, à vous instruire, à vous perfectionner… Ainsi, peu à peu, lorsque vous devrez les fréquenter, vous les impressionnerez par votre maîtrise, votre lucidité, la clarté de vos raisonnements et ils sentiront que vous avez quelque chose à leur apprendre.

Tant que vous vous acharnerez à démontrer à des gens qui refusent de vous entendre qu'ils font fausse route, non seulement vous ne réussirez pas, mais vous vous enfoncerez avec eux dans des terrains boueux. Travaillez avec la lumière : un jour, quand ils vous rencontreront, avant même que vous ouvriez la bouche, ils comprendront que c'est vous qui êtes dans le vrai.

6 juillet

*L*e Maître Peter Deunov disait : « Si vous nourrissez en vous l'idée de l'amour sous sa forme la plus sublime, vous obtiendrez l'aide de milliers et de milliers d'âmes aimantes, car l'amour sous-entend le travail collectif d'une multitude d'âmes liées entre elles par cette idée de l'amour. L'amour divin est la plus grande force qui existe. Ne doutez jamais de cette vérité, tâchez de la rendre vivante en vous, afin d'attirer les âmes qui travaillent en son nom et que ces âmes demeurent pour toujours près de vous. »

De telles paroles méritent d'être longuement méditées, car elles nous ouvrent d'immenses horizons. Quand nous parviendrons à faire nôtre cette conception divine de l'amour, nous attirerons d'en haut des milliers d'âmes qui nous rempliront de leur présence. Le langage humain est faible pour dire la joie de ceux qui ont reçu la visite d'un tel amour et qui ont été capables de le retenir. Il leur suffit ensuite d'apercevoir en passant des visages d'hommes et de femmes, même inconnus, pour se sentir dans la plénitude.

7 juillet

La mort est un changement d'état qui nous permet de connaître des régions auxquelles nous ne pouvons pas avoir accès tant que nous sommes enfermés dans notre corps physique. Vivre sur la terre et vivre dans l'autre monde sont des expériences nécessaires à notre évolution, c'est pourquoi nous venons, puis nous repartons… puis encore nous revenons…

Le désir d'immortalité qui habite les humains n'est pas une chimère, il est réellement fondé, mais comme ils ignorent ce qui en eux est immortel, la plupart se raccrochent autant qu'ils le peuvent à la vie physique. Or, l'immortalité n'est pas donnée au corps physique, et ils se sentiront immortels seulement le jour où ils auront appris à imprégner leurs pensées, leurs sentiments et leurs actes de la vie de l'esprit. La vie immortelle est là. Ceux qui vivent la vie de l'esprit, qui ont vraiment compris ce qu'est la vie de l'esprit, n'ont pas peur de la mort. Ils ont conscience que les richesses qu'ils ont accumulées dans leur cœur et dans leur âme ne les quitteront jamais : au contraire, ils savent qu'ils les trouveront amplifiées dans l'au-delà, puisque c'est dans l'au-delà que nous avons tous notre origine.

8 juillet

Par leur soutien, leurs conseils, les amis peuvent être une aide précieuse dans les épreuves de la vie. Mais courir chez eux ou prendre le téléphone chaque fois qu'on a une raison d'être triste, déçu, mécontent, ce n'est pas raisonnable. Même si on se sent un peu mieux après, ce mieux n'est que passager, car on n'a fait aucun véritable travail intérieur pour résoudre les problèmes et, à la première occasion, on retombe dans les mêmes états négatifs. On a donc non seulement empoisonné les autres, mais pour soi-même on n'a rien amélioré.

Quelque chose ou quelqu'un vous a contrarié ? Restez chez vous tranquille, concentrez-vous sur la lumière, priez, chantez, écoutez de la musique… Ou alors, sortez de chez vous et allez marcher dans les rues ou dans la nature, et ne vous présentez pas devant les autres avant de vous sentir capable de leur apporter quelque chose de bon, de constructif. Si vous preniez l'habitude de vous observer, vous constateriez que vous avez plutôt tendance à faire le contraire : quand ça va mal, vous courez chez les uns ou les autres pour leur faire partager vos ennuis, et quand ça va bien, vous n'avez rien à leur raconter. Eh bien, dorénavant pensez à ne partager que de bonnes choses avec votre entourage, votre paix, vos joies : cela contribuera encore à vous alléger, à vous libérer.

9 juillet

*L*e seul moyen d'attirer à nous les entités angéliques et de les retenir est de créer autour de nous une atmosphère très pure. Un des moments les plus favorables pour ce travail est le lever du soleil.

Au fur et à mesure qu'il monte à l'horizon, le soleil change de couleur. Il est d'abord rouge, puis orange, puis jaune, et suivant la qualité de l'air, il peut prendre des nuances de vert, de bleu, de violet ; et enfin il devient blanc, incandescent. En s'élevant dans le ciel, il chante ainsi toute la gamme des couleurs. Oui, il chante, car chaque couleur émet un son. Alors, quelle symphonie quand il arrive au blanc éclatant ! Si vous apprenez à participer intérieurement à l'apparition de l'aurore, vous sentirez que dans cette symphonie, dans ces éclats de lumière, votre aura se purifie, se renforce et vibre plus intensément ; elle lance des signaux aux entités angéliques qui sentent qu'elles sont invitées à une fête. Elles répondent à votre invitation et, comme tous les invités qui se rendent à une fête, elles vous apportent des présents.

10 juillet

*A*u fur et à mesure que vous avancez dans l'existence, vous prenez conscience d'être habité par différentes tendances dont certaines sont meilleures que d'autres. Mais en prendre conscience ne suffit pas : vous devez aussi admettre la nécessité de faire un tri parmi toutes ces tendances, et vous concentrer sur celles qui vous paraissent les plus nobles, les plus constructives. C'est ainsi que vous allez peu à peu découvrir la présence en vous de quelque chose de lumineux, de puissant, que vous ne connaissiez pas auparavant. Cette présence, c'est celle du Principe divin qui vous habite et qui attend que vous vous mettiez à son service. Se mettre au service du Principe divin, c'est trouver chaque jour les valeurs morales, spirituelles, qui méritent que vous leur donniez la première place.

11 juillet

Il y a des hommes et des femmes qui ne trouvent pas leur place dans la société : ils s'y sentent ignorés, méprisés, et surtout inutiles, ce qui est une des pires souffrances qui existent. Alors, à quoi vont-ils employer leurs énergies ? Puisqu'on ne leur donne pas la possibilité de construire quelque chose, il ne leur reste qu'à détruire tout ce qu'ils peuvent autour d'eux. Ce n'est pas que leur nature soit particulièrement mauvaise, mais quand on se sent injustement traité, ignoré, méconnu, on est tenté d'attirer l'attention en commettant des actes de violence. Et alors là, évidemment, on se fait remarquer. Mais pour gagner quoi ?

Être sensible au regard, à l'opinion des autres n'est pas répréhensible en soi. Seulement l'estime qu'un être humain a de lui-même, le sens de sa propre valeur ne doit jamais dépendre de ce regard, de cette opinion, mais de la conscience du travail qu'il fait dans le secret de son cœur pour le bien du monde entier. Donc, même si la société ne semble pas avoir besoin de vous, que cela ne vous chagrine pas : vous trouverez toujours une place ici ou là pour faire quelque chose d'utile, de bon, de beau. Et reconnu ou non, vous sentirez que vous vous épanouissez.

12 juillet

*L*a jeunesse est curieuse, audacieuse au point de se lancer sans crainte dans des aventures qui peuvent nuire à sa santé physique et psychique. Et lorsque des parents, des adultes plus sages essaient de la retenir, elle ne les écoute pas : qu'est-ce que c'est que ces gens étroits, vieux, ramollis, qui veulent l'empêcher de faire des expériences et de connaître la vie ?

Connaître la vie… Les jeunes ne savent pas que, pour connaître la vraie vie, il y a d'autres expériences à faire que celles où ils s'imaginent qu'ils vont exister plus intensément. Et quand ils le savent, parce qu'ils l'ont lu dans des livres, il leur suffit que d'autres, des philosophes, des sages, des saints, aient fait ces expériences. Il leur arrive d'admirer ces personnages, et ils sont même capables de les citer, mais pas question pour eux de les imiter ! Ils imitent de préférence ceux qui se sont brûlé les ailes dans des excès de toutes sortes. Eh bien, il vaudrait mieux qu'ils se contentent de faire des citations quand il s'agit des aventures lamentables de tant de créatures qui ont mal fini (la littérature et l'histoire en sont pleines), et qu'ils essaient de vivre les expériences des êtres qui ont su trouver le chemin de la lumière et du véritable amour.

13 juillet

*L*a beauté exerce un tel pouvoir de fascination sur les humains qu'ils sont toujours tentés de s'approcher d'elle pour la toucher, la saisir, la posséder. Mais la beauté ne peut pas être possédée : par essence, elle n'appartient pas au monde physique, et dès qu'on tente seulement de l'effleurer, elle s'échappe. La beauté est un monde fait exclusivement pour les yeux ; elle n'est destinée ni aux mains ni à la bouche. Elle aime être regardée, mais elle ne supporte pas d'être touchée. Il faut donc être toujours très attentif lorsqu'on rencontre des êtres d'une grande beauté. Celui qui n'a pas une bonne attitude peut chasser les entités qui les habitent et qui leur donnent cette harmonie, cette grâce. Et si elles s'éloignent, il souffrira, car il perdra cet émerveillement, cet élément impalpable qui embellissait aussi sa vie.

Notre joie, notre inspiration dépendent donc du respect que nous manifestons envers la beauté en ne cherchant pas à nous emparer d'elle. En apprenant chaque jour à la contempler chez les êtres, nous goûtons la vie véritable.

14 juillet

*L*a source, quel symbole profond et significatif ! Pourquoi ? Parce qu'elle ne cesse de jaillir, de couler. Et la source en nous qui ne doit jamais cesser de jaillir et de couler, pure, transparente, c'est l'amour. Quoi qu'il nous arrive et quoi que l'on nous fasse, nous ne devons jamais laisser notre source tarir.

Combien de personnes décident de se fermer aux autres quand elles découvrent qu'on les a trompées ! Ne faites jamais cela. Avant, quand vous ignoriez qu'on vous trompait, au moins votre source coulait et vous étiez le premier à bénéficier de cet amour qui jaillissait en vous. Je ne vous conseille évidemment pas la naïveté, l'aveuglement ; au contraire, tâchez autant que possible de voir clair dans les êtres. Mais s'il vous arrive d'être trompé, dites-vous que ce n'est pas si grave. Ce qui est grave, c'est de ne plus être habité par l'amour. Quelles que soient les déceptions, les amertumes, les épreuves, laissez couler votre source : c'est elle qui vous redonnera la joie, l'inspiration et la force.

15 juillet

***P**our beaucoup de gens, la pureté est un état merveilleux dont ils ont la nostalgie parce qu'ils l'associent à l'enfance, à cette innocence perdue qu'ils ne retrouveront plus jamais ; et puisqu'elle est définitivement perdue, ils se disent que ça ne vaut pas la peine d'y penser. Eh bien, si, au contraire, ça vaut la peine d'y penser, car en réalité la pureté est bien autre chose qu'une vertu de l'enfance. Est pur tout ce qui est inspiré par notre nature supérieure ; est impur tout ce qui est inspiré par notre nature inférieure. La nature inférieure, alimentée par des désirs égocentriques, grossiers, pousse les êtres à prendre des décisions, des orientations qui nuisent aux autres et à lui-même aussi. L'impureté est là, inutile d'aller la chercher ailleurs. La pureté et l'impureté sont donc avant tout une question d'intention, de but. Ce sont les intentions et les buts qui rendent les actes purs ou impurs. Celui qui travaille dans un but désintéressé, qui dans ce qu'il entreprend cherche l'intérêt de tous, celui-là est pur. Donc, si vous recherchez sincèrement la pureté, demandez-vous comment vous pouvez favoriser les manifestations de votre nature supérieure.

16 juillet

*L*e matin, au réveil, cherchez à bien vous pénétrer de l'importance de ce jour qui commence. Pour cela, il y a une méthode : faire comme si ce jour devait être le dernier. Certains diront que cela revient à vivre continuellement avec la pensée de la mort, ce qui est affreux. Non, vivre chaque jour comme s'il devait être le dernier ne nous pousse pas du côté de la mort, mais, au contraire, du côté de la vie. C'est plutôt celui qui se conduit avec légèreté et insouciance comme s'il avait l'éternité devant lui, qui marche vers la mort, car il gaspille sa vie.

Lorsque les sages nous conseillent de vivre chaque jour comme s'il pouvait être le dernier, ils souhaitent seulement nous encourager à faire qu'aujourd'hui soit plus utile, plus beau, plus précieux qu'hier. On n'a pas vraiment besoin de croire que ce sera le dernier, c'est seulement une méthode pédagogique pour vivre pleinement aujourd'hui.

17 juillet

Savoir respirer contribue beaucoup à l'harmonie et à l'équilibre intérieurs, mais pour cela il y a quelques règles à connaître. D'abord, il vaut mieux en général ne pas respirer par la bouche, mais seulement par le nez. Ensuite, inspirer l'air très lentement et le garder dans les poumons le plus longtemps possible. L'expiration, elle, peut être rapide et forte. Si, par exemple, vous éprouvez un malaise, comme si vous étiez envahi par des présences obscures, faites cet exercice : inspirez de l'air lentement, puis chassez-le d'un seul coup en pensant que vous expulsez aussi les présences qui créent ces troubles en vous.

Et quand vous avez la sensation d'être enfin libéré de ces intrus, inspirez en appelant en vous des présences bénéfiques. Imaginez que votre cœur se remplit d'une lumière dorée, qu'il devient un soleil d'où jaillissent des rayons. Comment les esprits angéliques ne se sentiraient-ils pas attirés par une telle demeure ?

18 juillet

*L*es humains sont tellement accaparés par leurs intérêts et leurs soucis personnels qu'ils n'entrent pas spontanément dans la situation des gens de leur entourage ou de ceux qu'ils sont amenés à rencontrer. C'est de là que proviennent tant d'erreurs de jugement, tant d'injustices, de cruautés. Essayez donc d'être plus attentif. Au moment où vous allez vous prononcer au sujet d'une personne, demandez-vous ce que vous savez de sa situation. Avant de la critiquer, de l'accuser, pour quelques minutes au moins faites l'effort de vous mettre à sa place : à ce moment-là, vous vous rendrez peut-être compte que, si vous étiez dans sa situation, vous vous conduiriez dix fois plus mal qu'elle.

Vous ne trouvez pas que ce sujet mérite réflexion ? Faites surtout cet exercice avec les personnes que vous avez du mal à supporter et que vous êtes toujours prêt à condamner. Peu à peu leur comportement vous semblera plus compréhensible, vous commencerez à éprouver de l'intérêt pour elles, et même, peut-être, une certaine sympathie. Vous acquerrez ainsi des qualités de discernement, de patience, de générosité dont ils bénéficieront certainement, et vous aussi en premier.

19 juillet

*E*st-ce que vous avez déjà expérimenté la puissance du sourire ? Vous éprouvez une déception, vous rencontrez une difficulté, un désagrément, quelqu'un vous a vexé, etc. Au lieu de vous laisser aller à l'irritation ou au découragement, essayez d'utiliser la méthode du sourire. Vous direz : « La méthode du sourire ? Qu'est-ce que c'est ? Sourire aux autres ? » Non, pas nécessairement. Même si vous êtes seul, essayez de sourire, comme ça, pour vous montrer que vous êtes au-dessus de tous les petits inconvénients de la vie. Pensez qu'au plus profond de vous, vous êtes invulnérable, immortel, éternel, et en passant devant une glace, donnez-vous un sourire… D'abord il sera peut-être un peu tordu, mais qu'importe !... ce sera déjà le commencement de quelque chose. Du moment que vous avez décidé de vous mettre dans de bonnes dispositions en prenant de la distance vis-à-vis des événements, vous arriverez plus facilement à surmonter vos contrariétés.

20 juillet

*L*a lumière est l'essence même de l'univers, et par un travail de la pensée nous pouvons en extraire quelques particules pour les assimiler à notre propre substance. Cette lumière, nous la trouvons avant tout dans le soleil, mais aussi dans l'air, dans l'eau et dans tous les aliments qui nous servent chaque jour de nourriture.

Une fois que nous possédons un peu de cette lumière, nous avons toutes les possibilités de l'amplifier. Comment ? En la faisant fusionner avec la lumière divine. C'est à cette fusion qu'elle aspire plus que tout. Mais il y a des conditions : il faut que dans notre âme le chemin qui conduit jusqu'à la lumière divine soit débarrassé de toute impureté, car ce sont les impuretés qui empêchent la fusion. En nous purifiant, nous faisons disparaître les obstacles qui séparent notre lumière de la lumière de Dieu. Jusqu'au jour où elles ne feront plus qu'une seule lumière, et rien alors ne pourra les séparer.

21 juillet

*T*out ce qui nous entoure est vivant, prenez-en conscience, montrez-vous attentif envers les plantes, les animaux et même les pierres. En allant marcher dans la nature, si vous passez à côté d'un rocher, arrêtez-vous, caressez-le et dites-lui : « Prends encore patience, un jour tu seras libéré de cette prison. » Et il vous sera reconnaissant pour vos bonnes paroles. Car un être est là, emprisonné, qui attend que ce bloc de pierre soit cassé en morceaux afin de retrouver la liberté. Les débris de la pierre se trouvent en effet placés dans de meilleures conditions pour évoluer : ils deviennent peu à peu un matériau assimilable par le règne végétal.

Et vous pouvez dire aussi à ce rocher : « J'admire ta résistance : depuis des siècles tu es là, exposé à la pluie, au gel, à l'extrême chaleur, et tu les supportes sans te plaindre. Donne-moi un peu de ta résistance, de ta solidité. » Si vous répétez souvent cet exercice avec amour et confiance, la résistance, la stabilité que possèdent les rochers pénétreront en vous et vous saurez ensuite les manifester dans la vie.

22 *juillet*

*L*es plantes, les animaux ont tous, à leur façon, un langage. Mais seul parmi les êtres vivants, l'homme possède la parole. C'est grâce à la parole qu'ont fleuri les cultures et les civilisations, et c'est grâce à elle aussi que l'homme peut devenir tout-puissant. La véritable magie, la magie divine, c'est la parole lumineuse, harmonieuse, musicale, la parole qui vient de Dieu, le Christ, le Verbe. Dans l'Arbre séphirotique, le Verbe est représenté par la séphira *Hohmah*, la Sagesse, première émanation de la séphira *Kéther,* la Couronne*. *Hohmah* contient tous les éléments, les lettres et les nombres dont Dieu s'est servi pour créer l'univers. Le Christ est le Verbe de Dieu, il est la clé universelle qui ouvre les portes de la vie.

Celui qui apprend à travailler sur sa parole afin de la rendre puissante, vivante, harmonieuse, entrera un jour en possession de cette clé. Grâce à elle il pourra faire des merveilles, sur lui-même d'abord, puis sur les autres et sur la nature entière. Tel est le devenir extraordinaire qui attend l'être humain : pouvoir par son verbe agir sur toute la création.

* Voir planche et note, p. 412-415.

23 juillet

*L*a plupart des gens ne sont ni méchants ni mal intentionnés, beaucoup souhaitent sincèrement être utiles aux autres et en sont même capables. Mais les bons sentiments et les bonnes intentions ne suffisent pas pour faire réellement le bien. Celui qui veut aider les autres doit commencer par s'étudier et chercher à se débarrasser de tous les éléments qui, en lui, s'opposent à ce bien qu'il veut réaliser. Le bien et le mal sont en effet si intimement enchevêtrés dans chaque être que des forces obscures arrivent souvent à profiter de sa bonne volonté. Et alors qu'il est persuadé de se rendre utile, toutes sortes d'éléments contraires au bien se mêlent à ses actions, et les personnes qui devaient en bénéficier ne sont finalement que des victimes.

Vous voulez vraiment aider les autres, leur faire du bien ? Par un travail patient de chaque jour, efforcez-vous de neutraliser les états intérieurs qui peuvent servir d'aimants aux courants négatifs qui circulent dans l'atmosphère. Et, en même temps, cherchez à intensifier les états qui attirent à vous les influences bénéfiques.

24 juillet

*T*outes les habitudes préjudiciables à notre santé physique et psychique peuvent être comparées à des intrus qui ont forcé la porte d'une demeure pour s'y installer. Innombrables sont donc les occupants auxquels chacun doit faire face, c'est-à-dire toutes les impulsions instinctives par lesquelles il est assailli : la jalousie, la colère, la rancune, la cupidité, la gourmandise, la sensualité, l'orgueil, la vanité, etc.

Parmi tous les occupants possibles, le plus dangereux est certainement la paresse. Pourquoi ? Parce qu'elle s'agrippe à la volonté. On comprend ce qu'il faut faire, on sent qu'il faudrait le faire, mais la volonté n'est pas là ; et comme la volonté est le point de départ de toute décision, ce sont les forces vives qui sont atteintes. Mais le jour où l'intellect a vraiment compris ce qui est beau et bon, et où le cœur le souhaite avec force, ensemble ils finissent par emporter l'adhésion de la volonté. La paresse est alors vaincue et voilà la libération !

25 juillet

*L*e moindre événement que nous vivons dans notre existence s'enregistre en nous : les rencontres, les expériences, tout est là enregistré et cela nous donne des possibilités inouïes, car il ne dépend que de nous de les revivre aussi souvent que nous le souhaitons. Même la créature la plus déshéritée a eu dans sa vie quelques instants de joie, et elle peut s'en souvenir pour neutraliser les pensées et les sentiments qui l'accablent. Pourquoi devrait-elle seulement ressasser ses déceptions, ses chagrins ?

Vous avez certainement vécu ces états de conscience merveilleux où, pendant quelques secondes au moins, vous avez compris que l'existence peut être lumière, paix, beauté, amour, plénitude… Même si, maintenant, vous êtes plongé dans le désespoir, ces moments ne se sont pas effacés, vous pouvez les retrouver et vous sentir traversé par leurs vibrations bénéfiques. Revenez-y souvent… rappelez-vous le lieu, les circonstances, cherchez à retrouver les mêmes pensées, les mêmes sentiments, les mêmes sensations. Peu à peu vous aurez l'impression de vivre à nouveau ces états avec la même intensité que s'ils vous étaient donnés, là, maintenant, par une cause réelle. La réalité objective, ce n'est pas cela l'essentiel : l'essentiel, c'est ce que vous parvenez à créer en vous.

26 juillet

*L*a vie du très jeune enfant reste encore un grand mystère. On doit autant que possible le protéger en le maintenant dans une atmosphère d'harmonie, de pureté, même pendant son sommeil, car il est réceptif à tous les courants qui circulent autour de lui. Son corps astral dort, et il n'est pas encore entré en possession de son corps mental, mais son corps éthérique travaille activement et absorbe les courants et les éléments de l'atmosphère psychique. Si les parents sont attentifs à l'atmosphère qu'ils créent autour de leur enfant, plus tard il sera bien armé, capable de faire face aux chocs et aux duretés de la vie.

Lorsqu'un enfant vient au monde, les parents ne savent pas quel est l'esprit qui l'habite. Ils doivent se dire que cet enfant ne leur appartient pas, qu'il est un fils, une fille de Dieu à qui ils ont seulement donné un corps, c'est-à-dire un domicile. Et que ceux qui approchent les enfants se conduisent aussi avec attention et respect, afin de les protéger. Ils doivent trembler à la pensée qu'ils peuvent se rendre coupables de paroles ou d'actes mauvais qui détruiront quelque chose dans leur âme. Les adultes qui ne respectent pas les enfants seront un jour punis par le Ciel, et ces punitions sont terribles.

27 juillet

*E*n commençant les repas par une prière, nous remercions le Seigneur qui nous a donné la nourriture. Mais ce n'est pas tout ; nos prières contribuent aussi à influencer favorablement cette nourriture afin d'aider notre organisme à l'assimiler.

Avant d'arriver sur notre table, les aliments sont passés par toutes sortes d'endroits. Ils ont été manipulés, empaquetés, transportés… Ils nous sont donc en quelque sorte étrangers et il est bon de prendre quelques précautions avant de les laisser pénétrer en nous. Quelles sont ces précautions ? Prenez un fruit, par exemple, tenez-le avec respect, regardez-le, parlez-lui gentiment par la pensée, remerciez-le pour la vie qu'il va vous apporter : quelque chose en lui se transformera, il sera beaucoup mieux disposé envers vous, et dès que vous le mettrez dans votre bouche, il commencera à travailler pour vous. Pour que la nourriture s'ouvre à vous, le secret, c'est de l'apprivoiser, de la chauffer ; et la chaleur, c'est l'amour. C'est pourquoi je vous conseille de ne pas manger des aliments que vous n'aimez pas, car ils se comporteront comme des ennemis dans votre organisme. Et si, pour une raison ou une autre, vous êtes obligé d'en manger, efforcez-vous de les regarder avec un peu de sympathie.

28 juillet

*A*vant d'émettre une critique sur quelqu'un, commencez par porter un regard lucide sur vous-même. Pourquoi ? Parce qu'on n'a le droit de critiquer une faiblesse chez les autres que si on a réussi à la vaincre en soi. Chaque fois que vous portez un jugement négatif sur quelqu'un, vous êtes vous-même jugé. Par qui ? Par votre conscience, votre tribunal intérieur. Une voix s'élève en vous pour vous demander : « Et toi qui te prononces ainsi, es-tu si sûr que d'une manière ou d'une autre tu n'as pas ce même défaut ?… À cette faiblesse dont tu es déjà toi-même coupable, pourquoi dois-tu encore ajouter le manque d'indulgence, le manque d'amour ? Tu ne sens pas que dans ton cœur, dans ton âme, tu es en train de perdre quelque chose de précieux ? » Voilà la punition infligée à celui qui juge les autres alors qu'il n'en a pas le droit : des lumières le quittent. Et si certains disent qu'ils n'ont jamais entendu cette voix, c'est qu'ils ont tout fait pour devenir sourds à ses remarques et à ses conseils. Qu'ils soient plus attentifs et ils l'entendront.

29 juillet

Vous ne savez pas encore que les rayons du soleil sont capables d'alimenter l'esprit en vous. Oui, mais à condition d'apprendre à les recevoir, à condition de vous ouvrir à eux de tout votre cœur et de toute votre âme. Vous n'arrivez pas à admettre que la lumière est plus qu'une vibration physique, qu'elle est une entité vivante ?... Tant que vous serez fermé à cette idée, vous ne pourrez pas bénéficier de toutes les richesses du soleil.

Tâchez d'organiser votre existence pour que la lumière y occupe de plus en plus de place. Au printemps et en été, allez contempler le soleil qui se lève, en pensant que vous pouvez recevoir ses rayons comme vous recevez la nourriture, l'eau et l'air. Et adressez-vous aussi à eux en disant : « Ô rayons lumineux, pénétrez en moi, chassez les nuages qui obscurcissent mon ciel. » Ils pénètrent déjà en vous à votre insu ; mais si vous êtes conscient, attentif, si vous vous imprégnez de leur lumière et de leur chaleur avec la conviction que quelque chose croît et se développe au-dedans de vous, vous vous sentirez peu à peu animé par des vibrations nouvelles.

30 juillet

Chaque être humain a des désirs, des ambitions à réaliser. Que ce soient la richesse, la beauté, le savoir, le pouvoir, la gloire, etc., il y dépense ses énergies physiques et psychiques, son temps, sa santé. Mais ce but une fois atteint, que se passe-t-il ? Après un moment de satisfaction, ce qu'il a acquis commence à perdre tout intérêt. Oui, c'est souvent ce qui se produit : ce que l'on parvient à obtenir ne conserve pas l'aura qui l'entourait quand on ne faisait que le désirer, et voilà l'insatisfaction et le vide qui s'installent.

Le seul moyen d'échapper à cette sensation de manque qui suit la réalisation de nos désirs, c'est de partir à la recherche d'un objet lointain, tellement lointain qu'on ne l'atteindra jamais. Ce but lointain, inaccessible, qui dépasse tout, qui contient tout, c'est lui aussi qu'on peut appeler Dieu. En marchant sur le chemin que nous devons parcourir pour nous rapprocher de Lui, nous trouverons l'amour, la sagesse, la beauté, la force, la richesse, sans plus jamais nous épuiser dans de vaines recherches.

31 juillet

Il n'y a rien à reprocher au scientifique qui décrit un minéral, un végétal, un animal ou un être humain. Ce qu'il dit est vrai, mais ce n'est qu'une vérité partielle. Pour qu'elle soit complète, il faut qu'il replace l'objet de son étude au sein de la vie universelle à laquelle il appartient : détachés de cette vie, la pierre, la plante, l'animal, l'homme sont privés de l'essentiel. Car les êtres et les choses n'existent pas séparément, mais comme des parties d'un tout qui sont liées entre elles. Il faut donc apprendre à les situer dans l'édifice cosmique pour voir comment ils vibrent en harmonie et participent à la vie du tout. Si, par commodité, on est obligé de les étudier séparément, on doit aussi chercher à comprendre comment circule de l'un à l'autre ce « quelque chose » qu'ils ne possèdent pas tant qu'ils sont séparés : la vie. Séparez les éléments, la vie s'interrompt ; mais reliez-les à tous les autres éléments de la terre et du ciel, la vie réapparaît et vous possédez le vrai savoir.

Quel que soit le domaine où vous exercez votre activité, l'essentiel, c'est que vous arriviez à mettre la vie au centre afin de la voir dans sa dimension la plus vaste. À partir de ce moment-là toutes les études que vous pourrez entreprendre bénéficieront de cette lumière.

1er août

*M*ettez le mot « harmonie » au cœur de votre existence, gardez-le en vous comme une sorte de diapason, et dès que vous vous sentez un peu inquiet, troublé, prenez ce diapason et écoutez-le afin de mettre tout votre être en consonance avec la vie illimitée, la vie cosmique. Que cette pensée de l'harmonie imprègne peu à peu toutes vos cellules !

C'est par l'harmonie que nous attirons les esprits lumineux du monde invisible, et ils deviennent nos amis, ils ne nous quittent plus. Car les esprits lumineux sont tenaces, aussi tenaces que les esprits ténébreux dont il est souvent si difficile de se libérer. Pourquoi les amis ne seraient-ils pas aussi tenaces, obstinés, que les ennemis ? Ils viennent nous soutenir, nous éclairer, nous conseiller, et si nous suivons leurs conseils, nous sommes toujours bien inspirés. C'est pourquoi même dans la pire des situations il ne faut pas désespérer : un jour, elle tournera à notre avantage, parce que nous aurons été bien inspirés. Rien n'est donc plus important que de cultiver cet état d'harmonie qui attirera nos amis du monde invisible.

2 *août*

*L*a culture actuelle ne cesse de proposer des objets ou des activités qui sont autant de sollicitations, de tentations. Et non seulement on ne prévient pas les gens des dangers que cela représente, mais on met tout en œuvre pour les persuader que les satisfactions qu'ils vont en retirer contribueront à leur épanouissement, qu'elles en sont même la condition. Eh bien, non, ce n'est pas la multiplication de tant de désirs à satisfaire qui les enrichira. Au contraire, beaucoup de ces prétendus progrès, de ces améliorations se font au détriment de la vie, car ils ont essentiellement pour but la satisfaction de leurs besoins matériels. Les gens s'imaginent qu'ils vont ainsi vivre plus intensément alors qu'en réalité on leur propose une agitation superficielle où ils éparpillent toutes leurs énergies. Ils appellent « profiter de la vie » une façon de penser et d'agir qui les entraîne le plus sûrement vers la mort.

Même s'ils sont persuadés que la vie est le bien le plus précieux, il est rare que les humains comprennent que, dans cette vie, le plus important c'est la vie elle-même. Si, au lieu de s'éparpiller dans des activités qui les affaiblissent, ils s'efforçaient de développer leurs facultés psychiques et spirituelles, ils découvriraient que c'est dans les actes les plus simples et les plus quotidiens que la vie a enfoui ses vrais trésors. Respirer, se nourrir, marcher, ouvrir les yeux sur la nature, aimer, penser, voilà les véritables dons de la vie.

3 août

*N*ous recevons notre vie de Dieu, mais nous ne pouvons bénéficier pleinement de ses richesses que si nous apprenons à la faire retourner vers Lui qui en est la source. Et ici, quand je dis Dieu, il faut comprendre le sommet de notre être. Orienter les énergies vers le haut pour qu'elles alimentent les cellules du cerveau nécessite un grand savoir, et s'il y a un domaine où un savoir est nécessaire, c'est bien celui de la sexualité.

Toutes les instructions que donnent les Initiés concernant la maîtrise de la force sexuelle n'ont pas pour but de brimer les humains en les privant de plaisirs qu'ils ont évidemment le droit de goûter. Lorsqu'ils enseignent que les énergies sexuelles peuvent être sublimées, c'est parce qu'ils savent qu'il existe d'autres possibilités que de les laisser se manifester seulement en bas. Ces énergies, bien comprises, bien utilisées, les hommes et les femmes peuvent s'en servir pour éveiller des facultés supérieures qui leur permettront de réaliser des travaux spirituels de la plus haute importance, et c'est alors qu'ils goûteront de vraies joies.

4 août

*O*bservez-vous : combien de fois vous constaterez que votre état d'esprit n'est pas exactement en accord avec ce que vous avez à faire ! Par exemple, quand vient le moment de prier, de méditer, vous avez souvent la tête ailleurs, parce que vous pensez soudain à tout le travail qui vous attend. Puis, quand vous êtes au travail, vous sentez que vous auriez besoin de vous recueillir, et alors là encore vous êtes distrait. Il faut apprendre à être présent à ce que l'on fait, car il y a un temps pour tout. Sinon, il n'y a plus de temps pour rien, parce qu'on n'a jamais la tête là où il faut.

Quand, le matin, vous vous préparez à assister au lever du soleil, dites-vous : « Je veux entrer en contact avec la pureté, la beauté, l'amour, la lumière, rien d'autre ne doit compter. » Laissez vos fardeaux et présentez-vous léger, dégagé, devant le soleil et les splendeurs de la nature. Pour bien voir, bien comprendre et bien sentir, il faut être là, présent. Prenez exemple sur les hommes et les femmes qui vivent un grand amour : quand ils sont ensemble, ils sont capables de tout oublier. Ils plongent leurs yeux dans les yeux de l'autre, et quand ils veulent décrire ce qu'ils ont vu, ils ne parlent que de lumière et d'immensité.

5 août

*O*n a toujours plus de chance d'améliorer une situation si on se concentre davantage sur le bien que sur le mal. Essayez d'appliquer cette règle dans vos relations avec les autres. Par exemple, plutôt que de critiquer ce qui est défectueux chez eux, arrêtez-vous sur les bonnes choses, qu'ils ont aussi, pour voir comment elles peuvent encore être améliorées. N'y en aurait-il qu'une seule, accrochez-vous à elle. Laissez de côté leurs défauts, et autant que vous en avez les moyens, essayez de les aider à développer leurs qualités. Ce sera plus profitable pour eux et pour vous aussi, car l'évolution de chacun contribue à l'évolution de tous. Plus on avance, plus on entraîne les autres avec soi. Et si les défauts de certaines personnes vous dérangent tellement, voilà une raison de plus pour développer l'indulgence, la patience, en posant sur eux un bon regard.

On doit toujours s'arrêter sur les qualités d'un être en se disant : « Dieu habite son âme, je ne m'occuperai pas des animaux qui rôdent tout autour. » Qui n'abrite pas quelques fauves en lui ? Chez certains, ces fauves sont enfermés dans des cages ou chloroformés, mais ils sont là.

6 août

Si la plupart des gens ne reviennent pas vraiment reposés de leurs vacances, c'est qu'ils les ont passées dans la paresse ou dans des plaisirs qui grignotent leurs énergies physiques et psychiques. Ils ignorent que le vrai repos est seulement un changement d'activité. Et un repos où l'esprit ne vient pas dire son mot ouvre la porte aux conseils pernicieux de la nature inférieure.

Pourquoi ne pas tirer profit de la période des vacances pour faire une pause, afin de vous retrouver ? Pendant l'année, tant de préoccupations et d'activités s'ajoutant les unes aux autres ont encombré, alourdi, obscurci votre vie. Prenez donc maintenant un moment pour analyser la direction que vous êtes en train de suivre, les activités dans lesquelles vous vous engagez, et efforcez-vous de ne conserver que ce qui n'entre pas en contradiction avec votre travail spirituel. Revenez aussi sur certains événements que vous avez vécus durant les mois précédents, certaines rencontres que vous avez faites, et tirez-en des conclusions utiles pour l'avenir.

Et puisque vous avez plus de temps, tâchez d'en consacrer une partie à des exercices spirituels que vous n'étiez pas libre de pratiquer pendant le reste de l'année. Lisez des livres qui nourrissent votre vie intérieure. Choisissez quelques phrases significatives et répétez-les jusqu'à ce que jaillisse de votre âme une étincelle qui allumera dans tout votre être un feu de sagesse et d'amour.

7 août

Que les choses soient claires : un enseignement spirituel vous donne des connaissances, des méthodes, il vous découvre des horizons insoupçonnés, mais il ne vous met pas à l'abri des épreuves. Dans l'existence, quel que soit le chemin que l'on prend, bon ou mauvais, on rencontre des difficultés. Ces difficultés ne sont peut-être pas de même nature et, surtout, on les vit différemment, mais on n'y échappe pas.

La faiblesse, la vulnérabilité sont des dangers qui guettent les adeptes d'un enseignement spirituel. Parce qu'ils ont choisi le chemin de la lumière, ils s'imaginent qu'ils vont avancer sous la protection de puissantes entités, à l'abri des accidents, des maladies, des attaques de gens malveillants. Alors, quand ils ont à affronter des épreuves auxquelles ils ne s'attendaient pas, ils ne savent pas comment faire face et ils s'effondrent. Désormais, chacun doit savoir par avance qu'un enseignement spirituel ne lui prépare pas un refuge où il sera à l'abri des accidents de la vie ; mais en donnant une lumière, des méthodes, il fait tellement plus ! Alors, éclairez-vous à cette lumière, pratiquez ces méthodes : quoi qu'il arrive, non seulement vous resterez ferme, inébranlable, mais vous deviendrez aussi capable d'aider ceux qui sont dans la tourmente.

8 août

*L*a liberté ne peut être comprise que si on l'associe à la notion de hiérarchie. Quelle liberté peut avoir celui qui se trouve en bas de l'échelle ? Est-ce que les pierres sont libres ?… Et les plantes ?… Et les animaux ?… Et même les humains, la plupart ne sont pas libres : ils sont plus ou moins sous la domination d'autres êtres humains ou d'entités du monde invisible, parce qu'intérieurement, psychiquement, ils se trouvent très bas dans la hiérarchie, ce n'est pas eux qui décident.

Celui qui veut se dégager des entraves, quelles qu'elles soient, doit s'efforcer de monter de plus en plus haut. C'est en se rapprochant de plus en plus du sommet, du Seigneur, qu'il se libère. Car seul le Seigneur est réellement libre. Toutes les autres créatures vivent dans une forme de dépendance, même les Archanges : plongés dans l'âme du Seigneur ils dépendent de Lui. Ils sont libres de la liberté du Seigneur, mais ils ne sont pas libres par rapport au Seigneur. Seul le Seigneur est libre, et dans la mesure où elles se rapprochent de Lui, les créatures sont libres de sa liberté, pas autrement.

9 août

Qu'est-ce qui pousse les humains à sortir de chez eux pour visiter leur famille, leurs amis, faire des achats dans les magasins ou aller marcher dans la nature ? Tout simplement le besoin de faire des échanges. Car les échanges sont absolument indispensables à la vie. On peut même définir la vie comme le résultat des échanges que nous faisons avec tout l'univers et les créatures qui le peuplent. Notre vie n'est faite que d'échanges. Les manifestations les plus évidentes en sont la respiration et la nutrition, et si ces échanges ne se font pas correctement, il s'ensuit l'affaiblissement, la maladie et la mort.

Mais les échanges que nous devons faire pour vivre ne se limitent pas à la respiration et à la nutrition. Ou, plus exactement, ils consistent à respirer et à se nourrir aussi dans les différentes régions de l'univers pour animer nos corps subtils : les corps éthérique, astral, mental, causal, bouddhique, atmique.* Tous ceux qui ont appris comment respirer et se nourrir à travers leurs corps subtils sentent leur vie comme une immense symphonie.

* Voir note et schéma, p. 410 et 411.

10 août

*L*a vie se caractérise par le mouvement, elle n'est jamais la même : elle coule, circule et se transforme, déplaçant les êtres et les choses et il faut chaque fois s'adapter. Aujourd'hui vous aviez un problème à résoudre et vous y avez réussi en employant une certaine méthode. Mais voilà que, le lendemain, un autre événement se présente et si vous cherchez à y faire face en utilisant la même méthode, il n'est pas sûr que ça marche : vous êtes donc obligé de tenir compte de ce que cette situation a de nouveau ou même d'inattendu.

Dites-vous bien que vous ne serez jamais en repos, car la vie ne cesse de présenter différents problèmes à résoudre, et chacun demande une solution particulière. Hier, par exemple, la solution était un geste de bonté, de générosité. Mais aujourd'hui vous avez une autre affaire à régler, et là c'est le raisonnement, ou la fermeté, et même l'obstination qui vous y aideront. Une autre fois ce sera l'indifférence, ou l'oubli… Cherchez donc comment vous adapter chaque jour aux circonstances. Cela nécessite attention et réflexion.

11 août

Quand vous allez dans la nature, essayez de prendre conscience de la présence de tous les esprits qui la peuplent et qui existaient déjà bien avant l'apparition de l'homme sur la terre. Parlez-leur, émerveillez-vous du travail qu'ils accomplissent dans les lacs, les rivières, les forêts, les montagnes, les nuages, etc. Et demandez-leur aussi d'apporter leur aide à tous les êtres humains qui travaillent pour que l'amour, la lumière et la paix règnent enfin sur la terre.

Par leur action politique, économique, sociale, les humains croient être les seuls à pouvoir intervenir dans la marche du monde. Non, dans cet organisme vivant et conscient qu'est la nature et auquel nous appartenons, une multitude d'entités sont prêtes à contribuer à l'évolution de l'humanité. Les quatre éléments, la terre, l'eau, l'air et le feu, ont juré devant l'Éternel d'aider ceux qui travaillent à devenir des créatures de paix, d'harmonie, de beauté. Alors, où que vous alliez, pensez à vous adresser à tous ces esprits qui peuplent la nature, jusqu'au soleil et aux étoiles, et demandez-leur de venir participer à l'avènement d'une ère nouvelle.

12 août

***R**ejeter un être humain, le mépriser, l'humilier, c'est déclarer qu'il n'est pas une créature de Dieu, et personne n'a le droit de déclarer ou même seulement de penser une chose pareille ; personne n'a le droit de se mettre entre cette créature et son Père céleste. Si quelqu'un applique sa volonté à se retrancher lui-même de l'amour divin, évidemment il est libre ; mais personne ne peut le retrancher, personne n'a le droit de l'exclure.

Même les êtres les moins évolués, même les plus coupables sont fils et filles de Dieu. Il a mis en eux cette étincelle, l'esprit, qui est une émanation de Lui, et c'est la présence de cette étincelle qui les fait participer de la nature divine. Quand ils commettent des fautes, ils méritent, bien sûr, d'être réprimandés, sanctionnés. Mais même si on est obligé de les traiter avec sévérité et de les tenir pour un temps à l'écart, il ne faut jamais oublier qu'il existe quelque part en eux, profondément enfoui, un germe divin, et que ce germe divin doit être respecté et cultivé. Dans les humiliations que l'on fait subir à ses enfants, c'est Dieu Lui-même que l'on outrage.

13 août

*L'*inquiétude, l'agitation, le trouble créent les plus mauvaises conditions pour l'activité de la pensée. C'est pourquoi, lorsque vous avez un problème à résoudre, une décision importante à prendre, commencez par vous apaiser. Faites le silence en vous et essayez de vous projeter le plus haut possible en vous-même, car c'est en haut que se trouve la lumière. Lorsque vous sentez que vous avez réussi à atteindre une sorte de sommet, posez la question qui vous préoccupe et attendez… La réponse commencera par vous parvenir plus ou moins clairement ; ce ne sera peut-être qu'une impression vague, difficile à interpréter, mais ce sera déjà un indice. Alors, n'abandonnez pas. Recommencez autant de fois qu'il est nécessaire, reposez la question : bientôt vous ressentirez une clarté, une certitude, et à ce moment-là plus de doute, vous connaîtrez comment vous devez agir.

La lumière dans l'intellect, la chaleur dans le cœur et une volonté libre : si vous remplissez ces trois conditions, vous trouverez toujours la meilleure réponse aux questions que vous vous posez et vous prendrez les bonnes décisions.

14 août

Comme l'animal, l'être humain doit se nourrir pour subsister. Mais à la différence de l'animal, il peut, par sa conscience, trouver dans l'acte de manger les moyens de grandir psychiquement, spirituellement. La nourriture représente une manifestation de la Divinité, et il faut donc l'étudier sous tous ses aspects : d'où elle vient, ce qu'elle contient, quelles sont les qualités qui lui correspondent, quelles entités se sont occupées d'elle… Toute cette matière vivante qui contribue à l'édification et à l'entretien de notre corps est faite d'énergies, de particules qui ne viennent pas seulement de la terre, mais de l'univers entier.

Les plantes, les fruits sont à l'origine des entités spirituelles. Pour entretenir la vie en nous, ces entités ont dû se conformer aux lois de la matière, c'est-à-dire s'incarner dans un corps physique. C'est pourquoi en cherchant à prendre conscience de la richesse et de la valeur de la nourriture, nous arrivons à recevoir et à déchiffrer les messages qu'elle transporte : elle nous dit comment toutes les particules qui la composent ont traversé l'univers, quelles entités ont travaillé à faire croître la végétation et à lui infuser telle ou telle propriété. Le savoir que nous recevons ainsi en mangeant est un savoir vivant, car il imprègne toute la substance de notre être.

15 août

*A*dmirer quelque chose ou quelqu'un est un besoin qu'éprouvent tous les humains, car l'admiration, l'émerveillement sont des sensations qui donnent une couleur, un goût à leur existence : c'est comme s'ils étaient portés, nourris, renforcés. Mais ils doivent aussi et surtout apprendre à cultiver le discernement. Comment ? En s'émerveillant d'abord de la lumière, de la sagesse et de l'amour divins, car ils sauront alors s'émerveiller des créatures humaines pour autant qu'elles expriment et révèlent la Divinité.

Voilà le critère dont vous avez tous besoin. Sans ce critère, vous courez de grands dangers. Vous vous attacherez à des personnes qui auront su vous séduire, mais qui ne vous apporteront que du trouble et du chagrin ; et une fois que vous serez bien démoli, elles vous abandonneront pour aller chercher de nouvelles victimes. C'est malheureusement ainsi que les choses se passent dans le monde, quand les humains ne savent pas ce qu'ils doivent apprécier et admirer chez les êtres afin d'être toujours dans l'émerveillement et la joie.

16 août

*M*ême si ce n'est qu'en parole, toute promesse, tout engagement que vous prenez vis-à-vis d'une personne sur un sujet d'importance, vous lie à elle, car dans le plan éthérique vos paroles se sont enregistrées, et c'est exactement comme si vous aviez fait cette promesse par écrit, comme si vous aviez signé un contrat. Nul ne peut vous en délier, excepté la personne à qui vous l'avez faite. Si cette personne est bonne, indulgente, compréhensive, elle vous dégagera de votre promesse ; sinon, d'une façon ou d'une autre, vous devrez l'accomplir. Et ne dites pas que vous allez vous adresser au Seigneur pour qu'Il vous délie de cette promesse. C'est inutile, car le Seigneur ne va pas contre les lois qu'Il a Lui-même établies. Dieu est tout-puissant, oui, mais pas à la façon dont la religion le présente. Du moment que le monde qu'Il a créé repose sur des lois et qu'Il a accepté de vivre Lui aussi dans ce monde, Il obéit à ses propres décrets. C'est aussi cela la grandeur de Dieu, Il ne bouleverse pas selon son bon plaisir les règles qu'Il a Lui-même fixées. Ce n'est donc pas Lui qui vous dégagera de vos promesses. Il vous dira : « Puisque tu as promis, je ne peux rien faire. Adresse-toi à la personne auprès de laquelle tu t'es engagé. »

17 août

« *U*ne déclaration d'amour »... Il y aurait beaucoup de choses à dire sur cette expression. Les humains ont l'habitude de se déclarer leur amour, sans avoir conscience que dans cette manière d'agir se glisse un élément intéressé, égoïste. Ils veulent attirer à eux une créature, et ils lui écrivent ou lui parlent le plus poétiquement possible, en choisissant les gestes, les mots, le son de voix appropriés, avec l'espoir que l'être qu'ils ont élu sera touché, charmé, ravi, et finira par se laisser convaincre. Et à partir de ce moment, cet être-là doit savoir qu'il est « réservé », personne d'autre n'a plus tellement le droit de l'approcher. C'est donc bien l'instinct de possession qui guide les humains, mais surtout le manque de foi en la puissance de l'amour. Comme ils ne connaissent pas le véritable amour qui fait des merveilles, ils s'empressent de le manifester par des moyens concrets : la parole, l'écriture, les gestes, afin d'emprisonner l'être aimé. Et s'ils prétendent que c'est la force du sentiment qui les pousse à agir ainsi, en réalité ils avouent là leur propre faiblesse. Celui qui est habité par le véritable amour ne l'exprime pas, ce n'est pas nécessaire, car cet amour se sent : il rayonne.

Le seul moyen dont on ait le droit de se servir pour attirer l'amour est la lumière, et c'est aussi le seul véritablement efficace. Envoyez à l'être que vous aimez et dont vous souhaitez vous faire aimer des cadeaux de lumière spirituelle, répandez autour de lui des couleurs, en sachant que la lumière et les couleurs sont des entités vivantes. Quand son âme sentira la présence de ces entités bénéfiques, elle vous en sera reconnaissante et, peu à peu, elle s'ouvrira à vous.

18 août

*U*ne personne qui traverse une épreuve vient vous confier son chagrin. Mais souvent, c'est moins pour que vous l'aidiez à trouver une solution que pour vous amener à partager ce chagrin. Alors là, attention ! Car si vous vous laissez envahir par son trouble, vous ne l'aiderez pas, au contraire, vous serez paralysé et vous allez vous enfoncer avec elle. Par votre sympathie, votre compassion, vous croyez pouvoir lui apporter l'apaisement ? Oui, pour un moment sans doute, mais peu de temps après les plaintes, les pleurs recommencent, et cela peut continuer sans fin. Cette personne sera satisfaite que vous soyez toujours là, prêt à l'écouter, à souffrir avec elle, mais elle n'ira pas mieux pour autant. Et vous, dans quel état serez-vous ?

Si vous voulez être utile à quelqu'un qui souffre, ne permettez pas que son trouble pénètre en vous. Vous ne pouvez l'aider à redresser la situation qu'en opposant une certaine résistance à sa souffrance, à son découragement. Restez lucide, paisible, solide, en affirmant intérieurement la puissance de la lumière.

19 août

Quelles que soient les erreurs que vous ayez pu commettre, rien, si vous le souhaitez vraiment, ne peut vous empêcher de retrouver la voie du salut. Dites-vous même que les entités célestes font davantage confiance aux êtres qui ont commis des fautes, qui en ont pris conscience et qui s'appliquent à les corriger, qu'à ceux qui n'ont jamais trébuché. Pourquoi ? Parce que celui qui n'est encore jamais tombé ne pense pas qu'il a des précautions à prendre : il n'a pas d'expérience, il n'est donc pas encore solide, il peut aller s'égarer n'importe où et se perdre ; on ne peut pas se fier à lui. Tandis que celui qui est passé par les « griffes du diable », qui a souffert et qui prend la résolution de sortir de là, le jour où il y parvient, quoi qu'il arrive, il reste inébranlable.

De ce que je vous dis là, vous devez seulement retenir que, quelles que soient les chutes, il est toujours possible de se redresser. N'en concluez pas que vous pouvez vous permettre tous les égarements afin de mieux retrouver ensuite le droit chemin ! De toute façon, chacun a commis suffisamment d'erreurs jusqu'à maintenant : il est temps de s'assagir.

20 août

*V*ous assistez le matin au lever du soleil : une sphère lumineuse émerge lentement de l'obscurité et son éclat finit par remplir tout l'espace. Plongez-vous dans cette lumière comme dans un océan de vie qui vibre, qui palpite… Imaginez que vous nagez en elle, que vous vous fondez en elle, que vous la respirez, que vous la buvez. Laissez-vous absorber par cette clarté, jusqu'à sentir que tous vos soucis, vos doutes, vos obscurités arrivent à se dissoudre en elle.

Quand vous aurez appris à vous fusionner avec la lumière solaire, elle vous accompagnera partout. Elle imprégnera toutes les cellules de votre corps qui commenceront à vibrer à l'unisson avec l'esprit du soleil. Et non seulement vous recevrez des énergies de ce réservoir cosmique inépuisable, mais le vrai savoir vous sera donné, un savoir qui vous gardera toujours vivant.

21 août

*L*a vérité est un problème philosophique, mais c'est aussi un problème pratique. Car une vérité n'est pas complète tant qu'on s'en tient au plan de l'intellect, de la pensée. Pour qu'elle soit complète, il faut la faire descendre dans le plan du sentiment, et plus bas encore dans celui de l'action. Théoriquement, intellectuellement, chacun peut être prêt à admettre une vérité : tant qu'il s'agit de théorie, cela n'engage pas à grand-chose. Mais il faut qu'il accepte ensuite cette vérité dans son cœur, et qu'il arrive enfin à la concrétiser par des actes. Et alors là, quelles difficultés ! Prenons un exemple très simple. Théoriquement, il est assez facile d'admettre comme vérité que tous les hommes sont frères. Mais avoir pour eux tous des sentiments fraternels, c'est déjà beaucoup plus difficile. Quant à agir fraternellement quelles que soient les personnes et les circonstances, alors là, c'est la chose la plus difficile au monde et, il faut le reconnaître, la moins bien réalisée.

Quand on leur explique ce qui est juste et bon, combien de gens disent : « J'ai compris, j'ai compris… » mais ils agissent ensuite contrairement à toutes les lois de la justice et de la bonté, parce qu'ils n'ont pas conscience que le cœur doit aussi dire son mot et la volonté se mobiliser pour réaliser. Or, toute idée qui n'est pas réalisée est presque inutile. Lorsqu'on nourrit une pensée juste, on doit arriver à l'aimer suffisamment pour vouloir agir en conformité avec elle.

22 *août*

*E*st-ce qu'il vous arrive parfois de prendre conscience que vous êtes soutenu par des entités bienveillantes du monde invisible ?... Car si vous pouvez continuer à respirer, à manger, à marcher, à travailler, à dormir même, c'est qu'à chaque moment de la journée vous recevez un soutien ; vous êtes non seulement porté, aidé, mais aussi inspiré pour devenir créateur de votre vie.

Et de votre côté, vous aussi, vous soutenez certaines créatures dans le monde. Vous ne les connaissez pas, et au moment où elles reçoivent votre aide, elles ne savent pas d'où elle leur vient, mais c'est une réalité. Chaque être vivant émet des ondes, et lorsque vous nourrissez en vous des pensées lumineuses, des sentiments chaleureux, lorsque vous priez ou méditez, vous émettez des ondes bénéfiques, et ces ondes partent apporter une aide et un soulagement à des créatures qui sont dans la peine. Comment ne pas trouver là aussi un sens à votre vie et des raisons toujours nouvelles de vous réjouir ? Pensez-y. Quel encouragement pour vous de sentir que vous êtes soutenu par des milliers d'entités lumineuses, et que vous aussi vous pouvez soutenir d'autres créatures !

23 août

*L*a plupart des humains sentent confusément que quelque chose en eux réclame une nourriture que les activités de la vie quotidienne ne peuvent pas leur apporter. C'est pourquoi ils lisent ou vont au cinéma, au théâtre, au concert, dans les musées, afin de trouver ces nourritures dont ils ont besoin. Mais ils éprouveront toujours une insatisfaction, un vide, si, en même temps, ils ne font pas l'effort de les chercher aussi en eux-mêmes sur les hauteurs de l'âme et de l'esprit. Car même les plus grands artistes sont limités dans leurs moyens d'expression, ils n'ont pas la possibilité de traduire exactement tout ce qu'ils voient, entendent ou sentent dans leurs moments d'inspiration.

Les chefs-d'œuvre de l'art peuvent vous apporter beaucoup, mais n'oubliez jamais qu'il existe dans votre âme des régions qui vous apporteront encore bien davantage si vous parvenez à les découvrir. L'Intelligence cosmique a déposé en l'homme cet instinct qui le pousse à aller toujours plus loin, toujours plus haut ; c'est ce qui fait son caractère unique parmi les espèces vivantes. Mais seule la pratique spirituelle le rend capable de s'élever au-dessus de lui-même et d'entrer en contact avec ces régions dont il sent confusément qu'elles sont sa véritable patrie.

24 août

Se donner une accolade, une poignée de mains, s'embrasser ou toute autre manifestation de sympathie et d'amitié quand on se rencontre, nécessite qu'on y prête une attention spéciale. Sinon, c'est inutile, et pas seulement inutile, mais nuisible. Car toute forme de négligence dans les relations humaines a sur le psychisme des uns et des autres des effets négatifs.

Manifester à quelqu'un des signes extérieurs de considération, d'affection, sans y mettre sa pensée, son cœur, mais simplement parce qu'il faut satisfaire aux convenances, cela enlève quelque chose à celui qui les donne comme à celui qui les reçoit. Ce quelque chose est bien sûr impondérable, mais l'essentiel pour notre joie, pour notre épanouissement est toujours impondérable. C'est pourquoi un regard, une seconde de silence, un sourire où l'âme s'exprime, peuvent apporter bien davantage qu'une manifestation plus concrète ou même des cadeaux.

25 août

Quand le ciel est clair, la nuit, arrêtez-vous un moment pour contempler les étoiles. Imaginez que vous quittez la terre, ses luttes, ses tragédies, et que vous devenez un citoyen du ciel. Au fur et à mesure de cette ascension dans l'espace, vous sentirez que votre âme déploie des antennes très subtiles qui lui permettent de communiquer avec les régions les plus éloignées, et que Celui qui a créé tant de mondes les a certainement peuplés de créatures plus sages, plus belles et plus puissantes que les humains. Car lorsqu'on les voit discuter, se chamailler, s'entre-tuer, comment croire que c'est sur la terre – un grain de poussière dans l'immensité – que le Créateur a installé ses créatures les plus parfaites ?

En pensant que toutes ces étoiles que vous contemplez existent depuis des milliards d'années, que l'Intelligence qui a créé ces mondes est éternelle et que vous êtes créé à son image, vous sentirez que votre esprit lui aussi est éternel.

26 août

*U*n jour, vous quitterez la terre, et il est important qu'au moment de partir vous vous sentiez en harmonie avec toutes les créatures. S'il y en a certaines avec lesquelles vous êtes en conflit, ne laissez pas cette situation se prolonger, cherchez à vous réconcilier aussi avec elles, sinon cela s'inscrira en vous comme une dette à payer. Et n'attendez pas le dernier moment.

Vous direz qu'il y a des personnes que vous ne pourrez jamais revoir, et d'autres qui n'accepteront jamais de faire la paix avec vous. Admettons… Mais par la pensée vous pouvez rechercher ces personnes et, dans votre cœur, dans votre âme, vous réconcilier avec elles. Même si à l'approche de la mort vous n'êtes plus tellement capable de faire quoi que ce soit, vous avez encore la possibilité d'éprouver des sentiments d'amour, de bienveillance à l'égard de toute la création, des êtres qui vous entourent, de ceux que vous avez connus. Celui qui aime est maître de la mort.

27 août

***L**e* lotus aux mille pétales qui s'épanouit au sommet de la tête de l'Initié est un symbole d'une grande beauté et on comprend qu'il puisse fasciner tous ceux qui aspirent à la réalisation spirituelle. Mais long et difficile est le chemin qui conduit à l'illumination et à la béatitude. Pour que les pétales du lotus sacré puissent s'ouvrir, le disciple doit triompher de tout ce qui en lui est facteur de trouble. S'il cherche à développer ce lotus avant d'avoir neutralisé les éléments obscurs qu'il porte dans son intellect et dans son cœur, il subira des chocs, des secousses qui déchireront ses pétales. Par cette image il faut entendre que le fonctionnement de ses centres spirituels sera perturbé, et au lieu de goûter aux joies célestes, il vivra l'enfer.

Le monde intérieur du disciple commence par ressembler à un jardin rempli de broussailles, de chardons, de plantes épineuses : les instincts, les désirs inférieurs et mauvais qu'il entretient en lui. Quand il aura débroussaillé ce jardin, rien ne le retiendra sur le chemin ascendant de la lumière, et alors il sentira les mille pétales du lotus s'ouvrir un à un au sommet de sa tête.

28 août

*L*e disciple d'un enseignement spirituel doit éviter les pièges de la vanité, ainsi que ceux d'une humilité affectée qui est, en réalité, une autre forme de vanité.

Le véritable spiritualiste se manifeste toujours avec naturel, simplicité. Il n'a pas à attirer l'attention par un comportement spécial et des airs mystérieux ou inspirés. Vous direz : « Mais alors, nous ne devons pas montrer dans quel sens nous travaillons ? » Non, justement non, car il n'y a rien à montrer. Chez celui qui cherche à acquérir les véritables richesses spirituelles, ces richesses finiront par se deviner. Puisqu'il a entrepris un travail sur lui-même, peu à peu les traits de son visage, son maintien, ses gestes s'exprimeront en sa faveur. Il trouvera toujours des occasions de manifester ses qualités, et les autres les remarqueront sans qu'il ait à faire quoi que ce soit pour les souligner. Qu'il laisse parler son travail intérieur : même à son insu, c'est ce travail qui rendra témoignage de lui.

29 août

Chaque matin, dès l'aurore, le soleil projette dans l'espace une profusion de paillettes d'or ; et ces paillettes d'or, nous pouvons en remplir notre esprit, notre âme, notre intellect, notre cœur, et aussi notre corps physique. Cet or-là, tout notre organisme peut en bénéficier, depuis le cerveau jusqu'aux pieds.

Il existe différentes sortes de lumières. Celle dont notre système nerveux et tout notre organisme ont le plus besoin est la lumière du soleil avant son lever. C'est la lumière la plus subtile, la plus spirituelle, et elle agit sur nos corps psychiques. C'est pourquoi, si nous savons comment regarder le soleil, quelque chose s'ouvre dans notre plexus solaire et nous commençons à boire la lumière. C'est comme un réservoir qui se remplit d'une quintessence précieuse. Quand le réservoir déborde, on n'éprouve plus que le besoin de distribuer cet élixir à toutes les créatures vivantes, et il n'y a pas de plus grande joie que de donner ce qu'on a reçu du soleil.

30 août

Parce qu'ils possèdent certaines qualités et vertus, les humains croient qu'ils en sont eux-mêmes la source. Non, la source de ces qualités et vertus n'est pas en eux. Toutes les bonnes impulsions qui les animent viennent de très loin, de très haut, et ils en sont seulement les conducteurs. Celui qui sait se manifester avec bonté, générosité, est le transmetteur des entités de l'amour. Ces entités l'ont choisi comme messager parce qu'ayant longtemps travaillé à acquérir ces qualités, il possède les éléments nécessaires, l'état convenable à cette transmission. Et s'il a préparé son cerveau pour devenir un messager de la sagesse, ce sont alors d'autres entités qui l'engagent à leur service pour propager la lumière. De même pour l'intégrité, le courage, la pureté et toutes les autres vertus.

La nature est fidèle et véridique ; elle détermine et classe chaque être selon son idéal et le travail qu'il a déjà réalisé. C'est ainsi qu'il devient un médium pour les entités que ses aspirations ont attirées.

31 août

Comment conserver votre amour, et que faire pour qu'il dure le plus longtemps possible ?... Tout simplement éviter de vous jeter sur l'être que vous commencez à aimer pour le dévorer. Parce qu'après ces grandes ébullitions, la lassitude viendra très vite, et vous perdrez votre inspiration et votre joie. Comme celui qui a trop mangé : la nourriture ne lui dit plus rien. Les humains sont toujours tellement pressés de détruire ce qui peut embellir leur vie et lui donner un sens ! Cet amour qui leur apporte toutes les bénédictions, qui leur apporte le Ciel, pourquoi le sacrifier pour quelques minutes de plaisir ?

Vous avez rencontré une personne par laquelle vous vous êtes senti immédiatement attiré. Elle est comme un vase rempli d'une essence précieuse qui vous plonge dans l'émerveillement ; elle élargit vos horizons et vous révèle les beautés du ciel et de la terre. Remerciez le Seigneur de l'avoir rencontrée, éclairez-vous, vivifiez-vous, renforcez-vous auprès d'elle, mais gardez quelque distance. Si vous écoutez bien ce conseil et tâchez de l'appliquer, vous ne serez jamais privé de belles rencontres tout au long de votre vie ; et parce que vous saurez les apprécier, vous connaîtrez véritablement ce qu'est l'amour.

1er septembre

*S'*il est vrai que les humains ne manquent pas de ressources dans le plan physique, c'est encore dans le plan psychique que les plus grandes possibilités leur sont données. Mais comme ils en sont rarement conscients, ils ne cherchent pas à les exploiter ; et au moindre incident on les voit s'affoler, se lamenter, courir après des secours matériels, alors qu'ils ont en eux tant de moyens qui leur permettraient de faire face.

Le spiritualiste est celui qui a compris que, dans les circonstances difficiles, l'esprit est son seul véritable recours. Il commence donc par entrer en lui-même, il se lie au monde divin afin de recevoir une lumière qui lui inspirera la meilleure conduite à adopter, les meilleures méthodes à employer. C'est pourquoi on le voit bientôt paisible, confiant, maître de la situation. Il peut chercher ensuite une aide matérielle, mais qu'il cherche tout d'abord le secours en lui. Sinon, comment se redressera-t-il s'il a perdu tout contrôle de lui-même ?

2 septembre

*L*e processus de sublimation de la force sexuelle peut être représenté sous plusieurs formes symboliques.

Prenons l'Arbre séphirotique, par exemple. Sur le pilier central, que l'on peut assimiler à la colonne vertébrale, sont placées de bas en haut les trois séphiroth *Iésod, Tiphéreth* et *Kéther.** En nous, les organes génitaux sont liés à *Iésod,* le cœur et le plexus solaire à *Tiphéreth,* et la tête à *Kéther*. De *Iésod* à *Kéther* en passant par *Tiphéreth,* tel doit être symboliquement le chemin de l'énergie sexuelle. À l'extrémité supérieure du pilier central, la sainteté de *Kéther,* qui est la tête couronnée, a son origine dans la pureté de *Iésod,* les organes sexuels.

La sainteté de *Kéther* est donc la manifestation de l'énergie sexuelle sublimée grâce aux puissances de *Tiphéreth,* le Soleil. Ce courant d'énergies brutes qui tend toujours à entraîner la conscience des humains vers le bas, l'Initié parvient à le faire changer de direction. Il travaille sur cette quintessence jusqu'à la transformer en lumière, et quand elle arrive en haut, elle brille au-dessus de sa tête comme une couronne d'or.

* Voir planche et note, p. 412-415.

3 septembre

Du passé il suffit de tirer des leçons, inutile d'y revenir ou de s'y attarder, il faut penser à l'avenir. Celui qui s'accroche au passé n'avance pas, il s'ankylose. Ce sont les vieillards qui reviennent toujours sur le passé, ils n'arrivent pas à voir comment ils pourraient se projeter dans l'avenir. Pourtant, un avenir existe aussi pour eux, mais ils n'y pensent pas et ils racontent toujours les mêmes histoires de leur jeunesse. C'est un peu normal, bien sûr, mais ils devraient mieux observer les enfants qui parlent sans cesse de ce qu'ils feront plus tard. Pourquoi ne pas les imiter ? Être un enfant, cela veut dire en finir avec le passé, car c'est toujours l'avenir qui compte. Nous tous, nous devons faire comme les enfants.

Il est vrai que lorsqu'on dit de certaines personnes âgées qu'elles « retombent en enfance », ce n'est généralement pas fameux. Mais voilà ce qui arrive à tous ceux qui ont refusé de devenir de vrais enfants pour qui il y a toujours quelque chose de nouveau à découvrir et à s'émerveiller. Celui qui ne cherche pas à devenir consciemment un enfant risque de le devenir un jour par la force des choses, et ce sera le gâtisme.

4 septembre

*D*onner la priorité à la vie intérieure sur les acquisitions matérielles, beaucoup savent que c'est là une condition de leur équilibre, de leur épanouissement. Alors, pourquoi se conduisent-ils comme s'ils ne le savaient pas ? Continuellement on les voit courir après l'argent, les honneurs, la gloire. Et comment ne seraient-ils pas tentés ? On fait tellement de tapage autour de la réussite sociale ! Les journaux, la radio, la télévision vantent chaque jour les succès de quelques individus qui sont « arrivés ». Ils éveillent ainsi l'envie chez d'autres, moins favorisés, et qui sont loin de se douter que ces gens tant admirés, célébrés, ne sont pas vraiment heureux, pourquoi ? Parce qu'ils sentent confusément que rien de ce qu'ils possèdent ne leur appartient vraiment : ils sont à la merci des événements, des intrigues de leurs rivaux ou de concurrents qui sauront se montrer plus actifs et plus habiles qu'eux.

Au contraire, celui qui a travaillé pour acquérir des richesses spirituelles sent qu'elles lui appartiennent vraiment. Elles lui permettent de faire face aux difficultés qu'il rencontre sur sa route ; et il est toujours prêt à faire bénéficier les autres de ses richesses, car il est conscient que non seulement il ne perdra rien, mais qu'en étant généreux il s'enrichira encore davantage.

5 septembre

Quelqu'un se vante : « Personne n'a le droit de m'imposer sa volonté. Je suis mon seul maître. » Le pauvre, qu'il se demande d'abord si c'est bien lui qui gouverne son existence !… Et par « lui », il faut entendre son moi véritable, son moi divin. En réalité, bien d'autres ont pris sa place : des forces chaotiques, ténébreuses, des passions qu'il a laissées se déchaîner en lui. Pendant ce temps, lui, c'est-à-dire son vrai moi, est là, prisonnier quelque part dans un petit cachot où on le nourrit de quelques croûtons de pain et d'un peu d'eau. Alors, de quelle liberté, de quel pouvoir parle-t-il ?

Combien de gens se croient libres et puissants ! Et en admettant qu'ils arrivent pour un moment au moins à s'imposer à leur entourage, ou même à un pays entier, leur liberté et leur pouvoir ne sont qu'apparents, car en eux règne l'anarchie. Et cette anarchie intérieure qui est à l'origine de tous les désordres politiques ou sociaux, c'est elle qui remplit les prisons, les cliniques et les asiles psychiatriques. Jusqu'à quand ? Jusqu'à ce que les humains conscients, vigilants, arrivent à rétablir en eux-mêmes l'autorité du Principe divin.

6 septembre

*A*u moment où un homme et une femme se rencontrent et s'aiment, ils ont tendance à oublier le monde entier, plus rien n'existe pour eux. Ils ne sont pas encore habitués à vivre l'amour d'une façon plus vaste, et sans le savoir ils l'appauvrissent, ils le mutilent. Le véritable amour embrasse la totalité des créatures sans se limiter, sans pousser de racines auprès d'une seule. C'est pourquoi il faut désormais que les hommes et les femmes acceptent d'avoir des conceptions plus larges, qu'ils montrent moins de possessivité et de jalousie, ce qui ne les empêchera pas de rester fidèles l'un à l'autre.

Lorsque deux êtres vraiment évolués se choisissent, d'avance déjà ils se sont laissé cette liberté mutuelle : chacun se réjouit de pouvoir aimer toutes les créatures dans la plus grande pureté. Le bonheur, ce n'est pas de s'arrêter sur un être, ou deux, ou dix, ou cent… mais d'aimer à l'infini. Continuez donc à aimer ceux que vous aimez déjà, mais élargissez encore le cercle de votre amour. Et élargissez-le jusqu'à avoir aussi des échanges avec toutes les entités lumineuses du monde invisible, les anges, les archanges… Alors, votre famille, vos amis se trouveront enrichis, renforcés, purifiés à cause de tout ce que vous vivez de beau dans votre cœur et dans votre âme.

7 septembre

*V*ouloir faire le bien est une chose, et le faire réellement en est une autre. Car malheureusement le désir ne suffit pas : il faut être assez lucide et honnête pour admettre qu'en croyant bien agir, il arrive qu'on commette des erreurs. Mais ce n'est pas une raison pour se décourager. Il faut seulement apprendre à être aussi et même plus vigilant, plus méfiant vis-à-vis de soi-même que vis-à-vis des autres.

Il peut aussi arriver qu'en agissant bien, on s'attire des complications et même de l'hostilité. C'est pourquoi on entend les gens dire : « Faites le bien et vous récolterez le mal ». Même si c'est vrai, cela ne doit jamais justifier l'égoïsme et le refus d'aider les autres. Vous avez fait du bien et non seulement vous n'en avez pas été récompensé mais vous avez même été abusé ? C'est douloureux, bien sûr ; mais tâchez d'oublier rapidement cela et dites-vous que votre conduite n'a pas à dépendre de l'attitude des autres. Faites le bien et n'attendez rien. Comptez seulement sur Celui qui voit tout, qui sait tout. Lui seul peut apprécier vos actions bonnes et généreuses, c'est donc de Lui que viendra la récompense. Et elle viendra peut-être sous une forme différente de celle que vous attendiez. Vous serez en meilleure santé, plus fort, plus sage, plus serein : n'est-ce pas la meilleure des récompenses ?

8 septembre

*V*ous n'avez peut-être pas le temps de prier et de méditer, mais chaque jour vous êtes obligé de consacrer au moins une heure à vous nourrir. Alors, pourquoi ne pas profiter de ce temps des repas pour vous arracher à vos soucis et à l'agitation ambiante ? C'est le moment de vous souvenir que vous avez aussi une âme et un esprit à nourrir, et d'envoyer au Seigneur une pensée de gratitude pour ce qu'Il vous donne à travers cette nourriture. Car qu'est-ce que la nourriture ? Une lettre d'amour. Oui, une lettre d'amour écrite par le Créateur, et beaucoup de choses dépendent de la façon dont on lit cette lettre. Celui qui se montre négligent n'en retirera aucun bienfait.

Lorsque vous recevez une lettre d'une personne qui vous est très chère, vous la lisez et la relisez avec attention pour en percevoir et en apprécier toutes les nuances : chaque mot vous semble contenir tout un monde de significations à découvrir. Tâchez d'accorder la même considération à la lettre d'amour du Créateur. C'est la lettre la plus puissante, la plus éloquente, puisqu'il y est écrit : « Voilà, je vous apporte la vie ! »

9 septembre

*V*ous voulez une définition du travail spirituel ? C'est très simple. Cela consiste à mobiliser vos pensées, vos désirs, et même toutes les tendances de votre nature inférieure pour la réalisation d'un idéal supérieur. Ce travail d'unification, d'harmonisation, le soleil peut vous aider à le réaliser. En le regardant se lever, le matin, pensez que votre conscience s'approche de votre propre soleil, votre esprit, votre Moi supérieur, pour se fusionner avec lui. Lorsque vous serez parvenu à pacifier et unifier toutes les forces contraires qui vous tiraillent, pour les lancer dans une seule direction, une direction lumineuse, divine, vous deviendrez un foyer tellement puissant que vous serez capable de rayonner à travers l'espace, comme le soleil.

Celui qui réussit à dominer sa nature inférieure voit, chaque jour, l'horizon s'éclaircir devant lui. Maintenant qu'il n'est plus aux prises avec ses vieux démons, il est libre d'élargir le champ de sa conscience à tout le genre humain, et il envoie, comme le soleil, la lumière et l'amour qui débordent de lui... Mais avant de pouvoir rayonner, il doit apprendre à concentrer toutes les puissances de son être pour les orienter dans une seule et même direction.

10 septembre

*V*ous commencez à avoir des difficultés dans votre couple… Au lieu de penser tout de suite à la séparation, cherchez comment vous pouvez arranger les choses. Un mariage est comme un problème que la destinée vous a donné à résoudre. Si vous avez dans cette vie rencontré telle femme ou tel homme, et décidé de vous lier à elle ou à lui, ce n'est pas par hasard. Cette rencontre a pour cause ce que vous avez vécu dans vos précédentes incarnations. Vous avez maintenant à faire tout un travail intérieur : comprendre telle vérité, réparer telle erreur, développer telle qualité… Si vous fuyez, le problème restera là, non résolu, et alors, que ce soit avec cette personne ou avec une autre, dans cette incarnation ou dans une autre, vous retrouverez ce problème qui deviendra de plus en plus difficile à résoudre. Ceux qui ne raisonnent pas ainsi ignorent la loi de causes et de conséquences qui est la loi du karma.

En réalité, il n'est pas absolument interdit de se séparer d'un homme ou d'une femme, mais pas avant d'avoir résolu les problèmes posés. C'est la seule façon de conquérir votre liberté. C'est difficile, bien sûr, mais ce qui paraît difficile au premier abord se révèle en définitive le plus facile, et inversement. Si vous choisissez le chemin le plus difficile, vous recevrez intérieurement de l'aide pour aller jusqu'au bout de vos efforts.

11 septembre

*V*ous entendez proférer des accusations contre quelqu'un… Évitez de les colporter, surtout si vous n'êtes pas sûr que ces accusations soient fondées. Car aucune parole ne reste sans conséquences. Si vous rapportez des critiques mensongères, sachez que d'une façon ou d'une autre vous éveillez quelque chose de négatif chez celui qui en est l'objet, chez celui qui vous écoute, et en vous aussi. Eh oui, cela va très loin, cette affaire-là ! Et j'ajouterai même que si vous êtes obligé de signaler que telle personne a mal agi, tâchez, par mesure pédagogique, de finir votre conversation en mentionnant une de ses qualités… elle doit bien en avoir au moins une !

Mentionner les défauts des gens n'a jamais servi à les corriger. Donc, quand vous critiquez quelqu'un sans indiquer qu'il a tout de même certaines qualités, vous ajoutez du mal au mal : ce n'est pas une attitude constructive. Si vous voulez agir comme un être conscient, éclairé, lorsque vous aurez été obligé de prononcer des paroles négatives, tâchez de terminer avec quelque chose de positif – ne serait-ce qu'en mentionnant une seconde personne qui possède les qualités dont la première est privée. Oui, l'essentiel est de toujours terminer par une parole positive.

12 septembre

*L*e pouvoir de l'homme réside dans les petits efforts renouvelés chaque jour. Malheureusement, c'est souvent là qu'il capitule. De temps à autre, on peut être capable de se surpasser et d'accomplir des exploits. Mais vaincre chaque jour l'inertie, la paresse, être vigilant, se contrôler… que c'est difficile ! Et pourtant, la vraie puissance est là : dans la ténacité. Rien ne résiste à celui qui ne se laisse pas arrêter en chemin, car il déclenche de puissantes lois devant lesquelles les obstacles finissent par céder.

Combien parmi vous concentrent toutes leurs énergies dans l'effort d'un instant ! Si vous ne réussissez pas, vous renoncez, et c'est pourquoi vous restez faible. La véritable puissance s'acquiert au prix de petits efforts renouvelés. En apprenant à travailler dans la continuité, vous arriverez à trouver le rythme convenable qui vous permettra de gagner peu à peu du terrain. Et quelles énergies vous recevrez alors pour continuer votre travail !

13 septembre

*L'*univers est l'œuvre des deux grands Principes masculin et féminin, l'Esprit cosmique et l'Âme universelle qui s'unissent pour créer. Ce que nous, nous appelons l'esprit (masculin) et l'âme (féminine) sont des émanations de ces deux Principes créateurs. C'est pourquoi, comme eux, par notre esprit et notre âme nous sommes nous aussi créateurs. Mais ce pouvoir de créer, nous ne pouvons l'exercer que si, par notre conscience, nous sommes capables de nous élever toujours plus haut jusqu'aux régions où seule règne la lumière.

Les activités spirituelles qui font de nous des créateurs véritables sont la prière, la méditation, la contemplation, l'identification. Dans le désir de rejoindre et de pénétrer l'Âme universelle, cette lumière qui est la matière de la création, par notre esprit nous la fertilisons. Et notre âme, qui reçoit alors les germes de l'Esprit cosmique, commence à mettre au monde des enfants divins : l'inspiration, la paix, la joie, des actes de noblesse et d'amour.

14 septembre

*U*n sourire est déjà un salut, un signe de reconnaissance que vous adressez à distance aux personnes que vous rencontrez avant même de le faire par des paroles, une poignée de main ou tout autre geste. Aussi est-il important de veiller à ce que vous allez donner en souriant. Il est évidemment inutile de vous fabriquer un sourire en vous étudiant dans un miroir, cela déformerait votre visage plus qu'autre chose. Il faut que ce sourire qui doit exprimer la bonté, la sympathie, la compréhension, le plaisir d'une rencontre, vienne naturellement du dedans.

Si vous prenez l'habitude de descendre dans les profondeurs de votre être pour y chercher l'amour et la lumière, les sculpteurs qui sont en vous sauront quels nerfs, quels muscles ils doivent tendre ou détendre. Vous pouvez leur faire confiance. Travaillez donc avec l'amour, l'espérance et la foi, et en souriant abandonnez-vous à l'inspiration de vos artistes intérieurs.

15 septembre

*D*epuis qu'ils sont apparus sur la terre, les humains n'ont cessé d'éprouver de nouveaux besoins. C'est évidemment un signe d'évolution : au fur et à mesure que de nouveaux besoins se font sentir, les sociétés se transforment, s'enrichissent, créent. Cependant, il serait utile de s'arrêter un moment pour s'interroger sur la nature de ces besoins. Car cette avidité, cette voracité, cette cupidité qui poussent tant de gens à chercher leurs satisfactions dans le plan matériel en polluant et en dévastant la planète, sont en train de conduire l'humanité à la catastrophe. S'ils se demandaient un peu quelle est cette voix en eux qui réclame la facilité, le confort, les plaisirs, ils se rendraient compte que c'est la voix de leur nature inférieure, égoïste, capricieuse, cruelle.

La destinée de l'homme est déterminée par la qualité de ses besoins ; s'il s'obstine à chercher leur satisfaction dans le plan physique, c'est qu'il n'a jamais essayé d'explorer ses richesses spirituelles. Le jour où il comprendra que le Créateur a placé en lui, à l'état subtil, l'équivalent de tout ce qu'il peut trouver à l'extérieur de lui, il apprendra à se nourrir des richesses de l'esprit. Et alors, non seulement il ne nuira plus à la nature ni aux humains, mais tout ce qu'il réalisera ensuite dans le plan physique sera marqué du sceau de l'esprit.

16 septembre

Quelqu'un vous a fait du mal... Même si c'est difficile, apprenez à pardonner. Ayez foi et confiance en la puissance des entités lumineuses du monde invisible qui sont toujours prêtes à vous donner les moyens de reprendre force et courage quand vous travaillez d'après leurs lois. Maintenant, si vous pensez que la personne qui vous a fait du mal mérite vraiment de recevoir une leçon, adressez-vous à ces entités. Dites : « Voilà ce que m'a fait telle personne, et maintenant à cause d'elle je souffre, je rencontre de grandes difficultés (et vous exposez même lesquelles, si vous voulez). Je vous demande donc d'intervenir pour que ce mal soit réparé. » Vous déposez ainsi une plainte devant le Ciel comme on le fait devant les tribunaux, et le Ciel verra alors comment il doit agir. Mais vous, en tout cas, ne cherchez pas à vous venger.

Je ne veux pas dire par là qu'on doit supprimer les juges, les tribunaux, les sanctions, et laisser les malfaiteurs tranquilles en attendant que la justice divine s'occupe d'eux un jour ! Non, que les juges et les tribunaux fassent leur travail... et qu'ils s'efforcent de le faire le mieux possible, car c'est un travail très difficile. J'attire seulement votre attention sur quelques principes de la vie spirituelle.

17 septembre

*V*ous possédez un objet, mais ce n'est pas parce qu'il est en votre possession qu'il vous appartient vraiment. Il vous appartient seulement s'il vous inspire, si à cause de lui vous ressentez intérieurement une joie, une lumière. À ce moment-là, même s'il n'est pas réellement à vous, il vous appartient. Ainsi, la création entière avec les montagnes, les océans, le soleil et les étoiles, peut vous appartenir. Mais oui, si vous les admirez, si vous les aimez, si votre cœur et votre âme se remplissent de gratitude pour leur Créateur, ils sont à vous et personne ne peut vous les prendre.

Voilà donc désormais le point de vue que vous devez adopter pour comprendre ce qui est à vous et ce qui n'est pas à vous. Un homme est marié et, parce qu'il peut s'imposer à sa femme, l'obliger à ceci, lui interdire cela, il s'imagine qu'elle lui appartient. Eh bien, non, c'est une illusion. Mais s'il est en admiration devant elle, s'il la considère comme une créature précieuse, un aspect de la Mère divine, alors là oui, elle lui appartient, même s'il lui laisse la plus grande liberté, même s'il ne la touche pas. Les humains croient que pour posséder quelque chose… ou quelqu'un, ils doivent le tenir entre leurs mains. Non, malheureusement, c'est souvent ce à quoi ils se cramponnent le plus qui leur appartient le moins.

18 septembre

Il est naturel de regretter ses fautes, mais même si ces fautes sont graves, il est inutile et même nuisible de s'y appesantir et de se laisser ronger par le remords en pensant qu'on va s'attirer ainsi la miséricorde divine. Par cette attitude on ne fait en réalité que recréer dans le subconscient des clichés, des laideurs, des misères, toujours les mêmes, et on les nourrit. Le remords ne doit servir qu'à prendre la décision de ne plus se laisser aller aux mêmes erreurs. Ceux qui reviennent sans cesse sur leurs fautes remuent la lie du plan astral*. Non seulement ils se font ainsi beaucoup de mal, mais contrairement à ce que certains fanatiques imaginent, cette attitude déplaît au Seigneur. Car le Seigneur n'a pas créé les humains pour qu'ils se sentent misérables, coupables, indignes, Il les a créés pour qu'ils vivent comme Lui dans la beauté, la joie et la plénitude.

Vous avez mal agi ? Une fois que vous avez compris en quoi et pourquoi, rappelez à votre mémoire les moments lumineux que vous avez connus, ces moments où vous vous êtes senti un enfant de Dieu, heureux, confiant, léger. Vous rétablissez ainsi dans votre âme des conditions pour que les entités qui ont participé à ces états

* Voir note et schéma, p. 410 et 411.

de joie et de lumière reviennent vous visiter, et vous recevez des forces pour vous maintenir dans vos bonnes résolutions.

19 septembre

***T**out ce qui arrive dans le monde a sa raison d'être. Voilà la certitude du sage, et c'est pourquoi rien ne peut lui faire perdre sa lumière, sa paix, sa confiance. Même si beaucoup d'événements restent encore pour lui inexplicables, il ne se permet pas de remettre la sagesse divine en question, car il sait qu'un jour leur signification lui sera révélée.

L'existence, c'est vrai, nous place souvent devant des faits, des situations qui au premier abord nous paraissent incompréhensibles, absurdes, et même scandaleux : comment de pareilles choses sont-elles possibles ? Mais rien n'est plus terrible et dangereux que d'en conclure que la vie humaine est dénuée de sens. Jamais le sage ne dira, comme certains soi-disant philosophes, que tout n'est que hasard, chaos et absurdité. Quel orgueil de prétendre dépourvu de sens ce qu'on n'est pas encore capable de comprendre ! Et quel appauvrissement pour la pensée !

20 septembre

Celui qui décide de suivre un enseignement spirituel ne doit pas s'attendre à ce que ses problèmes intérieurs soient très rapidement résolus. Rien n'est plus difficile que d'introduire l'ordre et la lumière dans son monde psychique. Il se peut même qu'il commence par se sentir encore plus vulnérable qu'avant. Pourquoi ? Parce que la vie nouvelle à laquelle il cherche à s'ouvrir s'occupe d'abord de balayer, de nettoyer beaucoup de choses en lui. Et alors, quel remue-ménage, quel ébranlement ! Autant il est salutaire qu'il décide de donner une meilleure orientation à sa vie, autant il doit être conscient des bouleversements que cette décision commencera par produire en lui. Sinon, ne comprenant pas ce qui lui arrive, il retournera à ses vieilles habitudes, et tout sera à recommencer.

Pour régler ses problèmes psychiques, on doit se donner un travail précis, un programme à réaliser, et cela prendra du temps, c'est vrai. Mais dès l'instant où vous vous fixez une tâche à remplir, il y a au moins quelque part une empreinte gravée, et les forces du subconscient commencent à circuler à l'intérieur des canaux que vous avez creusés. Quand la pluie tombe, l'eau suit exactement les rigoles qui ont été creusées. Vous devez donc préparer des canaux en vous pour que la nouvelle vie puisse circuler.

21 septembre

Vous êtes tous capables de vous enthousiasmer en découvrant une vérité spirituelle et vous êtes sincères en disant que vous voulez vivre désormais en harmonie avec elle. Mais il arrive que, très vite, cet enthousiasme retombe. Pourquoi ? Parce que vous n'avez pas encore appris à vous imposer à votre peuple, les habitants de ces milliards de cellules qui constituent votre organisme. Ils ne sont pas tous convaincus : cette lumière que vous venez de recevoir, cette bonne décision que vous venez de prendre n'ont réussi à toucher que certains d'entre eux. Les autres font la sourde oreille et refusent d'être dérangés dans leurs habitudes. Ils résistent, et comme ils sont plus nombreux, c'est eux qui gagnent la partie.

Il est difficile d'entraîner toute cette population intérieure, mais c'est la base du travail spirituel : chercher à pénétrer suffisamment en nous, et établir peu à peu par la pensée des relations avec les cellules de tous nos organes afin de les éduquer. Peu à peu elles deviennent plus réceptives et acceptent de nous soutenir sur le chemin de la lumière.

22 septembre

*L'*automne est placé sous l'influence de Mikhaël, l'archange du Soleil dans la séphira *Tiphéreth*. Son nom signifie « Qui est comme Dieu ? » En effet, une tradition rapporte que lorsque, dans son orgueil, Lucifer se prétendit l'égal de Dieu, cet archange se dressant devant lui s'écria : « Qui est comme Dieu ? » Et ce fut désormais son nom.

Chaque année, donc, le 22 septembre, le Soleil entre dans la constellation de la Balance. De nombreux tableaux et icônes représentent l'archange Mikhaël, une balance à la main, pesant après leur mort les actes des humains : les bons sont mis sur un plateau, les mauvais sur l'autre, et il attend de voir lesquels l'emporteront. La balance est l'instrument du jugement, et l'automne est lui-même d'une certaine façon la saison du jugement : on cueille les fruits mûrs, on fait un tri et on ne garde que les bons.

Ce travail de séparation, de triage, qui a lieu dans la nature, est aussi celui que mentionne Hermès Trismégiste dans la Table d'Émeraude quand il dit : « Tu sépareras le subtil de l'épais avec grande industrie », c'est-à-dire avec grand soin. Séparer le subtil de l'épais, c'est séparer le spirituel du matériel. L'Initié, qui participe avec son esprit au travail de toute la nature, sait quand vient le moment de laisser mourir la matière obscure qui reste encore en lui, afin de libérer la vie véritable.

23 septembre

*L*e silence est peuplé d'êtres innombrables : dans les forêts, les lacs, les océans, les montagnes, et sous terre aussi, partout le Créateur a placé des habitants. Même le feu est habité, l'éther, le soleil, les étoiles, tout l'univers est habité. Alors, où que vous alliez, sur les montagnes, dans les forêts, au bord des fleuves, des lacs ou des océans, si vous voulez vous manifester comme un enfant de Dieu qui aspire à une vie plus subtile, plus lumineuse, ne troublez pas le silence de ces lieux. Montrez-vous conscient de la présence des créatures éthériques qui les habitent. En vous approchant d'elles commencez par les saluer, témoignez-leur votre respect, votre amour, et demandez-leur de vous donner leurs bénédictions. Émerveillées de votre attitude, ces créatures, qui vous apercevront de loin, accourront pour déverser sur vous leurs présents : la joie, la lumière, l'amour, l'énergie pure. Et vous retournerez chez vous avec un sentiment plus vaste de la vie.

24 septembre

Certaines personnes que l'on rencontre ne savent que dire : « Ah ! que je suis fatigué ! » Et, en effet, on lit la fatigue sur leur visage. Elles vont bien, mais tout les fatigue, et elles ne se rendent pas compte qu'en ne cessant de se plaindre, elles finiront par être un jour complètement exténuées. Or, il est facile d'observer que ceux qui se plaignent ainsi d'être fatigués sont rarement ceux qui travaillent le plus. On ne peut pas nier qu'ils soient fatigués, il ne s'agit pas là d'une fatigue imaginaire, non, elle est bien réelle ; seulement elle ne vient pas d'un excès de travail, mais de ce qu'ils ruminent des pensées et des sentiments qui les épuisent. Et cette fatigue psychique est contagieuse : quand on rencontre ces personnes, après quelques minutes passées avec elles on a la sensation d'avoir un fardeau sur les épaules ou d'être vidé de ses énergies.

Une des méthodes les plus efficaces pour se débarrasser de la fatigue psychique, c'est une bonne fatigue physique : cette fatigue-là repose et guérit. Les humains possèdent des ressources insoupçonnées qu'ils doivent apprendre à exploiter par un effort de volonté. Combien sont fatigués tout simplement parce qu'ils mènent une vie stagnante !

25 septembre

C'est dans la souffrance et le malheur que les humains se posent le plus de questions sur Dieu, son existence, sa volonté. Ils se demandent s'Il les entend, s'Il répondra à leurs prières, s'Il viendra les secourir. Et ils sont souvent déçus de ne recevoir ni réponse ni aide. Pourquoi ? Parce qu'ils placent mal la question. Ils font comme si Dieu était un être totalement extérieur à eux. Quand ils comprendront que Dieu habite en eux, quelles que soient leurs épreuves ils persisteront à se lier à Lui et ils sentiront qu'Il les éclaire, les conduit, les soutient.

Celui qui souffre se sent souvent très seul, abandonné de tous. Alors, pourquoi doit-il perdre encore, par négligence, par ignorance, la seule aide, le seul réconfort véritable qu'il puisse recevoir ? Cette aide, ce réconfort se trouvent dans la présence de Dieu en lui. Quand il prie, quand il supplie, il ne s'adresse pas seulement au Créateur du ciel et de la terre, cet Être si lointain qu'il est même impossible de L'imaginer ; il s'adresse à une puissance qui habite son âme et son esprit et avec laquelle il ne doit jamais perdre le contact.

26 septembre

Même si on arrivait un jour à supprimer les armées et les canons, le lendemain les humains inventeraient d'autres moyens de se faire la guerre. Ce n'est pas en supprimant quelqu'un ou quelque chose à l'extérieur qu'on peut rétablir la paix. La paix est d'abord un état intérieur, et c'est en lui-même que l'être humain doit commencer par supprimer les causes de guerre. Aussi longtemps qu'il sera habité par le mécontentement, la révolte, l'envie, le désir de posséder toujours plus, quoi qu'il fasse, non seulement il entretiendra dans son for intérieur les germes du désordre, mais il sèmera ces germes partout autour de lui.

Celui qui mange et boit n'importe quoi fait entrer dans son organisme certains éléments nocifs qui le rendront malade. Et alors quelle paix peut-il avoir quand il a bouleversé son organisme ? C'est la même loi dans le plan psychique : s'il avale n'importe quelle pensée et n'importe quel sentiment, il est malade. La paix est donc aussi la conséquence d'un savoir concernant la nature des aliments dont l'homme se nourrit dans le plan psychique. Elle ne peut s'installer que chez celui qui s'efforce de se nourrir avec des pensées justes, des sentiments généreux. Seul cet être-là peut apporter la paix autour de lui : de toutes les cellules de son corps, de toutes les particules de son être physique et psychique émane une harmonie qui imprègne les moindres actes de sa vie quotidienne.

27 septembre

On raconte que sous le règne du sultan ottoman Mehmet II, dit le Conquérant, un guerrier s'était rendu célèbre en remportant vingt-deux victoires sur les armées ennemies. C'était l'époque où l'on se battait avec des sabres. Un jour, le sultan demanda qu'on lui apporte ce sabre toujours vainqueur : sans doute possédait-il quelques particularités exceptionnelles. On le lui apporta, il le saisit, le tourna, le retourna… c'était un sabre tout à fait ordinaire. Le sultan, déçu, le renvoya en disant qu'il n'avait rien à faire d'une arme aussi quelconque. Lorsque le héros qui était sorti vainqueur de tant de combats apprit la réaction du sultan, il s'exclama : « Mais il n'a vu que le sabre, il n'a pas vu mon bras. C'est mon bras qui a remporté les victoires ».

Un Maître spirituel vous donne aussi un sabre, c'est-à-dire des méthodes, mais elles ne seront efficaces que si vous les appliquez. Même un tout petit canif peut être extrêmement efficace si on s'exerce tous les jours à le manier, et une seule allumette peut embraser une ville entière. Avec une méthode très simple vous pouvez faire des merveilles : tout est dans votre « bras », c'est-à-dire votre volonté.

28 septembre

Du point de vue de la Science initiatique, l'artiste véritable est celui qui aspire à ce que la beauté et l'harmonie de la création passent à travers lui, se reflètent à travers lui. Le véritable travail de création est donc le travail spirituel ; en cherchant à projeter sa pensée le plus haut possible, le spiritualiste découvre peu à peu un ordre, une structure, il capte des particules de lumière qui entreront dans la matière de ses corps psychiques et de son corps physique aussi.

Sachez donc que, même si la nature ne vous a pas favorisé par des dons artistiques, intérieurement toutes les possibilités vous sont données pour trouver en vous la matière des plus belles créations. Dans le monde psychique vous pouvez être musicien, poète, architecte, sculpteur. Tous les arts sont compris dans le travail du spiritualiste. Même la danse. Si vous y mettez de l'attention et les accompagnez d'une pensée, une démarche et des gestes simples, sobres, s'imprègnent d'une souplesse, d'une grâce qui s'apparentent à la danse, et vous vous sentez léger, en harmonie avec toutes les créatures qui peuplent l'univers.

29 septembre

Comme les pierres, les plantes, les animaux, l'être humain fait partie de l'univers. Mais, en tant qu'être pensant, il a un rôle particulier à y jouer : il doit participer à la construction de cet édifice qu'est la vie collective. À celui qui travaille seulement pour lui-même, rien ne peut advenir de bon. Quelqu'un dira : « Mais comment ? C'est en travaillant pour moi que je gagne quelque chose ! » Non, car ce « moi » auquel il consacre tous ses efforts, ce moi égoïste, séparé des autres, est un gouffre, et en se concentrant sur ses seuls intérêts, il jette sans s'en rendre compte toutes ses richesses dans ce gouffre. Tandis qu'il croit gagner, en réalité il perd.

Rares sont les humains qui ont conscience de tout ce qu'ils pourraient acquérir en travaillant pour la collectivité ; et par « collectivité », il ne faut pas entendre uniquement la collectivité humaine, mais toutes les créatures dans l'univers, jusqu'à Dieu Lui-même. Pour me faire comprendre même des matérialistes les plus endurcis, je dirai que cette collectivité cosmique, cette immensité pour laquelle nous devons travailler, est comparable à une banque dans laquelle on place des capitaux : tout ce que nous faisons pour elle nous reviendra un jour amplifié.

30 septembre

*V*ous voulez savoir où vous irez en quittant la terre ? C'est simple : vous serez naturellement attiré par les régions vers lesquelles, tout au long de votre existence, vous aurez dirigé vos désirs. Si vous employez vos énergies à demander l'intelligence, l'amour, la beauté, et à les réaliser dans cette vie, soyez absolument sûr qu'aucune force ne pourra vous empêcher d'aller les trouver dans ces régions auxquelles votre cœur aspire.

Celui qui, refusant l'idée d'une vie après la mort se permet toutes sortes de transgressions pour satisfaire ses convoitises, n'a aucune idée des souffrances qui l'attendent dans l'au-delà. Tandis que celui qui cherche à se mettre chaque jour en accord avec les lois divines, entre en relation avec les esprits de la lumière, et ces esprits viennent s'installer en lui : puisqu'il les a attirés, ils créent avec lui une association. Plus tard, quand il quittera la terre, quand son corps physique se désagrégera et que toutes les particules qui le composent iront à nouveau rejoindre les quatre éléments, il se retrouvera dans l'autre monde en compagnie des esprits qu'il avait attirés. Ainsi, sans le savoir, sans connaître encore tous les amis qui en feront partie, chacun de vous est en train de travailler à former la société dans laquelle il vivra dans l'au-delà. Voilà l'explication de ce que les religions ont appelé l'Enfer et le Paradis.

1er octobre

La lumière du soleil qui se lève chaque matin éclaire les paysages, les êtres, les objets, et pour la plupart des humains ces paysages, ces êtres, ces objets ont plus d'importance que la lumière qui les leur rend visibles. Mais un jour ils changeront d'opinion : ils comprendront que la lumière est un esprit vivant, conscient, agissant. Vous direz : « Comment, un esprit ? Le rayonnement solaire est un phénomène physique qui a été très bien étudié. » Oui, mais en réalité la lumière du soleil est, dans le plan physique, une manifestation de l'Esprit cosmique qui a créé l'univers.

L'univers est une création de la lumière. La lumière véritable est un esprit, c'est l'esprit de Dieu Lui-même. C'est elle qui a créé et qui entretient la vie, la vie physique comme la vie spirituelle. Plus les humains reçoivent et absorbent cette lumière, plus leur âme et leur esprit se manifestent comme intelligence, amour, puissance. C'est pourquoi on emploie le mot lumière en lui donnant une dimension spirituelle. Quand on dit de quelqu'un qu'il a la lumière, c'est que l'esprit se manifeste en lui.

2 *octobre*

*V*oilà quelqu'un qui considère telle ou telle personne comme une ennemie, et il se dit souvent que ce serait bien commode qu'elle disparaisse : enfin, il serait tranquille ! Évidemment, il n'ira pas jusqu'à l'assassiner, car on ne se décide pas si facilement à commettre un meurtre. Mais il pense à cette mort, il la souhaite… Eh bien, il doit savoir qu'en restant dans cet état d'esprit, il sera peut-être responsable de la mort d'une autre personne, ailleurs. Car ces pensées, ces sentiments, ces désirs sont des entités vivantes, ils circulent et vont influencer dans le monde des êtres qui sont dans les mêmes dispositions psychiques et qui voudraient bien, eux aussi, se débarrasser d'un ennemi. Si leur désir de vengeance est plus fort, ou s'ils ne savent pas résister à leur instinct criminel, un jour, sous l'influence de quelque chose qu'ils ne comprennent pas – une impulsion, un courant qui les emporte – ils commettront un meurtre.

Nous ignorons ce que deviennent nos états de conscience à travers l'espace, mais un jour quand nous retournerons dans l'autre monde, on nous présentera les conséquences de nos pensées, de nos sentiments et de nos désirs. Et il se peut alors que certains qui se croyaient irréprochables soient épouvantés de voir qu'ils ont été la cause de grands malheurs.

3 octobre

Comme dans chaque être humain, il y a en vous quelque chose, pour ainsi dire un espace, que rien ni personne n'arrivera jamais à remplir, excepté le Créateur. Dans cet espace qu'on appelle le cœur, vous pouvez faire entrer tous les êtres, tous les objets que vous voulez, il restera encore de la place et vous sentirez un manque, un vide. Seul Dieu, parce qu'Il est incommensurable, infini, peut combler ce vide. Quand vous L'aurez fait entrer dans votre cœur, chaque être, chaque chose vous apportera de la joie à cause de cette présence de Dieu en vous.

Commencez donc par ouvrir votre cœur à Celui qui vous a créé, il y aura ensuite de la place pour toutes les autres créatures. Elles seront les bienvenues et plus jamais vous ne vous sentirez seul ou abandonné.

4 octobre

*N'*attendez pas que ce soient les autres qui vous apportent la vie, qui vous apportent l'amour, qui vous apportent la joie. C'est vous d'abord qui devez ouvrir en vous les sources de la vie, de l'amour et de la joie. Pour recevoir, il faut commencer par donner. Et vous possédez tellement de trésors enfouis ! Pourquoi faut-il qu'il n'en transparaisse rien à l'extérieur ? Laissez de côté toutes les raisons que vous avez d'être triste, cherchez plutôt celles que vous avez d'être gai. Par la gaieté on donne, et par la tristesse on prend. Si certains jours vous ne pouvez plus rire, c'est que vous vous êtes écarté de la voie juste.

Vous avez des soucis… Mais voilà que vous rencontrez un parent, un ami, ou une simple connaissance : faites l'effort de trouver quelque chose d'intéressant, d'agréable à lui raconter, ou même une anecdote amusante. Riez ensemble ! En lui faisant du bien à lui, vous vous ferez aussi du bien à vous, car ce qu'il ressentira reviendra vers vous en écho et allégera votre fardeau.

5 octobre

***L**e Créateur a fait de nous tous les dépositaires de dons, de talents, de vertus que nous devons cultiver. Vous direz que c'est beaucoup de travail et d'efforts que les autres ne reconnaîtront peut-être pas. Mais pourquoi attacher tellement d'importance à ce que vos capacités soient reconnues ? Votre Père céleste qui vous les a données voit, Lui, ce que vous construisez avec elles, et il n'est pas raisonnable de faire dépendre votre développement psychique et spirituel de l'opinion des autres.

Regardez ce qui se passe avec les gens célèbres. Un jour on a les yeux fixés sur eux, et quelque temps après on les oublie… Un jour on les porte aux nues, et quelque temps après on les assassine… Quelquefois même les deux se produisent en même temps : pendant que les uns les admirent et les glorifient, les autres les coupent en morceaux. Et alors, dans quel état vont-ils finir s'ils ne savent pas s'accrocher à quelque chose de stable, d'immuable en eux-mêmes ? Seule doit nous importer l'opinion du Créateur, car c'est à Lui que nous aurons un jour à rendre compte de l'usage que nous avons fait des richesses qu'Il nous a données.

6 octobre

« *F*aire la révolution », voilà la solution à laquelle pensent la plupart des gens devant le spectacle des injustices. Ils disent qu'il faut que ça change et ils se rassemblent, prennent les armes. Mais voilà qu'après chaque révolution on retrouve à peu près les mêmes injustices… Les victimes et les bourreaux ont changé de camp, mais d'une façon ou d'une autre il y a toujours des victimes et des bourreaux.

Beaucoup prétendent travailler pour améliorer le sort de l'humanité, pour le bonheur des peuples, mais combien savent ce dont les humains ont réellement besoin pour être heureux ? Très peu, et c'est pourquoi les résultats ne sont pas fameux : si on constate des progrès dans quelques domaines, on est obligé de constater en même temps des régressions dans d'autres. Les véritables progrès, les véritables améliorations se produisent d'abord dans la pensée, dans le cœur et dans l'âme des êtres. Et ils se produisent grâce à la lumière : toutes les lois, même les meilleures, resteront inefficaces tant que les mentalités resteront les mêmes : bornées, égoïstes, malhonnêtes. Ce sont les mentalités qu'il faut d'abord changer, et on ne les changera que par l'éducation.

7 octobre

Chacun devrait s'appliquer à chanter, même celui qui chante faux car chanter est un moyen de faire un travail sur soi-même. Quand nous chantons, physiologiquement, depuis la gorge jusqu'au diaphragme quelque chose de puissant se met en mouvement : la voix jaillit et nous nous sentons peu à peu libéré des tensions et des pesanteurs intérieures.

Que sait-on des anges ? On les représente comme des créatures ailées et qui chantent. Comme les oiseaux. L'ange et l'oiseau sont associés à l'idée de légèreté, d'envol, mais aussi de chant. N'est-ce pas déjà pour nous une invitation à chanter afin de nous dégager de tout ce qui nous alourdit ? Et de combien de troubles mentaux les humains pourraient se guérir par le chant ! Car les vibrations de la voix ont également le pouvoir de désagréger les présences obscures qui cherchent à s'accrocher à eux. Le chant est une expression de la vie ; la vie elle-même n'est rien d'autre qu'un chant. Et qu'y a-t-il de plus nécessaire, de plus vivifiant que de s'arracher à l'atmosphère pesante qui nous entoure, pour s'élancer dans ces régions où tout est harmonieux, lumineux, léger ?

8 octobre

Pour aider les êtres qu'on aime, on se croit obligé de rester le plus possible auprès d'eux. Mais en réalité on ne peut pas les aider si on ne s'efforce pas d'élever chaque jour son propre niveau de conscience. Cela se vérifie particulièrement dans le domaine de l'éducation. Ce n'est pas parce que les parents sont continuellement occupés à penser à leurs enfants, à veiller sur eux, qu'ils les éduquent. Ils ne les éduquent que s'ils arrivent à trouver en eux-mêmes des éléments d'un monde supérieur et à les leur transmettre par leur attitude, leur exemple. Ce sont ces éléments qui s'imprimeront profondément dans l'âme de leurs enfants et les influenceront toute leur vie.

Dire à un enfant : « Mange… dors… travaille bien en classe… sois prudent… ne fréquente pas n'importe qui… etc. », est certainement utile, indispensable même, mais les ordres et les interdictions ne sont pas des nourritures pour son âme et son esprit. Et s'ils ne nourrissent pas l'âme et l'esprit de leurs enfants, que les parents ne se fassent pas d'illusions : ils ne les éduquent pas et ils ne les protègent pas non plus.

9 octobre

*N*os faiblesses, comme nos vertus, sont des entités vivantes qui se sont installées en nous. Au fur et à mesure que nous faisons des efforts pour nous améliorer, les entités ténébreuses sont obligées de nous quitter, car notre atmosphère intérieure leur devient irrespirable. Elles ne supportent pas cette pureté, cette lumière dont nous cherchons à nous imprégner, et elles prennent la fuite. Mais une fois dehors, elles cherchent de nouveaux domiciles en s'introduisant chez d'autres personnes, et c'est à travers ces personnes qu'elles essaient alors de nous nuire. Vous direz : « Mais alors, à quoi cela sert-il de chasser ces entités si elles doivent continuer à nous poursuivre ? » En réalité, les préjudices causés sont moins grands que lorsqu'elles occupaient notre demeure ; et puisque nous avons vaincu ces ennemis à l'intérieur, nous sommes plus forts pour les vaincre à l'extérieur. Arriverons-nous à en être définitivement débarrassés ? Non, tant qu'on sera sur la terre, on aura des difficultés et des adversaires à affronter. Mais pour cela il existe des méthodes.

10 octobre

*L*es mouvements que nous faisons avec la main, ou seulement avec un doigt, et plus particulièrement avec le pouce, influencent notre psychisme. Il existe pour cela de nombreux exercices, mais ce serait déjà bien de vous habituer à en pratiquer deux ou trois.

Quand vous sentez la lassitude vous envahir, fermez la main droite et, en écartant le pouce, tournez-la à droite et à gauche, puis remuez le pouce de bas en haut.

Pour déclencher en vous la volonté d'entreprendre un travail, commencez par serrer le poing, afin de vous rendre maître de toutes les forces qui sont à votre disposition. Gardez toujours le pouce à l'extérieur, replié sur les doigts, ne le rentrez jamais dans le poing.

Un troisième mouvement vous aidera à dominer les énergies en vous et à leur donner une bonne direction : avec le pouce et l'index de la main gauche, touchez l'un après l'autre les doigts de la main droite en appuyant légèrement de bas en haut.

Il faut prendre au sérieux ces exercices apparemment insignifiants, mais tellement importants pour notre vie psychique. Car l'univers entier est présent dans nos mains. Elles possèdent des sortes de commutateurs qui peuvent nous mettre en communication avec les forces de la nature ainsi qu'avec les hiérarchies angéliques.

11 octobre

*L*e droit de s'exprimer librement est, certainement, pour les citoyens des pays démocratiques, une acquisition essentielle. Mais jusqu'à quel point peut-on exercer ce droit ? Est-ce que le titre de penseurs ou d'artistes que certaines personnes se sont donné les autorise à semer le trouble autour d'eux ? Ils croient légitime d'exposer leurs pensées, leurs sentiments, leurs besoins, même les plus scabreux, sans se préoccuper des effets que cela peut avoir sur certains êtres plus faibles, plus influençables. Eh bien, non, et il faut mettre en garde tous ceux qui par leurs paroles, leurs écrits, leurs créations, exercent une influence dans la société. Ils ont la chance d'être libres, mais la liberté n'est pas un but en soi, et leur devoir est de réfléchir aux effets que leurs œuvres produiront sur les autres. Même s'ils sont innocents aux yeux de la justice humaine, la justice divine, elle, les condamne sévèrement.

Chacun doit se servir de ses dons pour éclairer les êtres, éveiller en eux l'amour, la foi, l'espérance, le désir de s'améliorer. S'ils ne sont pas conscients de leurs responsabilités, non seulement ils seront punis, mais dans une prochaine incarnation, ils seront privés de ces dons.

12 octobre

Même s'ils ne connaissent pas scientifiquement la composition et les fonctions du sang, tous les humains savent qu'il est synonyme de vie. Il circule dans notre corps à travers une multitude d'artères, de veines, de capillaires, et de la tête aux pieds il irrigue tout notre organisme. C'est lui qui reçoit les matériaux nutritifs provenant de la digestion des aliments et qui emporte les matériaux inutiles. Il est composé de globules rouges qui acheminent l'oxygène des poumons vers toutes les cellules du corps et qui ramènent le gaz carbonique aux poumons, ainsi que de globules blancs qui détruisent, en les absorbant, les micro-organismes nuisibles à la santé.

Le sang est donc ce liquide essentiel à la vie. Mais il y a vie et vie : il y a une vie saine, puissante, jaillissante, et une vie anémiée, maladive, empoisonnée par toutes sortes de substances toxiques que l'homme introduit dans son organisme, parce qu'il ne sait pas comment considérer ces deux activités essentielles pour lui : respirer et manger. Si vous voulez purifier votre sang afin de faire de lui un véritable facteur de régénération, commencez par revoir la façon dont vous respirez et celle dont vous vous nourrissez.

13 octobre

*V*ous avez peut-être des parents, des amis, qui ne sont pas d'accord avec la voie spirituelle que vous avez décidé de suivre. C'est à vous de trouver comment vous conduire avec eux. Ne vous isolez pas, ne coupez pas les relations et ne renoncez pas non plus à leur parler ; essayez seulement de leur faire comprendre pourquoi vous avez choisi cette voie. Il n'est pas nécessaire de leur faire la morale ou de longs discours ; tâchez de vous montrer impeccable et, de temps en temps, dans la conversation ou à propos d'un événement, glissez quelques mots qui leur révéleront ce que votre nouvelle orientation vous a permis d'apprendre, de comprendre. Même s'ils protestent ou font semblant de ne pas entendre, la pensée que vous aurez formulée finira par laisser une empreinte bénéfique en eux.

Prenez ce conseil au sérieux, sinon, savez-vous ce qui risque de se produire ? Ces êtres quitteront un jour la terre, mais leur âme reste vivante, et alors ils continueront à vouloir vous détourner de votre idéal, ils chercheront à s'insinuer en vous en présentant leurs arguments. Et là peut-être vont-ils réussir à vous inspirer des doutes : vous croirez que ces doutes viennent de vous et vous finirez par capituler.

14 octobre

Ce qui nuit tellement à nos contemporains, c'est cette agitation continuelle, cette fièvre dans laquelle ils vivent, et qui finit par produire des dégâts dans leur organisme physique comme dans leur organisme psychique. De plus en plus on entend des gens se plaindre : « Que je suis fatigué ! » Mais malgré cela ils continuent à courir à droite et à gauche. C'est bien de vouloir être actif, mais pour pouvoir rester actif sans s'épuiser, il faut savoir se détendre. Comment ? En cherchant à rompre ce rythme accéléré qui fait d'eux des machines propulsées par un moteur impossible à maîtriser. Et il existe pour cela des méthodes très simples.

Plusieurs fois par jour, arrêtez-vous au moins une minute, pensez à quelqu'un ou à quelque chose que vous aimez, qui vous apaise, vous inspire, vous donne du courage. Si vous le pouvez aussi, retirez-vous dans une pièce calme, allongez-vous à plat ventre sur un lit ou par terre sur le tapis, les bras et les jambes détendus, et laissez-vous aller comme si vous flottiez sur un océan de lumière, sans bouger, sans penser à rien d'autre qu'à la lumière… Après une ou deux minutes seulement, vous vous relèverez rechargé.

15 octobre

*L*e pouvoir créateur de l'être humain réside beaucoup plus haut que son niveau de conscience ordinaire : il se manifeste comme faculté d'explorer des réalités qui le dépassent, d'en capter les éléments et de les reproduire dans la matière. Créer, c'est se dépasser, se surpasser. Or, même pour beaucoup d'artistes l'acte de créer reste du domaine de l'instinct : ils sont poussés à s'exprimer, c'est tout ; mais s'exprimer ne signifie pas encore créer. Tous les artistes qui ne font pas l'effort de s'élever jusqu'aux régions supérieures de l'âme et de l'esprit ne peuvent pas exercer une bonne influence sur ceux qui les regardent, les écoutent ou les lisent.

Étudiez bien les états que la fréquentation des œuvres de l'art ou de la pensée fait naître en vous, car cette fréquentation ne reste jamais sans conséquences. Que vous le vouliez ou non, vous vous liez à leurs auteurs, et ils vous entraînent sur les chemins qu'ils ont parcourus avant vous. C'est en cela que l'art, bien compris, pourrait être la meilleure des pédagogies. Lorsque les artistes ont su s'élever jusqu'au monde divin, jusqu'au sommet de leur être, les éléments qu'ils ont rapportés de ces ascensions spirituelles, non seulement continuent à travailler en eux, mais ils produisent aussi des transformations bénéfiques dans le monde entier.

16 octobre

*D*ès que vous sentez votre résistance psychique s'affaiblir, ne vous dites pas que ça va passer. Ça peut passer en effet, mais il est plus prudent de réagir tout de suite en faisant quelque chose : aller arroser des fleurs, dire à quelqu'un de bonnes paroles, lui apporter un objet dont il a besoin ou qui lui fera plaisir, ramasser un papier ou une bouteille vide qui traîne, écarter une pierre ou des débris de verre sur le chemin, etc. Et efforcez-vous surtout de faire ces gestes consciemment, avec la volonté de donner une autre orientation aux courants négatifs qui vous traversent. Chaque petit geste exécuté avec application, sincérité et amour, sera chaque fois comme une créature de lumière qui chassera les ténèbres ou les empêchera d'entrer en vous et de vous détruire.

Et si vous sentez que vous êtes en train de perdre la joie, l'amour, la paix, l'espoir, la foi, voici encore une méthode. Écrivez ces mots « paix, amour, joie… » sur une feuille de papier, prenez-la ensuite dans la main gauche, puis en levant la main droite vers le ciel, cherchez à capter les courants porteurs de ces bénédictions. Quand vous avez la sensation de saisir un de ces courants, concentrez-vous fortement, puis placez votre main droite sur le plexus solaire afin de le faire pénétrer en vous.

17 octobre

*P*ourquoi tellement discuter sur l'existence ou la non-existence de Dieu ? C'est inutile. En réalité la question se présente très simplement : pour l'incroyant, il est certain que Dieu n'existe pas. Pourquoi ? Parce qu'il dépend de l'homme que les choses existent ou non pour lui. Voici quelqu'un qui dort : même si on a entassé tous les trésors du monde autour de son lit, puisqu'il n'en est pas conscient, c'est comme s'il n'y avait rien.

Combien d'êtres humains sont ainsi plongés dans le sommeil de l'inconscience ! Les sages, les Initiés, parce qu'ils sont des êtres vraiment éveillés, voient les splendeurs qui les entourent et s'en réjouissent ; les autres ont les mêmes richesses autour d'eux et en eux, mais ils ne les voient pas, ils ne les sentent pas. Tout dépend donc de l'état de conscience. Quand on est éveillé, certaines choses deviennent une réalité, mais au moment où on s'endort, elles s'effacent. Il en est ainsi de l'existence de Dieu : celui qui est endormi ne la sent pas et prétend qu'Il n'existe pas. Mais qu'il se réveille et il sentira que Dieu est là, vivant autour de lui et en lui.

18 octobre

*L*es instincts sont des puissances de vie formidables. Si on cherche à les brimer, ou bien on n'y arrive pas et on s'épuise dans cette lutte ; ou bien on y arrive, ce qui n'est pas mieux, car on assèche en soi les sources de la vie. Alors, comment maîtriser ses instincts ? En nourrissant un haut idéal, car il est le meilleur transformateur des énergies. Dès que nous plaçons un idéal très élevé dans notre cœur, dans notre âme, nos énergies sont obligées de passer par lui, et c'est lui qui se charge de leur donner une autre direction, une direction vers le haut.

Vous vous demandez suivant quels processus se fait cette transformation ? Il n'est pas nécessaire de le savoir. Quand nous mangeons, nous n'avons pas besoin de connaître le détail des transformations qui sont en train de se produire, dans la bouche d'abord, et ensuite dans l'estomac et les intestins, mais nous sentons que nous avons reçu des forces. Il en est de même avec le haut idéal : si nous le soutenons avec nos meilleures pensées, nos meilleurs sentiments, nos meilleurs désirs, il transforme nos pulsions instinctives, et les énergies produites par cette transformation soutiennent à leur tour notre vie psychique, notre vie spirituelle… et notre vie physique aussi, car en nous rien n'est séparé.

19 octobre

*T*oute forme a tendance à se figer, et si les humains ne sont pas vigilants, l'esprit qui habite ces formes n'a plus la possibilité de se manifester. Il part donc à la recherche de formes nouvelles plus adaptées à ce qu'il veut exprimer.

Cette loi est valable dans tous les domaines, même dans celui de la religion. C'est pourquoi les religions qui depuis des siècles s'obstinent à maintenir les mêmes formes, sont dans l'erreur. Au lieu de comprendre qu'il faut toujours faire évoluer les formes pour qu'elles arrivent à exprimer de plus en plus, de mieux en mieux, les courants toujours nouveaux de l'esprit, trop de croyants essaient de se persuader qu'ils doivent conserver leur religion exactement dans les formes où elle a été créée. Ce serait même d'après eux la volonté de Dieu. Eh bien, non, l'Intelligence cosmique n'a rien fixé définitivement, et chaque fois que les humains ont refusé de faire évoluer les formes, des événements sont survenus qui ont fait disparaître ces doctrines, ces croyances, ces rites qu'ils imaginaient valables et installés pour l'éternité. Ce que pensent les humains n'est pas ce que pense l'Intelligence cosmique ; elle, elle a d'autres projets. C'est pourquoi au cours des siècles on a toujours vu se produire des bouleversements au travers desquels l'esprit a montré qu'il refuse de se laisser enfermer dans des formes.

20 octobre

*U*n homme et une femme qui s'aiment cherchent instinctivement à se rapprocher, et c'est naturel. Pourtant, s'ils analysaient ce qui se passe à ce moment-là dans le domaine des émanations subtiles, ils comprendraient que ce rapprochement n'est peut-être pas tellement favorable à leur amour. Pourquoi ? Parce que l'espace qui sépare deux êtres, cet espace que l'on croit vide, est en réalité rempli d'essences subtiles qui sont les meilleures conductrices de leurs énergies psychiques. S'ils acceptent de garder quelque distance, ils se sentiront de plus en plus vivifiés, renforcés par les courants d'énergies qui circuleront entre eux. L'amour n'est pas la rencontre de deux corps, mais la fusion de deux quintessences, et la distance donne les meilleures conditions pour que de véritables communications continuent à s'établir entre les âmes.

Et si un jour ces êtres décident de vivre ensemble, là encore, qu'ils gardent une certaine distance pour éviter de tomber dans cette familiarité prosaïque qui caractérise la vie quotidienne des couples quand ils ne sont pas vigilants. C'est par ce manque de vigilance, souvent, qu'ils perdent l'amour. Ainsi, il est bon que, dans un couple, chacun garde pour l'autre quelque chose de secret, de mystérieux, afin d'entretenir l'intérêt, la curiosité. C'est ce mystère qui protège, qui nourrit l'attraction que chacun ressent pour l'autre.

21 octobre

*L'*existence humaine est comme une pelote en train de se dérouler : au début le fil est solide, mais au fur et à mesure du temps il s'amincit jusqu'à se rompre, puis c'est la fin. Cette fin, chacun doit s'y préparer pour ne pas être effrayé le jour où l'ange de la mort viendra le prendre par la main, en lui disant : « Sors de cette prison où tu t'étais enfermé. Va maintenant, tu es libre. »

Mais il ne suffit pas de quitter son corps physique pour se libérer. La mort n'est une véritable libération que pour celui qui, pendant son séjour sur la terre, a su faire un travail intérieur pour se débarrasser de ses faiblesses physiques et psychiques. Si vous êtes venu vous incarner, c'est justement pour travailler à votre libération, pour donner à votre âme et à votre esprit de plus en plus de possibilités de triompher de la matière. Alors, quand viendra la fin, vous partirez avec la sensation que là où vous allez, vous êtes attendu. Et puis, un jour, après un certain laps de temps, vous reviendrez continuer votre travail.

22 octobre

Celui qui se sent insatisfait, malheureux, a tendance à attribuer ce malaise à un manque et il attend qu'une personne, ou un objet, vienne combler ce manque. Mais la solution n'est pas là. La solution, c'est que malgré cette sensation de malaise, de manque, lui-même se décide à apporter quelque chose aux autres, à les aider, les soutenir, les consoler, participer à leurs activités. À ce moment-là, une nouvelle vie commence à circuler en lui et la sensation de manque disparaît peu à peu. Il comprend qu'en cherchant à apporter quelque chose de bon à son entourage ou même à des inconnus, déjà il reçoit une force, un soutien… Tandis que celui qui n'apporte rien, quoi qu'on lui donne, il ne reçoit rien. La vie est fondée sur les échanges : recevoir et donner ; donner et recevoir. Et même si on ne vous donne rien en échange de ce que vous avez donné, du simple fait que vous avez donné, intérieurement vous recevez.

23 octobre

*V*ous avez passé une bonne journée. Mais voici que dans la soirée il se produit un incident pénible qui vous inspire tristesse et découragement. Ne vous couchez pas avant d'avoir fait un travail intérieur pour vous en libérer. Sinon, le lendemain, au réveil, vous constaterez que tout ce que vous aviez vécu de bon la veille a été effacé par l'incident survenu dans la soirée, et c'est cette sensation qui reste imprimée en vous. Vous direz : « Mais comment se fait-il que ce moment désagréable ait été capable d'effacer toute une journée passée dans l'harmonie et la paix ? » Eh bien, justement, c'est que rien ne reste sans conséquence, et un malaise éprouvé en fin de journée sera ressenti le lendemain si vous ne faites rien pour le neutraliser.

Chaque soir, au moment de vous coucher, efforcez-vous de chasser tout ce qui peut obscurcir votre conscience. Appelez les meilleures pensées et les meilleurs sentiments afin qu'ils vous accompagnent dans ce voyage que vous allez faire dans l'autre monde. Le lendemain vous entrerez libre et plein de courage dans la nouvelle journée.

24 octobre

*D*ans le passé, les enseignements spirituels entraînaient les humains sur la voie du salut individuel. Le savoir, les pouvoirs, l'illumination, tout ce que chacun parvenait à acquérir était pour lui, pour son propre développement, sa propre élévation. C'est pourquoi beaucoup allaient s'isoler quelque part dans les déserts, les montagnes, les grottes ou les monastères afin de ne pas être dérangés. Mais maintenant nous sommes entrés dans l'ère de la collectivité, de la fraternité, et nous avons à dépasser la philosophie du salut personnel. Il faut se perfectionner, c'est entendu, mais ne pas s'isoler physiquement ou spirituellement pour éviter d'être dérangé par les autres ; au contraire, il faut accepter les inconvénients, faire des sacrifices, souffrir même, mais être utile.

Alors, ne cherchez pas à fréquenter une École initiatique pour vous occuper de votre seul développement spirituel. « Mais nous voulons sauver notre âme », diront certains. C'est très bien, mais qu'ils pensent aussi à l'âme des autres, c'est ainsi qu'ils se sauveront. Qu'ils continuent à mettre dans leur tête l'idée du perfectionnement, mais en comprenant que ce perfectionnement ne doit pas être seulement pour eux-mêmes. Se perfectionner pour soi-même ne représente que la moitié de la tâche. Notre véritable tâche, c'est de nous perfectionner pour nous-même et pour les autres afin d'être utiles au monde entier.

25 octobre

Pour tout ce que nous recevons de bon dans la vie, nous avons, d'une façon ou d'une autre, quelque chose à donner en échange, ou disons quelque chose à payer. Pour ne plus rien avoir à payer, nous devons attendre de retourner définitivement dans l'océan de la vie divine. Quand on est plongé dans l'océan, à qui aller payer ? Mais si on sort de l'océan, pour la moindre petite goutte il y a toujours quelque chose à donner. Combien de fois on a pu le constater ! Après la joie vient toujours la peine, on le sait, et même plus ou moins consciemment on s'y attend : après un grand bonheur, on sent confusément un danger qui menace, comme si une loi exigeait une compensation. Quand d'heureux événements surviennent dans leur vie, passé le premier moment de joie, certaines personnes sont inquiètes, et dans un certain sens elles ont raison.

Mais si on ne peut jamais totalement échapper aux désagréments qui viennent du monde extérieur, intérieurement au moins on peut arriver à se protéger. Et la seule protection réellement efficace est le lien avec le monde divin. Lorsque vous vous liez au monde divin en vous efforçant de rester dans sa pureté, dans sa lumière, vous ne faites plus qu'un avec lui, et alors, intérieurement vous n'avez plus rien à payer. Est-ce que Dieu doit quelque chose à quelqu'un ? Non, tout Lui appartient, et si vous vivez en Dieu, tout vous appartiendra aussi.

26 octobre

Combien de dégâts sont produits chaque jour par cette tendance déplorable à toujours trouver quelque chose de négatif à colporter sur les uns ou les autres ! Et les journaux, la radio, la télévision ne font qu'amplifier cette tendance. Quel plaisir peut-on prendre à tellement fixer son attention sur ce qui est ridicule, stupide ou vicieux ? Quel intérêt y a-t-il à fouiller la vie intime des gens pour y découvrir des détails scabreux et les étaler ensuite pour amuser la foule ? Ça n'a l'air de rien, mais cette tendance qui ne cesse de s'amplifier, finit par miner une société, car elle déteint sur l'ensemble de la population. C'est à qui remarquera des détails qu'il va grossir ou déformer, en choisissant pour les colporter les mots les plus cruels. Dans chaque être humain on peut découvrir quelque chose de répréhensible, de ridicule, il n'y a rien là d'original, mais pourquoi s'appesantir tellement là-dessus ? La société ne s'en portera pas mieux.

Le sage tâche d'avoir une autre attitude. Il n'est pas aveugle, il est même très lucide, et il est capable lui aussi de critiquer, de se moquer, mais il considère que le plus important chez les êtres, c'est leurs qualités et leurs vertus. Alors, c'est sur ces qualités et ces vertus qu'il fixe son attention, et par cette attitude il renforce le bien en eux et en lui-même. Il fait là un travail constructif.

27 octobre

D*es armes qui favorisent l'instinct d'agressivité, mais aussi un confort qui favorise l'instinct de paresse… les chercheurs, les inventeurs ont-ils de quoi être heureux et fiers de fournir aux humains tant de moyens de se détruire ? Lorsqu'ils ne sont pas en train de s'anéantir par les armes, ils perdent peu à peu leur résistance physique et leurs facultés psychiques à cause de tous ces appareils mis à leur disposition qui les dispensent de faire des efforts. En apparence il y a un progrès : oui, les appareils progressent, pas les humains ! Les humains, eux, s'affaiblissent. C'est pourquoi ceux qui réfléchissent, et des scientifiques même, se mettent à douter de plus en plus que tout ce progrès technique contribue au bien de l'humanité.

Il n'est évidemment pas question d'arrêter le progrès technique : c'est l'Intelligence cosmique elle-même qui pousse les humains à faire des recherches. Il ne faut jamais cesser de chercher, d'inventer, il ne faut négliger aucune des possibilités que nous offre la matière ; ce qu'il faut, c'est donner une autre direction à la recherche scientifique. Car, en réalité, c'est quand ils auront appris à travailler sur leur matière psychique que les humains seront capables d'utiliser pleinement et bénéfiquement toutes les richesses de la matière physique. Le progrès technique ne sera pour eux un progrès véritable que s'ils l'accompagnent d'une recherche intérieure, en plaçant leurs efforts sous l'autorité de l'esprit.

28 octobre

Il existe des personnes douées de facultés médiumniques : elles captent dans l'invisible des courants de forces, des images, des messages. Beaucoup leur envient ce don, sans se douter combien il comporte de risques si ces personnes se contentent de transmettre des messages sans se poser de questions sur l'origine et la nature de ce qu'elles ont ainsi capté. Ces communications sont-elles véridiques ? Viennent-elles vraiment du monde de la lumière ? Voilà des questions à se poser.

Celui qui possède des facultés médiumniques – et chacun, plus ou moins, en possède qu'il peut développer – doit faire un véritable travail de la pensée : un travail de lucidité et de purification. C'est à cette condition que ces facultés dites extra-sensorielles seront utiles pour lui-même et pour les autres. Jusque-là il ne sera rien de plus qu'une sorte de canal, de tuyau qui laisse passer indifféremment de l'eau propre ou de l'eau sale. Mais le jour où il deviendra un médium conscient, il sera comme une branche d'arbre qui sait transformer la sève qu'elle reçoit, pour faire apparaître des feuilles, des fleurs et des fruits.

29 octobre

Certaines personnes présentent toujours le même visage figé, inexpressif… Comment ne se rendent-elles pas compte à quel point il est désagréable pour les autres d'avoir sous les yeux quelqu'un chez qui on ne sent jamais rien de nouveau, de vivant, d'animé ? Quel ennui ! Souvent, c'est même une cause de séparation dans les couples. À force de voir chez l'autre les mêmes mimiques, les mêmes gestes, les mêmes attitudes et d'entendre les mêmes paroles, les mêmes réflexions banales sur les mêmes sujets, l'un des deux ne le supporte plus et s'en va. Celui qui ne sait pas se renouveler ne doit pas s'étonner si, à la fin, l'autre, fatigué de cette monotonie, part se distraire ailleurs. Et c'est la même chose avec les amis : quel plaisir peut-on trouver à fréquenter des gens dont on peut prévoir d'avance quelle tête ils feront et de quoi ils vont parler ?

Il y a déjà suffisamment de monotonie dans l'existence quotidienne. Pour la rendre plus supportable il faut penser à y mettre un peu de nouveauté, de diversité, de poésie. Alors attention, si vous vous présentez toujours de la même façon, en racontant les mêmes choses, les autres se fatigueront et se détourneront de vous. Sachez vous renouveler et tous vous aimeront, parce qu'il émanera de vous quelque chose d'expressif, de vivant, de jaillissant qui leur fera du bien.

30 octobre

*L'*obscurité peut déclencher des peurs irrationnelles : et si un animal, ou un voleur, ou un assassin surgissait ? Mais elle peut être aussi la cause d'une crainte rationnelle : quand on n'y voit rien, on court toujours le risque de se heurter à un obstacle, de tomber, de se blesser. Et c'est encore plus vrai dans le plan psychique.

Plus l'intelligence et la sagesse augmentent en l'homme, plus il devient non pas vraiment craintif, au sens où on entend généralement ce mot, mais attentif, prudent. Et en même temps son audace augmente aussi, l'audace intellectuelle, mentale : il se méfie de ce qui vient de l'instinct et du sentiment, car ils peuvent brouiller sa vue ; mais pour ce qui est clair, limpide, il devient audacieux. C'est pourquoi les êtres vraiment intelligents et instruits sont plus audacieux que les autres. Ils s'aventurent dans des régions que la plupart n'osent jamais aborder, et c'est la lumière qui leur donne cette audace.

31 octobre

***D**ans tout ce que nous entreprenons, et quel que soit le domaine, matériel ou spirituel, ce sont nos efforts qui comptent. Le Ciel ne considère jamais le succès, mais seulement les efforts. Le succès, c'est lui seul qui en décide, car tout ce que nous faisons s'inscrit dans un ensemble et doit donc servir les plans du Créateur, être en accord avec eux ; et peut-être n'est-il pas du tout prévu que les projets auxquels nous sommes en train de travailler se réalisent comme nous le souhaitons. Seuls les efforts nous appartiennent, pas la réussite.

Laissez donc les êtres d'en haut décider du moment où vos efforts seront couronnés de succès. Et si ce n'est pas encore le cas, dites-vous : « Pour l'instant, c'est vrai, mon travail n'a apparemment encore rien donné, mais en réalité je sais qu'aujourd'hui déjà il porte des fruits. » Oui, car les résultats apparaissent d'abord dans votre cœur et dans votre âme, ne le sentez-vous pas ? Rien de ce que l'on fait ne reste inerte ou stagnant.

1er novembre

Dans la région la plus élevée de la séphira *Malhouth** habitent les Âmes glorifiées. En hébreu, on les appelle les *Ischim,* c'est-à-dire tout simplement les Hommes. Ce sont les saints, les patriarches, les prophètes, les grands Maîtres spirituels, les fondateurs de religions qui forment un trait d'union entre notre humanité et les Hiérarchies angéliques. Ils ont quitté la terre mais ils ne l'ont pas abandonnée, ils veillent sur elle, ils orientent les forces cosmiques qui contribuent au développement spirituel de ses habitants.

Quand la religion chrétienne mentionne la « communion des saints » ou la religion juive la « communauté d'Israël », il s'agit toujours de cette fraternité des *Ischim*. Chaque courant mystique lui donne un nom différent, mais c'est toujours la même assemblée des Âmes glorifiées qui vit et travaille dans la séphira *Malhouth*, dont notre terre est la partie matérielle. C'est elle qui a apporté aux humains toutes les connaissances que l'on trouve maintenant dispersées à travers les symboles et les rituels de toutes les religions. C'est elle la véritable Fraternité Blanche Universelle. Nous ici, dans notre Fraternité, nous ne faisons que nous préparer afin d'être jugés dignes de participer un jour au travail de ces créatures

* Voir planche et note, p. 412-415.

et d'être admis dans leur communauté. Personne ne peut pénétrer dans leur sainte assemblée en forçant les portes. Seul est accepté celui qui a compris où est la véritable voie et qui se met au service d'un haut idéal.

2 novembre

Il est très douloureux de perdre les êtres que l'on aime. Mais c'est l'amour lui-même qui permet de surmonter cette douleur. Vous pensez, au contraire, que plus on aime, plus on souffre ? Sur le moment, oui, sans aucun doute. Mais si vous avez véritablement aimé un être, la mort ne peut pas vous séparer de lui, avec le temps une autre forme de relation se crée entre lui et vous, vous le sentez comme une présence constante. Et la nuit, pendant que vous dormez, vous êtes aussi avec lui, votre âme va le rejoindre. Le matin, au réveil, vous ne vous souvenez peut-être pas de cette rencontre, parce que les voyages de notre âme pendant le sommeil ne parviennent que rarement à notre conscience, mais avec le temps, vous ressentirez de plus en plus la force de ce lien.

Dieu n'a pas fixé de limites à l'amour. L'amour est plus fort que la mort. Les êtres qui se sont aimés d'un amour véritable ne se quittent jamais, leur âme franchit tous les obstacles de la matière.

3 novembre

Si c'est possible, tâchez d'avoir dans votre appartement une pièce, aussi petite soit-elle, que vous réserverez au silence. Choisissez pour les murs de belles couleurs, claires, lumineuses, placez-y quelques tableaux symboliques ou mystiques, et consacrez-la au Père céleste, à la Mère divine, au Saint-Esprit, aux anges, aux archanges. N'y laissez entrer personne et n'y entrez vous-même que si vous vous sentez capable de faire le silence en vous afin d'entendre la voix du monde divin.

Au fur et à mesure que vous préparerez cette chambre du silence, efforcez-vous de la préparer aussi en vous, dans votre âme, dans votre cœur. C'est ainsi qu'un jour, partout où vous vous trouverez, même au milieu des tumultes, vous pourrez entrer dans votre chambre intérieure pour y trouver la paix et la lumière. Nous vivons en même temps dans les deux mondes : extérieur et intérieur, visible et invisible, matériel et spirituel, c'est pourquoi il est souhaitable d'avoir cette chambre du silence à la fois en soi et en dehors de soi, et de la tenir à l'abri de toutes les formes de bruit.

4 novembre

*L*es enfants ramènent avec eux les souvenirs d'époques lointaines où les humains considéraient la nature comme un organisme vivant avec lequel ils étaient en relation constante. Cette mémoire subsiste chez certains d'entre eux, mais elle s'estompe à mesure qu'ils grandissent, à cause de l'éducation matérialiste qu'ils reçoivent. Pourtant, c'étaient là des vestiges d'un passé inscrit dans leur âme et il est dommage que cela finisse par s'effacer.

Lorsque les parents, les psychologues, les pédagogues posséderont certaines connaissances initiatiques, ils seront capables d'étudier véritablement la vie psychique des très jeunes enfants. Ils liront dans le livre de leur âme tout ce qui vient s'y refléter au cours de leurs premières années. Ils découvriront ce que ces enfants savent dans leur subconscient jusqu'à une profondeur insoupçonnée. Peut-être certaines mères sentent-elles confusément qu'avec leur bébé, c'est toute la vie de l'univers qui se révèle à elles. Et dans ce sens, on peut dire qu'elles sont les élèves de leur enfant. Les autres, qui se font seulement leurs éducatrices, n'apprennent pas grand-chose. Une mère pleine d'amour, d'attention et de sagesse reçoit toute une initiation au cours des premières années de la vie de son enfant.

5 novembre

*C'*est au prix d'un long travail que le disciple d'un enseignement spirituel parvient à un niveau de conscience supérieur. Mais une fois qu'il y est parvenu, il lui est aussi difficile, et même plus difficile, de s'y maintenir. C'est pourquoi la stabilité est considérée comme un sommet de l'Initiation, ce moment où le disciple peut dire enfin, comme le hiérophante de l'ancienne Égypte : « Je suis stable, fils de stable, conçu et engendré dans le territoire de la stabilité. » En quoi consiste la stabilité ? À ne plus être ébranlé par le mal, c'est-à-dire à s'être élevé jusqu'aux régions où il n'a plus aucune prise. Pourquoi certains événements qui à un moment nous avaient irrité, découragé, s'ils se reproduisent dans d'autres circonstances, ne nous touchent pas ? Parce que nous sommes parvenus jusqu'à un niveau de conscience où ils ne nous atteignent plus.

Dans la Kabbale il est dit que le serpent peut monter jusqu'à certaines séphiroth, mais qu'il lui est impossible d'atteindre cette région formée par les trois séphiroth *Kéther, Hohmah* et *Binah*. Et comme nous sommes créés à l'image de l'univers, il existe aussi en nous des régions où le mal ne trouve plus de conditions d'existence favorables. Dans les régions sublimes de notre être et de l'univers, règnent une telle lumière, une telle intensité de vibrations, que tout ce qui n'est pas en harmonie avec cette pureté, avec cette lumière, est désagrégé.

6 novembre

*S'*il est si difficile de trouver le bonheur, c'est parce qu'on l'attend. On attend de rencontrer le grand amour, on attend de rencontrer le succès, la fortune, la gloire, et s'ils ne se présentent pas, on est malheureux. En réalité, le bonheur n'est pas quelque chose qui vient ou ne vient pas, comme ça, de l'extérieur, mais un état de conscience qui dépend d'une bonne compréhension des choses. Il ne faut pas s'imaginer qu'on est venu sur la terre pour vivre dans la facilité, les plaisirs, l'abondance. On est venu sur la terre pour apprendre et se perfectionner. Or, comment se perfectionner si on n'a pas chaque jour de nouveaux problèmes à résoudre, de nouveaux obstacles à franchir ? La terre est une école et, comme dans toutes les écoles, seuls ceux qui apprennent et progressent peuvent se sentir heureux.

Alors, n'attendez pas que le bonheur vienne de l'extérieur sous la forme de rencontres ou de conditions favorables. Le bonheur réel, définitif, ne peut venir que de vous, de votre façon de considérer les choses et de travailler. Avec un bon raisonnement, une bonne philosophie, vous pouvez vous rendre maître de votre bonheur. Et surtout ne l'attendez pas sans rien faire. C'est à vous d'agir et d'appliquer les méthodes qui vous permettront de transformer les chagrins en joies, les échecs en succès.

7 novembre

Observez-vous, il y a des moments où vous êtes occupé à faire de la cuisine ou du jardinage, à bricoler, à conduire votre voiture, et vous êtes apparemment concentré sur ce que vous faites. Mais, en réalité, une partie de vous se promène ailleurs, et les pensées et les sentiments qui vous agitent n'ont rien à voir avec cette occupation : vous ruminez contre un tel qui vous a vexé, contre tel autre qui n'a pas tenu une promesse, etc., et cela peut durer longtemps sans même que vous vous en rendiez compte. C'est donc là, particulièrement, que vous devez apprendre à devenir vigilant pour être capable d'intervenir à tout moment dans le déroulement de votre vie intérieure.

Le premier pas vers la liberté, le premier pas vers la véritable puissance, c'est de vous habituer à jeter de temps à autre un regard en vous-même pour voir où vous en êtes. Et si vous constatez que vous êtes en train de descendre dans les régions obscures, chaotiques de votre conscience, réagissez en imposant une autre orientation à vos pensées.

8 novembre

Les humains ont rarement conscience que leurs opinions ne sont que des façons de voir qu'ils ramènent de leurs existences antérieures, avec tout un bagage transmis par l'hérédité. Ils ne se posent aucune question sur le bien-fondé de ces opinions : ils se prononcent en étant persuadés d'être dans le vrai. Même si le Seigneur en personne venait leur expliquer que leurs points de vue ne sont pas impeccables, au lieu de dire : « Parle, Seigneur, je T'écoute », ils riposteraient : « Ah non, laisse-moi tranquille, je sais ce que je sais ». Eh bien, ce qu'ils ne savent pas, surtout, c'est que ces opinions auxquelles ils s'accrochent ont souvent pour origine leurs seules faiblesses.

Il ne faut donc pas aller chercher très loin : combien de fois ce sont les lacunes des gens, leurs passions, leurs vices qui déterminent leur philosophie ! Même s'ils justifient leurs points de vue par des raisonnements impeccables et apparemment objectifs, c'est en grande partie leurs aspirations les moins nobles qui les poussent à adopter une certaine conception de la vie. Qu'ils aient des aspirations plus élevées, et leurs points de vue seront différents, meilleurs.

9 novembre

*V*otre vie familiale, votre vie sociale vous met chaque jour en contact avec un certain nombre de personnes. Pour avoir des relations correctes avec elles, vous devez trouver une bonne attitude intérieure. Évitez donc, d'abord, de passer une partie de votre temps à régler mentalement des comptes avec les uns ou les autres. Est-ce que vous vous êtes aperçu que, lorsque vous avez des difficultés avec quelqu'un, vous avez tendance à transporter partout son image dans votre tête ? Vous vous levez avec cette image, vous vous promenez avec elle, vous mangez avec elle, vous vous couchez avec elle… Ce n'est pas raisonnable. Oubliez cette personne et cherchez plutôt les images de certains êtres que vous admirez pour leurs qualités, leur élévation spirituelle, donnez-leur toute votre attention. À votre insu elles feront sur vous un travail magique : elles effaceront les images négatives qui vous poursuivent.

Dites-vous que les seuls véritables remèdes sont en haut, dans les régions spirituelles, là où plus rien de mauvais ne peut intérieurement vous atteindre. Il n'est pas en effet si facile d'atteindre quelqu'un qui a décidé de ne laisser pénétrer en lui que les images de créatures lumineuses, pleines d'amour. Imprégnez-vous de plus en plus de la puissance de cette lumière et de cet amour, et de là-haut envoyez des rayons à tous les humains, même et surtout à ceux qui vous sont hostiles. C'est la meilleure façon de vous garder à l'abri.

10 novembre

*T*outes les pratiques prescrites par les religions ont pour fonction de préparer les êtres à recevoir correctement les courants et les messages du Ciel. Mais que ce soit les prières, les prosternations, les ablutions, le jeûne, ces pratiques n'ont en réalité qu'une importance relative. L'essentiel, c'est que celui qui s'y soumet soit décidé à entreprendre un travail intérieur de clarification, de dépouillement, de purification afin d'ouvrir son cœur, son intellect, son âme et son esprit aux influences d'en haut.

Celui qui n'est pas conscient de la nécessité de faire ce travail ferait mieux de laisser les pratiques spirituelles de côté, car il se prépare à devenir un danger pour lui-même et pour les autres : la seule observance des rites contribue seulement à lui donner l'illusion d'être un juste, un porte-parole, un instrument du Ciel. C'est ainsi qu'on a vu des gens devenir des bourreaux de leur famille ou même de leur peuple. Seul celui qui s'est longtemps exercé à purifier ses pensées et ses sentiments pour n'entretenir que la lumière dans son intellect et l'amour dans son cœur, est capable d'entendre et de transmettre quelque chose du monde divin.

11 novembre

Se laisser aller aux émotions, aux effervescences, aux passions, non seulement la plupart des gens trouvent cela naturel, mais ils pensent que c'est ce qui donne du goût et de l'intensité à l'existence. Est-ce qu'ils se demandent quelquefois dans quel état sera leur cerveau quand ils auront besoin de réfléchir pour résoudre des problèmes importants et comprendre les vérités essentielles de la vie ?

Pour que votre cerveau soit toujours résistant et disponible, vous devez être prudent, mesuré dans chacune de vos activités, et surtout chercher à maîtriser les mouvements de votre vie psychique. Sinon, alors même que le plus grand sage viendrait vous révéler l'énigme de l'univers, vous ne comprendriez rien, vous n'entendriez rien, vous ne verriez rien. Et c'est dommage. Veillez donc à ne pas gaspiller votre temps et vos énergies dans des préoccupations qui vous affaiblissent ; c'est ainsi que vous serez éveillé et lucide au moment où se présenteront à vous des vérités qui vous ouvrent le chemin de la lumière et de la libération.

12 novembre

*T*out être humain fait partie du grand corps de la nature et il doit donc s'efforcer de vivre en harmonie avec lui. Même s'il se perçoit comme une entité individuelle qui a sa vie propre, il appartient à un ensemble, et la question qui se pose à lui est de concilier les exigences de sa vie personnelle avec celles de la vie collective. Chaque individu est particulier, c'est l'Intelligence cosmique qui a voulu cette diversité des créatures et il ne faut pas essayer de les niveler. Chacun a le droit de se manifester avec ses différences, son originalité, mais à condition de s'harmoniser avec le Tout.

Ce Tout avec lequel nous devons nous harmoniser n'est pas uniquement celui de la collectivité humaine : au-delà encore nous sommes liés aux différents règnes de la nature, ainsi qu'à la collectivité cosmique au sein de laquelle nous avons, en tant qu'êtres pensants, un rôle important à jouer. Chaque jour nous devons donc prendre conscience que nous participons à la construction de cet édifice qu'est la vie cosmique où sont comprises toutes les créatures, les anges, les archanges… jusqu'à Dieu Lui-même. Car la création n'est pas achevée, elle est toujours en cours de construction.

13 novembre

Quoi que l'on veuille faire dans la vie, et même si on forme les meilleurs projets, on rencontre toujours des difficultés, des obstacles. Il faut le savoir et prendre des précautions pour ne jamais se laisser aller au découragement, car c'est une des pires tentations qui existent.

Quand vous commencez à vous sentir accablé, dépassé par la situation, dites-vous tout de suite que cet état ne durera pas. Réfugiez-vous en vous-même, comme si vous entriez en hibernation, et restez là jusqu'à ce que le souffle de la vie revienne vous visiter. Le découragement, c'est comme l'hiver ; mais après l'hiver arrive le printemps. Selon les années, le printemps vient plus ou moins tôt ; quelquefois, il vient très tard, mais il finit toujours par arriver. C'est pourquoi il ne faut jamais complètement perdre espoir et courage. À un moment ou à un autre, votre élan, votre énergie reviendront. Combien ont lâché prise quelques instants à peine avant que les forces du printemps resurgissent en eux ! Et c'est dommage, ils allaient enfin être sauvés, mais ils se sont laissé submerger par le découragement parce qu'ils n'ont rien pressenti du renouveau.

14 novembre

Chaque être humain possède un visage intérieur, différent de celui qu'il présente chaque jour à la vue des autres, et ce visage se modifie continuellement, car il dépend étroitement de sa vie psychique. C'est ce visage intérieur qu'il doit chaque jour sculpter, éclairer par ses sentiments et ses pensées les plus nobles, afin qu'il imprègne et modèle un jour son visage physique.

Le visage que vous avez aujourd'hui est la synthèse des sentiments et des pensées que vous avez autrefois nourris, et si vous n'en êtes pas satisfait, vous ne pouvez pas pour le moment y changer grand-chose. Ne vous occupez donc pas de lui, efforcez-vous seulement d'apporter des améliorations à votre visage intérieur, car il est le modèle à partir duquel votre visage physique s'est formé au cours de vos incarnations. Le visage physique commencera par résister, mais après un certain temps sa résistance cédera sous la poussée de l'autre visage, le visage de l'âme, qui est puissant et qui cherche à imposer ses traits. Par moments, il se peut que son rayonnement traverse votre visage physique, et qu'apparaisse alors furtivement votre visage spirituel, votre visage d'en haut. Continuez votre travail : un jour vos deux visages parviendront à n'en faire qu'un.

15 novembre

Que les humains soient imparfaits, c'est évident, mais l'attitude qui consiste à souligner sans cesse leurs défauts n'est pas du tout pédagogigue. La question est de savoir si on se contente d'exprimer la mauvaise humeur, l'exaspération qu'inspire leur conduite, ou si on souhaite les aider.

Si vous souhaitez réellement aider quelqu'un à changer de comportement, adressez-vous à ce qu'il y a de meilleur en lui, montrez-lui que vous voyez ses qualités (chacun en a au moins une) et faites appel à elles. Vous touchez son amour-propre, il essaie de ne pas vous décevoir, et ainsi vous l'encouragez à s'améliorer. Cette règle se vérifie particulièrement avec les enfants. On n'éduque pas un enfant en insistant sur ses défauts, en le traitant d'incapable, de paresseux, de menteur, de malhonnête. Sous le poids de ces accusations, il perd toute envie de faire des efforts : puisque vous vous êtes déjà formé sur lui une opinion définitive, pourquoi essaierait-il de changer ? Mais montrez-lui qu'il peut toujours mieux faire – car c'est la vérité – là oui, vous avez quelque chance de l'éduquer.

16 novembre

*T*ravaillez longtemps afin d'affermir vos convictions. Si vous allez raconter partout que vous avez enfin trouvé le chemin de la lumière, que vous êtes décidé à suivre ce chemin, etc., vous vous mettez dans la situation de vous créer des obstacles, de provoquer des ripostes. Certains chercheront à vous démontrer que vous faites fausse route, que vous êtes un idéaliste naïf, etc., et si vos convictions ne sont pas encore bien solides, non seulement vous ne persuaderez pas ces personnes du contraire, mais c'est vous qui finirez par capituler devant elles.

Quel que soit votre besoin généreux de partager vos découvertes, commencez par les garder pour vous. Vivez avec ces vérités, faites des expériences, des exercices avec elles, jusqu'à ce qu'elles deviennent chair et os en vous, qu'elles ne fassent plus qu'un avec vous. Non seulement elles vous apporteront une lumière, une force qui vous aideront à triompher des difficultés de la vie, mais le jour où vous serez amené à en parler aux autres, vous le ferez avec un tel accent d'authenticité que toutes les objections tomberont.

17 novembre

*L*es mots « renoncement », « sacrifice » sont certainement de ceux qui plaisent le moins aux humains, car ils les comprennent comme synonymes de privation et ils se disent que s'ils se privent, ils vont mourir. Et c'est vrai qu'ils vont mourir : s'ils n'ont pas compris que le renoncement sert uniquement à accéder à des régions plus élevées pour obtenir quelque chose de meilleur, ils vont mourir.

Dans la pratique spirituelle, renoncer, c'est transposer un besoin, une tendance, un plaisir sur un plan supérieur. On continue à se nourrir, à aimer, à avoir différentes activités, mais avec des éléments plus purs, dans un but plus désintéressé. Le renoncement n'est donc pas synonyme de mort, mais au contraire synonyme de vie. Celui qui ne l'a pas compris, stagne. Et c'est justement cette stagnation qui l'entraîne vers la mort. Tandis que s'il accepte certaines privations, il transforme une énergie brute en une énergie plus subtile, et non seulement il ne meurt pas mais il s'enrichit.

18 novembre

*L'*univers est régi par la loi des causes et des conséquences. Chaque acte, chaque événement est une cause qui entraîne des conséquences, et chaque acte, chaque événement est lui-même la conséquence d'une cause. Causes et conséquences sont donc indissolublement liées, mais la durée d'une vie humaine est trop limitée pour que nous puissions observer ce vaste jeu des enchaînements. De même que nous constatons aujourd'hui des faits qui sont les conséquences de causes bien antérieures à notre existence actuelle et que nous ne connaissons donc pas, de même nous ne pouvons pas prévoir les conséquences qu'entraîneront beaucoup plus tard certains faits en train de se produire. Actuellement nous nous trouvons donc devant des situations qui sont les unes des causes, les autres des conséquences, c'est pourquoi il y a tant d'événements dont le sens nous échappe.

Quant à la réincarnation, elle n'est en réalité qu'un aspect particulier de cette loi de causes et de conséquences. Comme la vie des êtres ne s'arrête pas au moment où ils quittent la terre, non seulement les conséquences de leurs actes les suivent dans l'au-delà, mais au moment où ils reviennent s'incarner, elles demeurent vivantes et agissantes. On ne peut donc pas décréter qu'un tel ne mérite pas les bonnes conditions dont il bénéficie dans cette existence, et tel autre les injustices dont il est victime, car on ne sait rien de leurs incarnations antérieures. Tant qu'on n'admettra pas la réincarnation, on ne comprendra rien à la justice divine.

19 novembre

*M*éditez quelquefois sur cette belle image de la transparence… Vous comprendrez que pour que la vie passe, pour que la lumière passe, pour que les courants célestes passent, on doit leur ouvrir la voie, c'est-à-dire devenir transparent. Tout dans la nature souligne cette loi. Pourquoi les pierres précieuses sont-elles tellement estimées ? Parce qu'elles sont colorées, bien sûr, mais surtout parce qu'elles sont transparentes : elles laissent passer la lumière… Comment la nature a-t-elle réussi à travailler aussi magnifiquement sur certains minéraux, à les purifier, les affiner pour en faire ces merveilles que nous admirons aujourd'hui : cristal, diamant, saphir, émeraude, topaze, rubis… ? Et si la nature y a réussi, pourquoi l'être humain n'arriverait-il pas à faire ce même travail en lui-même ?

Toute la pratique spirituelle doit tendre vers ce but. Lorsque nous serons parvenus à tout purifier dans notre cœur et dans notre âme jusqu'à devenir limpides, transparents, le Seigneur qui apprécie beaucoup les pierres précieuses nous mettra sur sa couronne. C'est une image, bien sûr, mais elle correspond à quelque chose de très réel.

20 novembre

À l'approche de la vieillesse on est naturellement amené à jeter un regard en arrière, et c'est là que pour beaucoup de personnes commence la période des regrets. Elles sentent qu'elles ont passé trop de temps dans des futilités, mais que même si elles essayaient de prendre une autre orientation en donnant plus de place à la vie intérieure, c'est trop tard, jamais elles ne rattraperont le temps perdu. Évidemment, quand la vieillesse est là, il est un peu tard pour changer complètement de vie, mais il n'est pas trop tard, il n'est jamais trop tard pour commencer quelque chose de constructif. Le pire pour ces personnes serait de passer dans des regrets le temps qu'il leur reste à vivre. Il est compréhensible qu'elles regrettent, mais il y a mieux à faire que de regretter. Elles peuvent au moins revenir sur tous les événements de leur existence, afin d'en tirer des leçons. Une fois ces leçons tirées, qu'elles mettent en œuvre tout ce qui leur reste d'amour, d'intelligence, de volonté, pour donner à leur vie ce sens qu'elles n'avaient pas encore su trouver.

21 novembre

Quand vous souffrez, cherchez à prendre conscience que seule une partie de vous est touchée par cette souffrance. Une autre partie lui demeure inaccessible : votre esprit. Votre esprit est libre, il n'est soumis à aucune contrainte. Depuis les régions sublimes où il se trouve, il vous regarde, il vous conseille. Et même, quelquefois, il vous dit : « Tu souffres ? Eh bien, réjouis-toi, car si tu es intelligent, grâce à cette souffrance tu gagneras encore quelque chose en lucidité, en compréhension, et tu te renforceras. »

Celui qui est malheureux a tendance à s'identifier avec son malheur, il se laisse envahir par lui. Et c'est cela qui est dangereux pour lui. Il doit, au contraire, être immédiatement en alerte et se dire : « C'est maintenant qu'il y a un travail à faire. Je souffre, bien sûr, mais ce n'est qu'une partie de moi qui souffre. » Qu'il fasse appel à cette autre entité, son esprit, qui vit dans l'immensité, dans l'éternité, et qui est aussi lui. Du fond de cette boue dans laquelle il a la sensation de s'engloutir, il sentira surgir la lumière et la force.

22 novembre

Quelles que soient vos qualités, vos compétences, ne cherchez pas à vous imposer aux autres. Pourquoi ? Parce que vous suscitez chez eux le désir de vous affronter. Au début, peut-être, ils seront impressionnés et ils vous respecteront, ils vous craindront même… Mais tandis que vous croirez avoir établi votre autorité, eux, dans le secret, ils feront tout ce qu'ils peuvent pour s'armer contre vous. Et c'est vous qui les aurez provoqués. Celui qui affiche son pouvoir réveille chez les autres l'instinct d'agressivité. On ne mesure pas tous les moyens que les gens sont capables de mettre en œuvre lorsqu'un supérieur, ou soi-disant tel, les a humiliés par une attitude méprisante, un ton cassant, des paroles blessantes.

La véritable autorité, vous l'obtiendrez en cultivant la bonté, la douceur, la patience. Peut-être que les autres commenceront par mal interpréter votre attitude : ils s'imagineront que vous êtes un faible, un incapable, et ils chercheront à abuser de la situation. Mais persévérez, bientôt ils seront obligés de reconnaître vos compétences ainsi que votre force intérieure, et alors vous gagnerez non seulement leur respect, mais leur amitié.

23 novembre

Quand vous êtes sûr de travailler pour une cause juste et noble, rien ne doit vous en détourner. Et surtout, ne vous préoccupez pas de l'attitude des autres à votre égard, car vous risquez d'être arrêté dans votre élan. Comme la constance n'est pas ce qui caractérise les humains, certains, après vous avoir approuvé et suivi, vont se mettre à vous critiquer, à se détourner de vous et vous ne saurez même pas pourquoi.

C'est ainsi. Il y a dans l'existence des périodes de succès où on est reconnu, apprécié, et puis arrivent d'autres périodes où on est ignoré, mis à l'écart. Si vous n'êtes pas habité par l'idée du travail désintéressé, vous risquez de tomber dans l'amertume et la révolte. Faites alors un retour sur le passé : vous constaterez qu'en ayant réalisé tel ou tel travail vous avez gagné certaines qualités. Maintenant que se présentent de nouvelles conditions, vous avez certainement un nouveau travail à entreprendre afin de développer d'autres qualités. C'est ainsi que vous resterez toujours maître de la situation.

24 novembre

C'est en cherchant à vous élever jusqu'au sommet de votre être intérieur que vous entrerez véritablement en communication avec le monde divin. Lorsque vous sentez que vous avez enfin atteint une région située au-delà de la poussière et des nuages, c'est-à-dire au-delà du plan astral et du plan mental inférieur, maintenez-vous là fermement aussi longtemps que possible. Ensuite, comme il est difficile de faire durer cet effort de concentration plus de quelques minutes, relâchez un peu la tension et laissez-vous porter par la lumière comme si vous flottiez sur une mer calme. Vous ne pensez plus, vous ne sentez presque plus, mais votre âme qui est là, vivante, vibrante, s'imprègne des éléments les plus subtils des régions de la lumière.

Répétez cet exercice le plus souvent possible. Vous constaterez que lorsque vous devrez reprendre vos occupations habituelles dans la famille, la société, ces éléments spirituels que vous aurez captés introduiront l'harmonie en vous, et votre désir de travailler, d'aider les autres, de vivre en harmonie avec eux augmentera. C'est là une sensation qui ne trompe pas, elle vous confirme que vous continuez à être en communication avec le monde divin.

25 novembre

Que doit faire celui que ses ennemis ont lésé, humilié, piétiné ? S'il est sage, il renoncera à se venger d'eux. Il se dira : « Ils croient m'avoir anéanti ? Eh bien, ils vont voir ce qu'ils vont voir ! » Et il commence un travail gigantesque sur lui-même, il se lie aux entités lumineuses du monde invisible, il s'instruit, il s'exerce, jusqu'au jour où enfin il possède la vraie lumière, les vrais pouvoirs. Et s'il arrive à ce moment-là que ses ennemis le rencontrent, quel étonnement pour eux ! Devant la lumière de cet être qui, au lieu de se venger, a travaillé sur lui-même, il se passe quelque chose d'inexprimable dans leur tête. Il arrive même qu'ils se sentent tellement petits et laids !

Alors, voilà la victoire, voilà le triomphe pour le sage : sans combattre ses ennemis, en les laissant même tranquilles, il a eu le dessus. N'est-ce pas la meilleure solution ?… Il faut, bien sûr, avoir déjà acquis beaucoup de lumière, de patience et d'amour pour décider de pratiquer cette méthode, et surtout pour arriver à s'y tenir sans broncher. Mais il n'en existe pas de plus efficace.

26 novembre

*L*a sensation de fatigue est certainement une réalité objective, mais elle dépend aussi beaucoup de l'état intérieur. À quelqu'un qui me demandait un jour comment devenir infatigable, j'ai répondu : « Je veux bien vous révéler le secret, mais saurez-vous l'utiliser ? Ce secret, c'est d'avoir de l'amour pour tout ce que vous faites, car c'est l'amour qui éveille et entretient les puissances en l'homme. » Travaillez pendant des heures avec amour et vous ne sentirez pas la fatigue ; mais travaillez à peine quelques minutes dans le mécontentement, la révolte, quelque chose va se bloquer en vous et vous vous sentirez rapidement épuisé.

Chaque fois que vous devez entreprendre une activité, vous acquitter d'un devoir, efforcez-vous de le faire avec amour, ou alors ne le faites pas ! Ce que vous faites sans amour vous use, et ne vous étonnez donc pas de n'avoir ensuite plus aucun ressort. Travailler sans amour, c'est comme si vous introduisiez du poison en vous. Vous direz qu'il y a des tâches qui vous rebutent, vous ennuient (rien que d'y penser vous êtes déjà fatigué !), mais il vous est impossible d'y échapper. À ce moment-là essayez de trouver au moins une raison de vous en acquitter avec amour, et ces travaux vous paraîtront plus supportables. Vous le constaterez : vous serez moins fatigué, l'amour triomphera de votre fatigue.

27 novembre

*A*pporter la lumière et la paix à tous les humains sur la terre, vous pensez que ce n'est pas possible : ils sont tellement nombreux ! Bien sûr, si vous présentez la question de cette façon, vous avez raison. Mais quand on connaît certaines méthodes, cela devient possible.

Essayez, par exemple, d'imaginer l'humanité comme un seul être. Oui, imaginez le monde entier comme un être qui est là, près de vous, et vous lui tenez la main en lui donnant beaucoup d'amour… Les petites particules qui s'échappent alors de votre âme, partent dans toutes les directions de l'espace et se répandent sur tous les humains, leur inspirant des pensées et des sentiments plus généreux, plus fraternels. Ce que vous faites pour cet être que vous imaginez va ainsi toucher les hommes et les femmes sur toute la terre. Si nous étions des centaines, des milliers à faire cet exercice, un souffle nouveau, un souffle divin passerait à travers toutes les créatures et, un jour, elles aussi se sentiraient portées par un idéal de lumière et de paix.

28 novembre

Combien de personnes prétendent qu'elles n'ont pas de temps à consacrer aux exercices spirituels ! Le matin elles doivent partir au travail, avant de partir elles ont déjà beaucoup à faire, et quand elles rentrent le soir, c'est pareil… Eh bien, puisqu'elles n'ont pas au moins quelques minutes chaque jour pour être dans l'harmonie et la lumière, il est sûr qu'elles en auront pour être dans les troubles, les désordres et les ténèbres.

S'il y a une chose qui arrive de façon certaine dans la vie, c'est d'être triste, faible et découragé ; et ce qui est moins certain, c'est d'être heureux, fort et serein. Pourquoi ? À cause de cette phrase dont tous se gargarisent : « Je n'ai pas le temps ! » Voilà une façon commode de justifier la paresse et l'inertie. Pas une minute pour se recueillir, pas une minute pour faire au moins une prière ou un exercice, afin de devenir plus résistant, plus éclairé… Quelle destinée se préparent-ils ainsi ? En réalité, combien de fois ils sont en train de perdre leur temps ! Qu'ils apprennent un peu à en gagner ! Et ils en gagneront justement quand ils comprendront que s'ils consacrent chaque jour quelques moments à entrer en contact avec la lumière, cela leur évitera de commettre des erreurs qu'ils mettraient longtemps à réparer.

29 novembre

Que les humains modifient leur opinion sur la nature et ils modifieront leur destinée ! S'ils pensent qu'elle est vivante et intelligente, que les pierres, les plantes, les animaux, les étoiles sont vivants et intelligents, eux-mêmes deviendront plus vivants et plus intelligents. La nature est le corps du Créateur. C'est pourquoi ils doivent non seulement se montrer attentifs, respectueux envers elle, mais l'approcher avec un sentiment sacré.

En réalité, quelle que soit la façon dont les humains se conduisent, pour la nature cela ne change pas grand-chose : toutes les agressions qu'ils lui font subir ne sont que de petites pertes, de petites entailles dans cet immense corps dont on ne connaît même pas les limites ; mais c'est eux qui se détruiront d'abord. Quant à elle, une fois débarrassée de ces insensés, elle reprendra le dessus : elle a des ressources, la nature ! C'est donc pour les conséquences que leur attitude aura sur eux-mêmes que les humains doivent se montrer respectueux vis-à-vis des animaux, des plantes, des pierres. Leur conscience s'approfondira et ils s'enrichiront de toute cette vie qui respire et vibre autour d'eux.

Pensez à toutes les entités qui peuplent l'univers depuis les profondeurs de la terre jusqu'aux étoiles, et efforcez-vous de communier chaque jour avec elles. Cette communion ne peut se faire que par l'amour. Si vous aimez la nature, vous l'entendrez parler en vous, vivre en vous, car vous êtes, vous aussi, une partie de la nature.

30 novembre

*L*es exercices spirituels ne sont pas grand-chose par eux-mêmes. Ils ne deviennent véritablement efficaces et bénéfiques que s'ils sont exécutés à la lumière d'un enseignement qui donne des connaissances sur le monde invisible, les différents êtres qui l'habitent, les lois qui le régissent, les forces qui y circulent. Et, plus important encore, un enseignement spirituel révèle comment l'être humain est construit, quels sont en lui les organes, les centres subtils grâce auxquels il peut entrer en relation avec les régions lumineuses de l'espace. Mais même cela ne suffit pas. Celui qui a reçu ce savoir doit se décider à changer sa façon de vivre, à sacrifier des activités ou des habitudes qui sont en contradiction avec les buts de la Science initiatique.

Voilà l'essentiel, prenez-le en considération. Ne vous limitez pas à une compréhension intellectuelle de la spiritualité, mais tâchez d'acquérir la compréhension véritable, cette compréhension qui envahit le corps entier jusqu'à la moindre cellule. Chaque exercice prendra alors pour vous une véritable signification, il vous éclairera et vous renforcera.

1er décembre

***O**n* entend continuellement des gens se plaindre qu'on leur a pris ceci, qu'on leur doit cela, qu'on ne les aime pas, qu'on ne pense pas à eux… Et non seulement ils se sentent pauvres et seuls, mais ils ont toujours peur de perdre quelque chose ; alors ils se ferment, sans comprendre que c'est justement cette attitude fermée qui les isole et les appauvrit encore davantage. Qu'ils oublient un peu ce qui leur manque, qu'ils se réjouissent et apprennent à travailler avec ce qu'ils ont ! Quand on a la possibilité d'embrasser l'univers entier par la pensée, de communier avec toutes les créatures lumineuses qui le peuplent, comment se sentir pauvre et seul ? Que leur faut-il encore pour comprendre qu'ils sont riches, comblés, et qu'ils ont même de quoi donner aux autres ?

Pour s'enrichir, il faut s'ouvrir, donner. Celui qui prend s'appauvrit et celui qui donne s'enrichit. Parce que donner, c'est éveiller en soi des forces inconnues qui sommeillaient quelque part dans les profondeurs : elles commencent à jaillir, à circuler, et on se sent tellement rempli qu'on est étonné. On se dit : « Mais comment ça se fait ? J'ai donné, donné, et je suis plus riche… » Oui, et c'est cela, la nouvelle vie !

2 *décembre*

*L*ibérés des tâches matérielles les plus pénibles par l'invention de machines et d'appareils toujours plus perfectionnés, les humains devraient avoir toutes les conditions de s'épanouir. Au lieu de cela, on les voit se démener, s'épuiser comme s'ils se croyaient obligés d'adopter le même rythme que leurs machines. C'est nécessaire pour l'économie du pays, paraît-il… Et voilà comment l'économie prospère, tandis qu'ils vont dans les hôpitaux et les cimetières.

Qu'ils laissent les machines marcher, mais qu'ils apprennent, eux, à s'arrêter pour se recharger d'énergies pures. Oui, de temps en temps, au cours de la journée, il faut penser à faire une pause, cesser de bouger, de parler et même de penser. Sinon, c'est comme si on laissait tous les robinets d'eau, de gaz et d'électricité ouverts : il ne reste bientôt plus rien, toute l'énergie est partie, les réservoirs sont vides. L'immobilité, le silence servent à remplir les réservoirs. Alors, dès que vous le pouvez, arrêtez-vous, fermez les yeux, faites le silence en vous et liez-vous aux sources de la vie et de la lumière. Physiquement et psychiquement vous vous sentirez régénéré et vous pourrez vous remettre facilement au travail.

3 décembre

Pour que la joie ne vous quitte plus, efforcez-vous dc vous élever le plus souvent possible jusqu'aux régions de l'âme et de l'esprit. Seuls l'âme et l'esprit ont le pouvoir de vous faire vivre dans l'espace infini et dans l'éternité. À ce moment-là, même si un malheur vous frappe, même si vous souffrez, vous ressentez encore de la joie.

La souffrance et la joie… Vous direz qu'il n'est pas possible de vivre à la fois deux états aussi contradictoires. Si, c'est possible. Pourquoi ? Parce que nous sommes faits de deux natures : une nature purement humaine, qui est faible, vulnérable et qui ressent toujours douloureusement la moindre contrariété, le moindre obstacle, la moindre perte ; et une nature supérieure qu'aucun mal ne peut atteindre, parce qu'elle vit dans une éternelle lumière, une éternelle félicité. Si vous apprenez à observer tout ce qui vous arrive du point de vue de votre nature supérieure, vous finirez même par découvrir que la tristesse et le chagrin sont une sorte de limon fertile dont les arbres et les fleurs de votre jardin intérieur peuvent se nourrir pour se développer.

4 décembre

Il est bon que celui qui a mal agi reconnaisse sa faute et la regrette, mais cela ne suffit pas. Même si les remords et les larmes qui les accompagnent parfois sont une sorte de purification, pour être pardonné il faut réparer.

Vous avez fait du tort à quelqu'un et vous allez lui présenter des excuses. S'il les accepte, c'est très bien, mais il vous reste à réparer les dégâts : c'est alors seulement que vous serez quitte. Dire à celui que vous avez lésé : « Je suis navré, pardonnez-moi… » ne suffit pas, et la loi divine vous poursuivra jusqu'à ce que vous ayez réparé le mal que vous avez commis. Vous direz : « Mais puisque cette personne que j'ai lésée me pardonne ! » Non, la question n'est pas réglée si facilement, car la personne est une chose et la loi en est une autre. La personne vous a pardonné, c'est entendu, mais la loi, la loi divine, elle, ne vous pardonne pas, elle vous poursuit jusqu'à ce que vous ayez réparé. Évidemment, celui qui pardonne fait preuve de noblesse, de générosité. Mais le pardon ne règle pas la question : le pardon libère les victimes, ceux qui ont été maltraités, lésés, mais il ne libère pas les coupables. Pour se libérer, le coupable doit réparer.

5 décembre

Que celui qui éprouve le besoin de travailler pour le bien de l'humanité ne se demande pas s'il va réussir ou échouer, car cette question introduit en lui une hésitation, un doute qui le freine dans son élan. Il doit travailler, c'est tout. L'histoire des peuples nous apprend qu'on ne peut pas porter de jugement sur la valeur des êtres en prenant pour seul critère leurs succès ou leurs échecs. Ceux qui ont réussi ne sont pas nécessairement les plus grands, et ceux qui ont échoué ne sont pas d'une moindre élévation. Leur exemple a nourri l'élan d'une multitude d'autres êtres, ils ont été comme une semence, un levain ; un jour, le but est atteint et encore mieux qu'ils ne l'espéraient.

Chaque créature vient sur la terre avec une mission déterminée et, souvent, ceux qui sont chargés des missions les plus grandioses sont destinés à échouer, au moins en apparence. Mais ils ont préparé le terrain – c'est cela le plus difficile – pour d'autres qui, bénéficiant de leurs efforts, réussiront. C'est pourquoi ceux qui remportent des succès doivent penser avec reconnaissance à tous les hommes et les femmes qui, avant eux, ont travaillé pour que ces succès soient possibles. Ces hommes et ces femmes ont fait des sacrifices, parfois même ils ont été des victimes, mais il se peut qu'ils reviennent dans une autre vie récolter le fruit de leur travail.

6 décembre

*M*ême lorsque les humains ont cessé de croire à des dieux qui faisaient des festins où on leur servait du nectar et de l'ambroisie, la recherche d'un élixir, d'un breuvage d'immortalité n'a cessé de les préoccuper, et encore de nos jours. En réalité cet élixir est partout répandu dans la terre, l'eau, l'air, et surtout dans les rayons du soleil. C'est donc là que nous pouvons le recueillir, en apprenant à utiliser avec sagesse et amour tout ce que le Créateur a mis à notre disposition dans la nature.

On peut comprendre que chacun veuille se maintenir en vie et en santé le plus longtemps possible, mais la vocation de l'être humain n'est pas de rester indéfiniment sur la terre ; à un moment ou à un autre, il doit quitter son corps physique. On dit qu'il meurt, mais en réalité il continue à vivre : par son esprit il est vivant. S'il aspire à l'immortalité, c'est parce qu'il a, au fond de lui, l'intuition qu'il est réellement immortel. Mais c'est dans son esprit qu'il est immortel, pas dans son corps physique. La conscience de l'immortalité, comme la conscience de l'éternité, est pour l'homme une conquête de la vie spirituelle. Alors, qu'il apprenne à donner à ses activités quotidiennes une dimension plus vaste, une signification plus élevée, et peu à peu il arrivera à s'abreuver aux sources de la vie éternelle.

7 décembre

*T*outes les paroles de vérité que vous avez lues ou entendues remonteront un jour à votre conscience. Même si vous les avez négligées parce que sur le moment vous pensiez avoir des préoccupations plus importantes, ou parce qu'elles ne vous étaient pas agréables, ces paroles s'imposeront à vous car elles possèdent une force : la force que donne la lumière. À votre insu elles se sont gravées dans votre subconscient, elles font leur chemin et, tôt ou tard, au moment où vous vous y attendrez le moins, à l'occasion d'une rencontre, d'un événement, elles surgiront devant vous, vous ne pourrez pas leur échapper.

Vous direz : « Mais alors, ces paroles de vérité ne nous laisseront jamais en paix ? » Cela dépend de ce que vous entendez par la paix. Si vous appelez « paix » la possibilité de donner sans discernement libre cours à vos pensées, vos sentiments, vos désirs, ne soyez pas étonné si quelques vérités que vous avez entendues auprès d'un sage, d'un Initié, viennent vous prévenir que vous êtes en train de vous égarer. Et elles vont même un peu vous piquer, vous mordre, vous tirer les cheveux : là, c'est vrai, elles ne vous laisseront pas tranquille. Mais si vous les acceptez et prenez la bonne direction, vous ne goûterez que la paix et la joie.

8 décembre

La nature inférieure en l'homme est tellement obstinée, coriace, que chaque victoire qu'il remporte sur elle est un véritable exploit. Mais au lieu de se glorifier de cet exploit, qu'il reste modeste. Et pour rester modeste, il doit penser que ce n'est pas à lui qu'en revient le mérite, mais au Seigneur qui lui a donné le pouvoir de maîtriser ses mauvais instincts. Donc, chaque fois que vous remportez une victoire sur vous-même, dites : « Ce n'est pas à moi, Seigneur, mais à ton Nom qu'en revient le mérite. » Sinon, vous risquez de tomber dans les pièges de l'orgueil et on sait dans quelles chutes vertigineuses tellement d'orgueilleux ont été entraînés.

Et quand on vous félicite parce que vous avez bien agi ou fait un bon travail, dites encore : « Ce n'est pas à moi, Seigneur, mais à ton Nom qu'en revient la gloire. » Car en faisant votre éloge, il arrive qu'involontairement – ou parfois volontairement ! – les autres vous tendent des pièges : vous risquez de prendre leurs paroles trop au sérieux, vous vous croirez déjà arrivé au sommet, et c'est dangereux pour votre développement intérieur, car vous avez toujours des progrès à faire.

Ce n'est pas pour notre gloire, mais pour la gloire de Dieu que nous devons toujours travailler, car dans cette impersonnalité nous nous rapprochons de notre Moi supérieur. La véritable gloire de l'être humain, c'est la gloire de Dieu.

9 décembre

*L*orsqu'elles se trouvent soudain plongées dans des situations inextricables, combien de personnes prennent conscience de leur ignorance, de leur faiblesse, de leur impuissance devant les événements, et elles se disent : « Si j'avais su !… » Elles auraient pu savoir, car de bonnes conditions leur avaient été données à un certain moment pour apprendre, s'exercer, se renforcer, et elles en étaient conscientes. Mais elles ont négligé ces conditions : abandonner de vieilles habitudes demande trop d'efforts ; et d'autres activités, d'autres projets les tentaient davantage. Et maintenant les voilà dans l'impasse !

Vous demanderez : « Et si nous avons laissé passer ces bonnes conditions, est-ce que maintenant c'est trop tard ? Est-ce que tout est définitivement perdu ? »… Non, il n'est jamais trop tard, le chemin de la vie est long, infini, et d'autres conditions favorables vous seront données dans cette existence ou dans une autre. Tâchez alors de ne pas les laisser passer, afin de ne pas avoir une fois de plus à vous dire : si j'avais su !…

10 décembre

On ne voit en apparence qu'injustices sur la terre. Les uns ont tout : santé, beauté, richesses, talents, vertus, et d'autres très peu. Mais, en réalité, rien de ce que les humains ont reçu à la naissance ne leur a été donné par hasard, de façon arbitraire. Tout ce qu'ils possèdent aujourd'hui, ils ont travaillé dans leurs autres incarnations pour l'obtenir, et aussi bien dans le plan matériel que dans les plans psychique et spirituel, la Justice cosmique leur a distribué des dons équivalents à leurs efforts.

Tout ce que nous possédons est donc la conséquence de nombreuses vies d'efforts. Mais attention, cela ne nous est pas donné définitivement. Pour conserver cet acquis dans les prochaines incarnations, c'est à chacun de s'en servir raisonnablement et surtout d'en faire bénéficier les autres. Tous les dons que nous avons reçus à la naissance, nous devons les faire fructifier, et la meilleure façon de les faire fructifier, c'est de les utiliser non pas seulement pour nous, mais aussi pour aider les autres en cherchant à faciliter leur évolution.

11 décembre

Pour avoir des notions justes sur la nature et les activités de ce principe spirituel qu'on appelle l'âme, il faut d'abord prendre conscience qu'elle n'est pas enfermée dans notre corps physique : elle s'étend bien au-delà et, tout en continuant à l'animer, elle voyage pour visiter les régions de l'espace les plus lointaines et les entités qui les peuplent. Car l'âme qui habite en chaque être humain est une infime partie de l'Âme universelle. Et elle se sent si limitée, si à l'étroit dans le corps que son seul désir est de se déployer dans l'espace pour se fondre dans cette immensité à laquelle elle appartient. Aussi est-ce une erreur de croire, comme on le fait généralement, que l'âme tient toute entière dans l'être humain. En réalité, non, seule une toute petite parcelle de son âme a en lui sa demeure ; la presque totalité reste extérieure à lui et mène une vie indépendante dans l'océan cosmique.

Notre âme dépasse donc de beaucoup ce que nous pouvons nous imaginer d'elle : cette partie de l'Âme universelle qui est en nous tend sans arrêt vers l'immensité, vers l'infini.

12 décembre

*L*es larmes sont généralement associées à la peine, mais en réalité n'importe quelle émotion peut provoquer des larmes. Et comme les émotions sont de toutes sortes, les larmes aussi sont de toutes sortes. Il y a des larmes de chagrin, de colère, de dépit, et il y a aussi des larmes d'attendrissement, de joie, d'émerveillement. Un paysage, un poème, un tableau, une musique peuvent remplir nos yeux de larmes, mais également certaines conduites humaines quand elles sont particulièrement belles et nobles. Et combien de mystiques, décrivant leurs expériences, ont parlé des larmes provoquées par l'extase !

Dans la mesure où elles libèrent une certaine tension intérieure, quelle que soit leur origine, les larmes ont leur utilité. Mais évidemment les larmes de joie et d'émerveillement sont les plus bénéfiques. N'essuyez pas ces larmes d'un revers de main, car elles sont précieuses. Le Maître Peter Deunov conseillait de les recueillir dans un tissu propre et de les conserver soigneusement, car elles possèdent une sorte de pouvoir magique. Les larmes de dépit, de chagrin, de colère, laissez-les sécher, elles ne sont qu'un peu d'eau salée, mais conservez les larmes qui ont été arrachées aux profondeurs de votre âme.

13 décembre

Comment sont les êtres, là, maintenant, ce n'est pas ce qui intéresse tellement un Maître spirituel. Lui, ce qu'il s'efforce de voir, ce sont les divinités qu'ils deviendront un jour. Chaque fois qu'il les rencontre, il pense à cette étincelle divine, enfouie en eux, et qui attend le moment où ils lui donneront enfin la possibilité de se manifester. Voilà la plus haute expression de l'amour : savoir se lier à l'étincelle divine présente dans chaque créature, pour l'alimenter, la renforcer.

Combien les relations entre les humains seraient différentes si, lorsqu'ils se rencontrent, ils pouvaient penser que l'homme ou la femme qu'ils ont en face d'eux est le dépositaire d'une étincelle jaillie du feu divin ! Même dans un criminel, il faut chercher cette étincelle pour essayer de la ranimer. Ce n'est pas toujours possible, mais il faut au moins essayer. On ne sait pas toujours pourquoi certains êtres se sont laissé entraîner sur une mauvaise pente, et on ne sait pas non plus ce qui peut un jour les redresser et ranimer soudain l'étincelle en eux. C'est pourquoi il ne faut jamais porter de jugement définitif sur qui que ce soit.

14 décembre

*D*ans quelque domaine que ce soit : politique, social, scientifique, économique, religieux, moral, on entend les gens parler de responsabilité. Présidents, ministres, généraux, directeurs, parents, professeurs, etc., tous savent qu'ils sont responsables. Des quantités d'êtres humains et d'événements dépendent d'eux, de leur conduite, de leurs décisions. Mais en réalité la notion de responsabilité s'étend bien au-delà, car toutes les créatures qui existent sont liées entre elles et s'influencent mutuellement. C'est ainsi que chacune non seulement par ses actes, mais aussi par ses pensées et ses sentiments, exerce une influence sur les autres.

Quoi qu'ils fassent, les humains sont responsables. Mais ils l'ignorent, ou, le sachant, ils n'en tiennent pas suffisamment compte, c'est pourquoi il y a tellement de souffrances dans le monde. Si vous voulez vous manifester comme des êtres utiles, bienfaisants, efforcez-vous de prendre chacune de vos activités comme une occasion de vous élever spirituellement. Même s'il vous semble que ce que vous faites ne produit aucun effet, en réalité il y a toujours quelque part, on ne sait où, quelque chose de bon qui s'éveille et reçoit une impulsion.

15 décembre

Pourquoi laisser la poésie à ceux qui l'écrivent ? Être poète, c'est d'abord créer la poésie dans sa propre vie en s'efforçant d'y introduire la pureté, la lumière, l'amour, la joie. C'est cette poésie-là que l'on a besoin de sentir, de respirer chez les créatures, quelque chose qui harmonise, qui vivifie…

La véritable poésie est inséparable de la vie. Alors, essayez de devenir chaque jour plus vivant. C'est tellement agréable de rencontrer des créatures dans lesquelles on sent que tout est animé, chaleureux, éclairé ! On aime un arbre parce qu'il donne des fruits, on aime une source parce que l'eau jaillit en chantant, on aime les fleurs à cause de leurs couleurs et de leurs parfums… De la même façon on aime les créatures qui s'ouvrent pour donner quelque chose de clair, de lumineux, de parfumé, de mélodieux. Apprenez à cultiver en vous cet état de jaillissement, de rayonnement. Habituez-vous à arracher de votre cœur quelques particules vivantes pour les envoyer aux autres… et vous saurez ce que c'est que vivre dans la poésie.

16 décembre

*V*ous pouvez accepter une épreuve, vous pouvez la comprendre, admettre qu'elle est inévitable, mais en même temps éprouver de l'amertume, de la tristesse, du regret : vous pensez que ç'aurait été tellement mieux de ne pas avoir à la subir ! Dans ces conditions, dites-vous que cette épreuve n'est pas encore terminée.

Quand peut-on dire alors qu'une épreuve est terminée ? Quand nous sommes capables de nous en réjouir. Oui, nous en réjouir ! En apparence il est possible qu'elle ne nous ait rien apporté, mais encore qu'elle nous ait fait perdre beaucoup de choses, et même des êtres qui nous sont chers. Pourtant, après cette épreuve, il vient un jour où nous sentons que notre lumière, notre amour, notre force ont augmenté, que nous sommes habités par une paix et une joie que nous ne connaissions pas auparavant. À ce moment-là, et à ce moment-là seulement, nous pouvons dire que l'épreuve est terminée.

17 décembre

*V*ous voulez conserver cette sensation de plénitude que vous apporte l'amour ? Cherchez comment ne plus dépendre de la présence physique de ceux que vous aimez. Que leur éloignement soit volontaire ou non, et même si c'est la mort qui vous les arrache, vous serez capable d'échapper au vide que crée leur absence, parce que vous vivrez dans le seul monde véritablement réel : votre monde intérieur avec lequel vous ne faites qu'un. Dès que vous sortez de votre monde intérieur, fatalement les êtres et les choses peuvent vous échapper, vous êtes à la merci des événements.

Savez-vous combien de temps les êtres auxquels vous vous êtes attaché resteront près de vous ? Non, et d'une façon ou d'une autre vous devez vous attendre à être un jour physiquement séparé d'eux. Alors, efforcez-vous de placer votre conscience dans les régions élevées où les circonstances n'ont aucune prise sur vous, là où le soleil de l'amour ne se couche jamais. Élancez-vous dans la lumière de cet éternel soleil. Aussi longtemps que ceux que vous aimez sont au-dedans de vous, aucune force au monde ne pourra vous les enlever.

18 décembre

*L*es entités lumineuses s'attardent seulement chez les êtres qui vibrent à l'unisson avec elles, c'est pourquoi la paix, l'inspiration, la joie ne sont pour la plupart des humains que des moments très fugitifs. Pour les faire durer, nous devons apprendre à donner à ces entités les conditions dont elles ont besoin et préparer tout notre être non seulement pour les recevoir, mais pour les retenir.

D'où viennent cette paix, cette lumière, cette joie qui émanent du sage ? Même s'il ne ferme pas les yeux sur les manifestations du mal dans le monde et les souffrances qui en résultent, il reste toujours attentif au passage des entités lumineuses et il les accueille, il leur offre une demeure en lui. Il aurait conscience d'offenser le Ciel s'il laissait perdre les richesses, les bénédictions qu'il déverse chaque jour. La grande faiblesse des humains n'est pas d'être vulnérables, sensibles au mal, mais de rester là à ruminer tout ce qui est négatif.

19 décembre

Ce qui fait le prix d'un enseignement spirituel, c'est que, quels que soient les événements qui se produisent dans le monde, les méthodes qu'il donne sont valables pour l'éternité : comment acquérir la maîtrise de soi, comment recevoir la lumière, comment entrer en harmonie avec toutes les forces bénéfiques et vivifiantes de l'univers… Cela restera pour toujours. Qu'il y ait la guerre ou la paix, que vous soyez pauvre ou riche, que vous ayez une famille et des amis ou que vous soyez seul, abandonné de tous, vos besoins profonds resteront les mêmes : vous aurez toujours un corps physique, un cœur, un intellect, une âme et un esprit que vous devrez nourrir, afin de vous approcher de plus en plus de votre Père céleste qui vous a créé à son image. Alors, tâchez de ne négliger aucune des vérités et des méthodes qui vous sont données.

20 décembre

« *J*e suis sûr d'être déjà venu sur la terre, m'ont dit certaines personnes, et je sais que je reviendrai. Mais je n'ai aucun souvenir de mes existences antérieures, et je voudrais ne pas tout oublier de celle-ci. Y a-t-il une méthode pour se souvenir de certaines expériences qu'on a faites, de certaines personnes qu'on a rencontrées ? »… Oui, il existe des méthodes et pour ceux qui le souhaitent je peux au moins en indiquer une.

Prenez comme point de départ une montagne, par exemple, ou quelque chose qui résistera à l'usure du temps. Cela peut être aussi un monument mondialement connu, car même s'il est détruit un jour, il en restera des reproductions dans certains livres. Regardez souvent cette montagne ou ce monument, et dites-vous : « Lorsqu'il m'arrivera de le voir à nouveau dans une prochaine vie, je veux que tel et tel événements de ma vie actuelle me reviennent en mémoire. » C'est un lien que vous créez ainsi entre vous et cette montagne ou cet édifice. Vous imprimez un cliché qui continuera à travailler en vous, et lorsque vous vous réincarnerez, vous reviendrez avec lui. Au moment où vous aurez sous les yeux la montagne ou le monument devant lequel vous vous étiez concentré, ce cliché réveillera la mémoire des événements de votre vie que vous aviez, au fur et à mesure, enregistrés.

21 décembre

*L*e 21 décembre a lieu le solstice d'hiver. Cet événement est placé sous l'influence de Gabriel, l'archange de *Iésod,* la séphira de la Lune. Gabriel signifie « Dieu est ma force. » Quelques jours après, le 25 décembre, on célèbre Noël, la naissance du Christ.

L'archange Gabriel dirige les forces qui ont la propriété de condenser la matière, c'est pourquoi symboliquement il préside à la naissance des enfants. Car qu'est-ce qu'une naissance ? Le passage de l'invisible au visible, de l'immatériel au matériel. Et c'est la Lune, principe féminin par excellence, qui a un rôle essentiel à jouer dans toutes les formes d'incarnation, celles du plan physique comme celles du plan spirituel.

Pendant l'hiver, où les nuits sont les plus longues et où la vie de la nature se ralentit, les conditions sont moins propices aux manifestations extérieures et plus favorables à la vie intérieure : l'homme est naturellement porté à entrer en lui-même afin de préparer la naissance de cet enfant de lumière que certaines traditions ont symbolisé par une perle. La perle, qui vient de la mer, est comme elle en relation avec la lune. Sur l'Arbre séphirotique,* l'huître perlière, c'est *Iésod,* cette séphira qui, dans le corps cosmique, représente

* Voir planche et note, p. 412-415.

les organes génitaux. C'est là que la perle doit se former. Cette perle représente la quintessence la plus pure de l'amour. L'huître perlière, c'est le principe féminin qui met au monde une perle, l'enfant divin.

22 *décembre*

*L*e sage à qui vous poserez la question : « Qu'est-ce que Dieu ? » gardera le silence, car à cette question on ne peut répondre que par le silence. Seul le silence, le vrai silence, arrive à exprimer l'essence de la Divinité. Dire que Dieu est amour, sagesse, puissance, justice… c'est vrai, mais ces mots ne saisissent rien de son infini, de son éternité, de sa perfection. On ne connaît pas Dieu en parlant ou en écoutant parler de Lui, on Le connaît en s'efforçant d'entrer en soi-même afin d'atteindre cette région qui est justement silence.

Le silence est la région la plus élevée de notre âme et, au moment où nous atteignons cette région, nous entrons dans la lumière cosmique. La lumière est la quintessence de l'univers. Tout ce que nous voyons autour de nous, et même ce que nous ne voyons pas, est traversé, imprégné de lumière. Le but du silence, justement, c'est la fusion avec cette lumière vivante, puissante, qui pénètre toute la création. Quand nous nous fusionnons avec cette lumière, nous ne nous demandons plus ce qu'est Dieu et encore moins s'Il existe.

23 décembre

Chaque matin, en vous réveillant, appelez tout d'abord la joie et l'amour. Au lieu de commencer la journée en pensant aux différentes tâches qui vous attendent, dites : « Seigneur Dieu, je Te remercie de me retrouver encore vivant, de pouvoir respirer, manger, marcher, regarder, entendre, penser, aimer, car ce sont des trésors inestimables. » Puis levez-vous joyeusement.

Et apprenez à remercier aussi pour chaque désagrément de la vie, car c'est la meilleure façon de les neutraliser. Si vous commencez à vous plaindre et à vous révolter, vous serez de plus en plus accablé. Mais si vous dites : « Ô Seigneur, merci, il y a certainement une raison pour que je rencontre cet obstacle, je dois avoir encore quelque chose à apprendre », vous sentirez que vous transformez peu à peu vos difficultés en or et en pierres précieuses. Oui, c'est comme si vous les recouvriez d'une poudre d'or ou de cristal : elles apparaissent sous un autre jour. Rien ne peut résister devant la gratitude. Alors, chaque jour remerciez le Ciel jusqu'à sentir que tout ce qui vous arrive est pour votre bien. Remerciez pour ce que vous avez et pour ce que vous n'avez pas, pour ce qui vous réjouit et pour ce qui vous fait souffrir. Même malheureux, vous devez trouver une raison de remercier. C'est ainsi que vous entretiendrez en vous la flamme de la vie.

24 décembre

*L*es fêtes chrétiennes sont, pour la plupart, la survivance, sous une autre forme et avec une autre signification, d'antiques fêtes païennes en relation avec la vie de la nature. À leur approche on organise des réjouissances : on pense aux cadeaux qu'on va offrir et recevoir, aux repas où on invitera des parents, des amis, aux décorations dans la maison, dans les rues, aux nouvelles toilettes, et même aux déguisements. Pour tous, une fête est une rupture bénéfique dans la suite souvent monotone des jours.

Mais dans une École initiatique, nous voyons dans les fêtes bien autre chose que des occasions de faire des festins, d'accrocher des décorations et de passer quelques moments agréables. Chacun s'efforce de capter dans les régions subtiles des courants d'énergies qui vivifieront, régénéreront son cœur et son âme. Il sait aussi que dans cette atmosphère d'échanges joyeux, des entités lumineuses viennent puiser des éléments dont elles se serviront ensuite afin de poursuivre leur travail à travers le monde. Pour les aider dans ce travail, il leur confie sa joie, toute la richesse spirituelle que lui procure cette fête, afin que d'autres en bénéficient. Et cette joie, cette richesse lui reviennent amplifiées.

25 décembre

Chaque année, le 25 décembre à minuit, les chrétiens célèbrent la naissance de Jésus. C'est Noël. Il n'existe aucune preuve que Jésus soit né un 25 décembre, ni même en hiver, et on n'est même pas tout à fait sûr de l'année... Mais, comme la place de Pâques, celle de Noël dans le calendrier nous amène à comprendre que cette fête doit être interprétée symboliquement.

L'hiver est cette saison où, dans les graines mises en terre, se fait un long travail de germination qui aboutira, au printemps, à l'éclosion d'une multitude d'existences nouvelles. Un travail analogue se fait dans le psychisme de chaque être : dans cette terre obscure qu'est sa nature inférieure, la semence du Moi divin, le Christ, doit commencer à germer. C'est cet événement que les chrétiens célèbrent à Noël : à minuit, au moment de la plus grande obscurité, a lieu une naissance. C'est pourquoi, malgré le froid et l'obscurité, Noël est aussi la fête de la lumière.

Certains diront qu'ils ne sont pas chrétiens et qu'ils n'ont que faire de la naissance du Christ. Eh bien, qu'ils l'appellent d'un autre nom, s'ils préfèrent : quelle que soit leur religion, et même s'ils n'en ont pas, tous les êtres humains ont été créés à l'image de Dieu, et cette image est en eux-mêmes comme un germe qu'ils doivent rechercher pour le faire éclore.

26 décembre

Pourquoi, après un moment de grande intensité spirituelle, éprouvez-vous un tel sentiment de plénitude ? Extérieurement, pourtant, il ne vous est rien arrivé ; rien n'a changé, mais vous vous sentez comblé comme si vous vous étiez nourri, abreuvé… Les ignorants diront, bien sûr, que c'est une illusion. Mais alors, quand ils souffrent, quand ils sont malheureux sans cause apparente, ces moments d'angoisse, de dépression, sont aussi des illusions ? Eh non, pour eux, c'est une réalité, la souffrance est une réalité, mais la joie spirituelle est une illusion. Quel raisonnement !

Tâchez désormais de vous élever jusqu'aux régions de l'âme et de l'esprit, mangez, buvez, et vous saurez ce qu'est la plénitude. À ce moment-là, ce ne sera plus comme dans le plan physique où chaque jour on est obligé de manger pour ne pas se retrouver affamé et sans forces. La nourriture que vous prenez dans les régions sublimes vous rassasie pendant des jours et des jours. Le monde divin est fait d'éléments d'une telle richesse que, si vous arrivez une fois seulement à les goûter, la sensation de plénitude qu'ils donnent ne vous quittera plus. Rien ne pourra vous enlever cette sensation d'éternité. Évidemment, avant d'en arriver là, vous devrez vous exercer longtemps et chercher chaque jour votre nourriture, comme pour l'estomac physique. Mais si vous cherchez à participer aux festins de l'âme et de l'esprit, un jour, rien ne vous enlèvera plus cette sensation de plénitude.

27 décembre

*M*aintenant que vous vous êtes engagé sur le chemin de la lumière, vous devez poursuivre inlassablement votre marche sans vous demander quand vous arriverez au but. L'un après l'autre, les obstacles cèdent devant celui qui ne s'arrête pas en chemin, car il a mis en mouvement les puissantes lois de la vie.

La vie spirituelle est comme l'ascension d'une haute montagne. Sur ses sentiers ardus, escarpés, il est inévitable que vous passiez par des moments de faiblesse, de découragement, et il peut aussi arriver que vous fassiez une chute, mais ce n'est pas une raison pour vous arrêter. Par moments, vous aurez peut-être même la sensation de mourir… mais vous ressusciterez ! Au plus profond du découragement, vous devrez vous accrocher à cette mystérieuse lueur qui reste encore en vous : elle vous dira que « la mort » par laquelle vous êtes en train de passer sera suivie d'une résurrection, et que personne mieux que vous ne peut vous secourir, car toutes les puissances de vie sont en vous. Et vous poursuivrez votre marche vers le sommet.

28 décembre

Donner comme le soleil, aimer comme le soleil… voilà un idéal que nous devons nous efforcer de réaliser un jour. Chaque fois que la conduite des humains nous inspire de l'impatience, de l'irritation, du découragement, nous avons une solution pour les surmonter : nous tourner vers le soleil qui, là-haut, continue inlassablement, imperturbablement à briller. Vous direz : « Mais c'est facile pour le soleil de rester imperturbable : il est si loin, rien ne l'atteint. » Oui, mais nous aussi, nous avons quelque chose en nous qui reste toujours hors d'atteinte : notre Moi supérieur, car notre Moi supérieur est dans le soleil. C'est en regardant vers le soleil que nous arriverons un jour à rejoindre notre Moi supérieur et à vivre comme lui dans une paix que rien ne peut troubler.

Notre Moi supérieur habite dans le soleil où il participe au travail divin. Lorsque nous saurons harmoniser les vibrations de notre moi terrestre avec celles de notre Moi céleste, nous découvrirons que le Créateur a déposé en nous des trésors de générosité et d'amour.

29 décembre

Dans l'Arbre séphirotique,* au-delà de la séphira *Kéther,* les kabbalistes mentionnent un espace qu'ils ont appelé *Aïn Soph Aur :* lumière sans fin. Cet espace est impénétrable : c'est l'Absolu, le Non-manifesté, dont on n'a aucune notion et dont *Kéther,* en tant que Dieu manifesté, est une émanation. La Divinité telle que les kabbalistes la comprennent est au-delà de la lumière et des ténèbres, au-delà des mondes créés. Et pour mieux exprimer encore ce mystère de la Divinité, au-delà d'*Aïn Soph Aur* ils ont conçu une région qu'ils ont appelée *Aïn Soph :* « sans fin » et encore au-delà d'*Aïn Soph, Aïn :* « sans ». À l'origine de l'univers il y a donc une négation. Mais « sans », qui signifie l'absence, le manque, ne signifie pourtant pas la non-existence. *Aïn* n'est pas le néant tel que certains ont imaginé le Nirvana des hindous. En fait, c'est exactement l'inverse. *Aïn Soph Aur,* comme le Nirvana, est une vie au-delà de la création, de la manifestation, et tellement au-delà qu'elle semble être une non-existence.

Aïn Soph Aur… Aïn Soph… Aïn… c'est ainsi que les kabbalistes ont cherché à rendre compte de réalités qui échappent à notre entendement. L'Absolu, il est impossible d'en parler, mais nous

* Voir planche et note, p. 412-415.

devons en garder la notion et remercier Dieu, notre Père céleste qui nous aime, qui nous aide à grandir et qui travaille dans notre cœur, car même insuffisants, les mots nous font pressentir cette réalité.

30 décembre

*U*ne année se termine et une autre va commencer… Mais avant de penser à l'année qui vient, arrêtez-vous un moment sur celle qui s'en va et adressez-vous à elle, car une année est un être vivant, et vous pouvez donc lui parler. Au moment de la quitter, demandez-lui de se souvenir de vous. Puisqu'elle est vivante, elle ne reste pas inactive, elle a enregistré non seulement vos actes, mais aussi vos désirs, vos sentiments, vos pensées. Le dernier jour elle fait son rapport aux Seigneurs des destinées et elle vous relie à l'année nouvelle : sachez la saluer avant qu'elle ne s'en aille définitivement.

Quant à l'année nouvelle, vous pouvez commencer à la préparer consciemment, en vous fixant un but : une mauvaise habitude à perdre, une qualité à développer, un projet à réaliser pour le bien de tous. Par cette pensée, ce désir, c'est comme si vous posiez une première pierre, et alors tous les esprits bienfaisants de la nature vous apporteront leur aide, afin que vous puissiez réaliser votre projet. Voilà quelles doivent être aujourd'hui vos préoccupations : recevoir l'année nouvelle en vous mettant sous la protection de la lumière.

31 décembre

Comme son nom l'indique, le passé est « passé », et vous ne tenez pas encore l'avenir. Seul le présent vous appartient, il est entre vos mains comme une matière, une pâte à modeler. Vous avez là une minute, une heure, une journée… Cette minute, cette heure, cette journée vous appartiennent : appliquez-vous à les vivre dans la clarté. Lorsque par vos efforts vous aurez dégagé l'espace entre vous et le monde divin, vous pourrez dire que l'avenir aussi vous appartient. Cet avenir, c'est la joie, la lumière.

Ne vous laissez pas influencer par ceux qui ne prédisent que des difficultés et des malheurs : c'est tout simplement qu'ils ne savent pas ce qu'est véritablement l'avenir ni comment le construire. Les malheurs, c'est le passé, et non l'avenir. Pour se présenter, l'avenir, c'est-à-dire votre véritable avenir de fils et de filles de Dieu, attend que vous ayez fini de tirer des leçons du passé. Cet avenir est en marche : puisque vous êtes en train de le créer, vous commencez déjà à le vivre.

La nuit du Wessak

Chaque année, dans l'Himalaya, au moment de la pleine lune de mai, se déroule, la nuit, la cérémonie du Wessak.

La pleine lune de mai est doublement sous l'influence du Taureau : depuis le 21 avril le soleil est entré dans ce signe, et c'est dans ce signe aussi que la lune est en exaltation. Le Taureau, c'est la nature prolifique, la fertilité, l'abondance. Ceci est encore souligné par le fait qu'il est le domicile de Vénus, planète de la génération. Le moment de la pleine lune de mai présente donc les meilleures conditions pour faire un travail avec les forces de la nature, afin d'attirer les bénédictions du Ciel sur les récoltes, le bétail, mais également sur les êtres humains. Car les humains aussi, s'ils savent attirer les influences bénéfiques qui circulent alors à travers le cosmos, peuvent en bénéficier non seulement sur le plan physique mais aussi sur le plan spirituel. C'est pourquoi par leurs méditations, leurs prières, leurs chants, leurs invocations magiques, les Initiés cherchent à créer dans l'espace des lignes de force afin d'attirer des énergies qu'ils envoient à tous les êtres vigilants, éveillés, capables de participer à cet événement.

Il existe sur la terre des lieux plus favorables que d'autres à ce travail cosmique. Le lieu où se déroule la cérémonie du Wessak est le plus puissant de tous. Certains Initiés s'y rendent physiquement, d'autres s'y rendent par leur corps astral, en se dédoublant. Mais il est possible à tous d'y participer par la pensée, et vous aussi. Pendant cette nuit, vous ne devez conserver sur vous aucun objet métallique, car le métal n'est pas un bon conducteur des ondes qui descendent des régions spirituelles. Mais la seule condition véritablement indispensable pour être admis à cette fête est l'harmonie. Veillez donc à ne garder aucune mauvaise pensée, aucun mauvais sentiment à l'égard des autres, et trouvez l'attitude intérieure qui vous permettra de recevoir les bénédictions que les Initiés envoient cette nuit-là aux enfants de Dieu.

INDEX

A

B

C

D

F

G

H

I

J

L

ÉDITIONS PROSVETA

Si vous désirez recevoir gratuitement notre catalogue et être informé annuellement de nos nouvelles publications, remplissez le bon ci-dessous :

NOM : ______________________

PRÉNOM : ______________________

ADRESSE : ______________________

VILLE : ______________ PROVINCE : ______________

CODE POSTAL : ______________ TÉL. : (______) ______________

COURRIEL : ______________________

J'ai trouvé cette carte dans le livre intitulé :

____

que j'ai acheté :

☐ en librairie ☐ en salon du livre ☐ par correspondance

☐ J'aimerais recevoir de l'information pour assister à une conférence enregistrée inédite d'Omraam Mikhaël Aïvanhov dans le groupe le plus près de chez moi.

Nous vous proposons 2 livres de chevet pour votre quotidien :

1 thème de méditation pour chaque jour de l'année
15,95 $ +tx.

120 extraits et méthodes simples
Izvor #227
14,95 $ +tx.

M

Q

R

S

Note : Sans rejeter la division corps – âme – esprit adoptée traditionnellement en Occident, Omraam Mikhaël Aïvanhov a surtout utilisé la division en six – ou sept – corps, inspirée de la philosophie hindoue. (Le corps éthérique, souvent mentionné, fait partie du corps physique. Voir à ce sujet le chapitre VI de « La vie psychique : éléments et structures »).

Les trois activités fondamentales par lesquelles se caractérise l'homme sont la pensée (qui a pour instrument l'intellect), le sentiment (qui a pour instrument le cœur) et l'action (qui a pour instrument le corps physique). Ne croyez pas que seul le corps physique soit fait de matière : le cœur et l'intellect aussi sont des instruments matériels, seulement leur matière est plus subtile que celle du corps physique.

Une longue tradition ésotérique enseigne que le support, le véhicule du sentiment est le corps astral et celui de l'intellect le corps mental. Mais cette trinité : corps physique, corps astral, corps mental constitue notre nature humaine imparfaite. Ces mêmes facultés de la pensée, du sentiment et de l'action se retrouvent en nous à un niveau supérieur, et là, leurs véhicules sont les corps causal, bouddhique et atmique qui forment notre Moi divin. Les trois grands cercles concentriques indiquent les relations qui existent entre les corps inférieurs et supérieurs.

NATURE SUPÉRIEURE

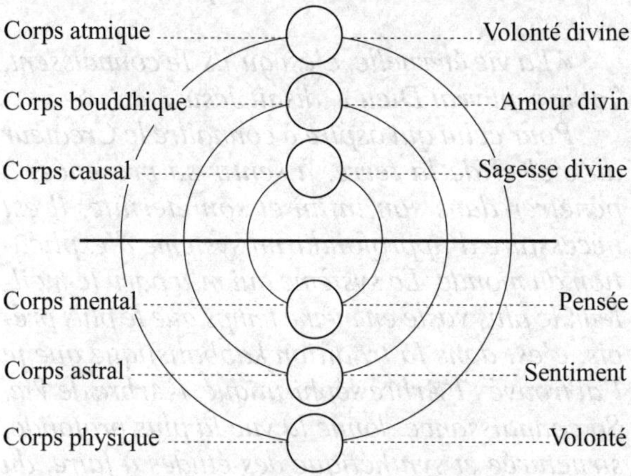

NATURE INFÉRIEURE

Le corps physique qui représente la force, la volonté, la puissance dans le plan matériel est lié au corps atmique qui représente la force, la puissance et la volonté divines.

Le corps astral qui représente les sentiments et les désirs égoïstes et personnels, est lié au corps bouddhique qui représente l'amour divin.

Le corps mental qui représente les pensées ordinaires et intéressées est lié au corps causal qui représente la sagesse divine.

Omraam Mikhaël Aïvanhov

« La vie psychique : éléments et structures » – *N° 222, chap. III, Collection Izvor.*

Introduction à l'Arbre séphirotique

« La vie éternelle, c'est qu'ils Te connaissent, Toi le seul vrai Dieu », disait Jésus.

Pour celui qui aspire à connaître le Créateur du ciel et de la terre, à sentir sa présence, à pénétrer dans son infini et son éternité, il est nécessaire d'approfondir un système d'explication du monde. Le système qui m'a paru le meilleur, le plus vaste en même temps que le plus précis, c'est dans la tradition kabbalistique que je l'ai trouvé : l'Arbre séphirotique, l'Arbre de Vie. Sa connaissance donne la vue la plus profonde, structurée et synthétique des études à faire, du travail à réaliser.

Cet Arbre de Vie se présente comme un schéma très simple, mais son contenu est inépuisable. Il est pour moi la clé qui permet de déchiffrer les mystères de la création. Il n'est pas destiné à nous enseigner l'astronomie ni la cosmologie, et d'ailleurs personne ne peut dire exactement ce qu'est l'univers ni comment il a été créé. Cet Arbre représente un système d'explication du monde qui est de nature mystique. Par la méditation et la contemplation, par une vie de sainteté, les esprits exceptionnels qui l'ont conçu sont parvenus à saisir une réalité cosmique, et c'est leur enseignement transmis par la tradition et toujours repris, toujours médité au cours des siècles, qui est pour l'essentiel parvenu jusqu'à nous.

Un Maître spirituel est conscient des responsabilités qu'il prend en faisant entrer les humains dans ce sanctuaire de la Divinité, et c'est donc avec beaucoup d'humilité, de respect, de vénération que vous devez aborder ces connaissances. En revenant souvent sur ce tableau, vous allumerez des lumières en vous. Vous n'arriverez certainement jamais à explorer toutes ses richesses, mais de Malhouth à Kéther cette représentation d'un monde idéal vous tirera toujours vers le haut.

Arbre séphirotique

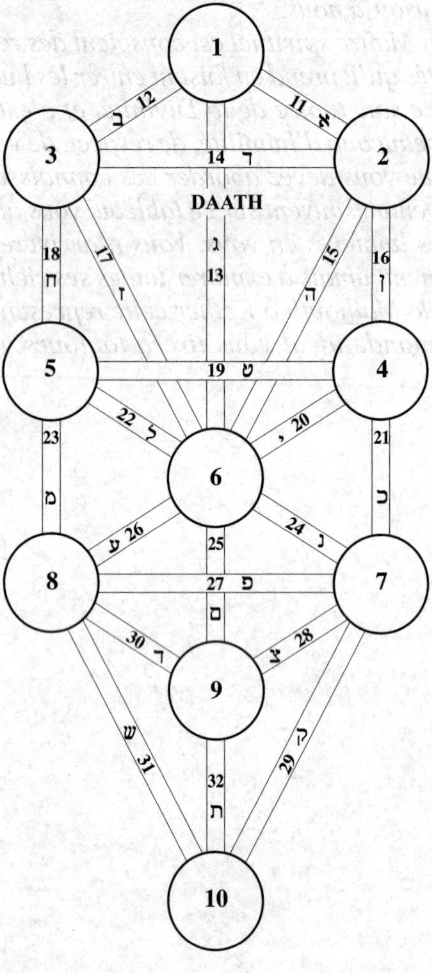

Arbre séphirotique

1 Ehiéh
Kéther – *la Couronne*
Métatron
Hayoth haKodesch – *les Séraphins*
Reschith haGalgali – *les premiers tourbillons (Neptune)*
♆

3 Jéhovah
Binah – *l'Intelligence*
Tsaphkiel
Aralim – *les Trônes*
Chabtaï – *Saturne*
♄

2 Iah
Hohmah – *la Sagesse*
Raziel
Ophanim – *les Chérubins*
Mazaloth – *le Zodiaque (Uranus)*
♅

5 Elohim Guibor
Guébourah – *la Force*
Kamaël
Séraphim – *les Puissances*
Madim – *Mars*
♂

4 El
Hessed – *la Grâce*
Tsadkiel
Haschmalim – *les Dominations*
Tsédek – *Jupiter*
♃

8 Elohim Tsébaoth
Hod – *la Gloire*
Raphaël
Bneï-Elohim – *les Archanges*
Kohave – *Mercure*
☿

7 Jéhovah Tsébaoth
Netsah – *la Victoire*
Haniel
Elohim – *les Principautés*
Noga – *Vénus*
♀

9 Chadaï-El-Haï
Iésod – *le Fondement*
Gabriel
Kéroubim – *les Anges*
Lévana – *Lune*
☽

6 Eloha vaDaath
Tiphéreth – *la Beauté*
Mikhaël
Malahim – *les Vertus*
Chémesch – *Soleil*
☉

10 Adonaï-Méleh
Malhouth – *le Royaume*
Sandalfon
Ischim – *les Hommes parfaits*
Olam Iésodoth – *Terre*
♁

Éditeur-Distributeur (France et DOM TOM)

Éditions PROSVETA S.A. - Z.A. Le Capitou - CS 30012
F - 83601 Fréjus Cedex (France)
Tél. (33) 04 94 19 33 33 - Fax (33) 04 94 19 33 34
international@prosveta.com–www.prosveta.fr–www.prosveta.com

Distributeurs francophones *(mis à jour le 3.06.2013)*

BELGIQUE & LUXEMBOURG
PROSVETA BENELUX – Chaussée de Merchtem 123 – 1780 Wemmel
Tél./Fax (32) 2 460 1362 – e-mail : prosveta@skynet.be
S.D.L. CARAVELLE S.A. – rue du Pré aux Oies, 303 – 1130 Bruxelles
Tél. (32) 2 240 93 00 – Fax (32) 2 216 35 98 – info@sdlcaravelle.com

CANADA
PROSVETA Inc. – 3950, Albert Mines – Canton-de-Hatley (Qc), J0B 2C0
Tel. (819) 564-8212 – Fax. (819) 564-1823
in Canada, call toll free : 1-800-854-8212
prosveta@prosveta-canada.com – www.prosveta-canada.com

CONGO
PROSVETA CONGO
29, Avenue de la Révolution – B.P. 768 – Pointe-Noire
Tél. (242) 948156 / (242) 055531254 – Fax : (242) 948156
prosvetacongo@yahoo.fr

CÔTE D'IVOIRE
Librairie Prosveta – 25, rue Paul Langevin Zone 4C – 01 B.P. 2 – Abidjan 01
Tél./Fax (225) 21 25 42 11/ (225) 05 76 22 44 – prosvetafrique@yahoo.fr

HAÏTI
PROSVETA Dépôt Haïti – Angle rue Faustin 1er et rue Bois Patate #25 bis
6110 Port-au-Prince
Tél. (509) 22 45 18 65 – Portable : (509) 34 64 80 88 – rbaaudant@yahoo.com

SUISSE
PROSVETA Société Coopérative
Ch. de la Céramone 13 – CH – 1808 Les Monts-de-Corsier
Tél. (41) 21 921 92 18 – Fax. (41) 21 922 92 04 – editions@prosveta.ch
www.prosveta.ch

TOGO
Le LIVRE S.A.R.L. – B.P. 1723 – Avenue de la Libération Prolongée – Lomé
Tél. (228) 224 14 034 – lelivre1@yahoo.fr

Achevé d'imprimer en juin 2013
par Imprimerie France Quercy
46090 Mercuès – France

Dépôt légal : juin 2013